本著作受教育部人文社科基金青年项目"居家养老服务满意度的比较研究：基于政府购买模式差异的视角"（17YJC810005）、广东省自然科学基金"居家养老服务质量评估：模型构建及其应用"（2015A030310335）和东莞理工学院大数据与公共政策研究团队（TDQN2019014）的资助。

Research on the Supply of
Rural Elderly Service from the Perspective of
Government Responsibility

政府责任视角下的
农村养老服务供给研究

黄俊辉◎著

中国政法大学出版社

声　明　1. 版权所有，侵权必究。

　　　　2. 如有缺页、倒装问题，由出版社负责退换。

图书在版编目（CIP）数据

政府责任视角下的农村养老服务供给研究/黄俊辉著.—北京：中国政法大学出版社，2020.6

ISBN 978-7-5620-6122-9

Ⅰ.①政… Ⅱ.①黄… Ⅲ.①农村－养老－社会服务－研究－中国 Ⅳ.①D669.6

中国版本图书馆CIP数据核字(2020)第100890号

出　版　者	中国政法大学出版社
地　　　址	北京市海淀区西土城路 25 号
邮寄地址	北京 100088 信箱 8034 分箱　邮编 100088
网　　　址	http://www.cuplpress.com（网络实名：中国政法大学出版社）
电　　　话	010-58908289(编辑部) 58908334(邮购部)
承　　印	固安华明印业有限公司
开　　本	880mm×1230mm　1/32
印　　张	10.75
字　　数	255 千字
版　　次	2020 年 6 月第 1 版
印　　次	2020 年 6 月第 1 次印刷
定　　价	49.00 元

总 序
General Preface

《松湖政法论丛》是东莞理工学院政法学院法学、行政管理和社会工作三个专业的老师围绕着法律及与法律相关问题撰写的学术专著,是政法学院邀请的学术名家与实务精英们的学术报告汇编并公开出版的系列丛书。

东莞市坐落在广州和深圳之间,地理位置得天独厚,东莞理工学院是广东省东莞市唯一的本科高校。由于我们学校地处国家级经济开发区松山湖畔,本论丛故此取名为《松湖政法论丛》。

政法学院是非常年轻的学院,成立于2008年,法学学科是院内比较强的学科,院内除了法学专业的老师,其余老师的主要研究领域基本属于哲学、政治学、社会学、管理学等。专业有分工,但学术联系非常紧密。首先,院内三个专业的课程体系中有很多互相交叉的课程,老师们在任课过程中吸收着彼此的研究成果,从而能够深入阐述知识体系和比较全面地解答学生的问题,同时推动这些学科的共同进步;其次,在政法学院,法学学科人数较多,但在研究过程中,其他学科的老师们共同参与的现象比较普遍,这不仅是因为有关法律现象的许多问题属于法学与这些学科的共同问题，而且他们已经形成了很强的合作意识和团队精神；最后，在依法治国的今天，法学教育者和法律实务工作者都认识到具备广博的人文知识和深厚的人文情怀的重要性，必须吸收哲学、政治学、社会学、管理学等学科的知识，才能锻造出过硬的本领。所以，我们出版的本系列论丛，论域较广，围绕法学并涉及哲学、政治学、社会学、管理学等内容，几乎包揽了政法学院众多老师的研究领域。

愿本论丛能为我院老师的学术进步起到很好的推动作用，能为我院与校外学术界架起一座桥梁，能为外界了解我们打开一扇窗户。我院老师来自五湖四海，从学缘上来看，绝大多数老师毕业于国内名校，包括北京大学、清华大学、中国人民大学、吉林大学、南开大学、武汉大学、上海交通大学、南京大学、中山大学等，以及法学教育重镇中国政法大学、西南政法大学，还有在英国、意大利、香港获得法学博士学位的三位年轻教师。虽然大家有良好的求学经历，但由于学校、学院起步晚，影响力小，大家都希望找到一个好的途径或方式让外界知道还有一群人在远离喧闹的都市处从事着神圣的法学及其相关问题的学术研究。本论丛也许是最佳的选择！

本论丛的出版得到了东莞理工学院学术专著出版基金的资助，学校从 2014 年开始把法学学科列为重点学科培育计划，所以出版资金有了来源，在此，我们对学校表示衷心的感谢！

强昌文
2014 年 12 月 1 日
于松山湖教师村

序
Preface

农村养老服务供给问题源于我攻读博士学位期间对农村养老保障政策的关注。最开始的时候,我是从政策变迁的角度研究农村养老保障问题,更多是关注新型农村社会养老保险制度。但随着研究的深入,我发现,并非养老金就可以解决农村老人的养老问题,老人的日常照料服务是养老保障体系不可或缺的部分。易言之,一个完善的养老保障体系既要有经济保障,又要有服务保障。

人口老龄化是 21 世纪中国的基本国情之一。与城市相比,农村的人口老龄化和高龄化程度更为严重,因衰老、疾病、伤残而失去生活自理能力的老年人口比例不断上升。在人口老龄化加剧、家庭养老功能弱化的背景下,农村老人尤其是空巢老人和留守老人的养老服务问题愈发突出,形势愈加严峻。能否妥善解决农村养老服务供给问题直接关系到农村地区的稳定和发展,更关系到乡村振兴战略和全面小康社会建设进程。近年来,我国出台了一系列关于养老服务体系建设的政策文件,逐年增加养老服务体系建设的财政投入。但农村老人的养老服务需求没能得到更好的满足,农村养老服务机构还长期存在空床率，这意味着政策资源的投入并没有解决相应的问题，俨然成了一个"政策悖论"。该"政策悖论"在很大程度上表明，当前的养老服务供给政策没有瞄准政策目标群体的实际需求。

在硕士研究生期间，我主要关注政府与社会的关系，对行政伦理学、公共政策分析等相关著作有一定的涉猎，对政府在公共服务供给中的责任定位与职责范围做过一些思考。美国经济学家诺斯（Douglass C. North）曾对国家与社会经济的相互联系和相互矛盾做出过精辟的论述，即"国家的存在是经济增长的关键，然而国家又是经济衰退的根源"，学界将这一论述称为"诺斯悖论"。经济社会环境不断地变化发展，在不同的时代背景和政策领域中，人们对政府责任的期望和要求是不同的。古今中外的福利改革实践均表明，政府责任的合理定位是福利制度健康、持续发展的关键。当政府责任定位合理时，会促进福利制度的发展，提升福利供给的有效性；当政府责任定位不合理时，会阻碍福利制度的发展，降低福利供给的有效性。受此影响，我选择从政府责任的角度研究农村养老服务供给及其相关问题。

本书认为养老服务是人的一种需要，并整合公共物品理论和社会支持网络理论，构建一个养老服务的分类模型——"十字"模型，将养老服务划分为家庭养老服务、社区照顾服务、公共养老服务和商业养老服务四种类型。尽管四类养老服务在物品属性、供给主体、功能地位和具体形态上存在显著差异，但它们彼此之间存在相互影响、互为补充的关系，而非相互替代的关系。我国应构建"家庭养老服务为基础，社区照顾服务作支撑，公共养老服务作兜底，商业养老服务为补充"的多层次养老服务体系。基于"十字"模型，本书讨论了养老服务供给与政府责任之间的相互影响关系。一方面，养老服务供给需要相应的政府责任。由于养老服务具有"物品组合"特性，它要求政府责任的合理定位，养老服务的需求变迁推动着政府责任的适时调整。在"十字"模型中，农村养老服务供给的政府责任体现在两个层面：第一个层面是政府合理定位四类养老服务的地位关系，第二个层面是政府在四类养老服务供给中的具体责任。另一方面，政府责任反过来会影响养老服务的供给状况。当政府责任定位合理时，会促进养老服务的供给，提升供给的有效性；当政府责任定位不够合理时，会阻碍养老服务的供给，降低供给的有效性。养老服务供给与政府责任相辅相成、相互作用，诚如一枚铜板的正反两面。

通过 A 省养老服务供给现状与需求状况的比较分析，本书发现，农村养老服务的供给结构与需求结构不匹配，养老服务供给存在结构性困境。它在现实中表现为家庭养老服务供给不足、社区照顾服务难以持续发展、公办养老服务机构空床率持续多年以及民办养老服务机构发展较难。基于养老服务供给与政府责任的理论分析，本书发现，农村养老服务供给结构性困境存在政府责任根源。政府责任通过"政策价值—政策目标—政策工具"的传导路径影响农村养老服务供给。在政策价值维度上，养老服务供给政策已建立起一个涵盖政府、市场、社会、农村集体、家庭、个人等多元主体的责任框架，当中充分展现出国家责任导向，并强调政府的供给责任。然而，政府责任在政策目标和政策工具这两个维度偏离了农村老人需求。政策目标定位与农村老人的服务需求存在一定程度的结构性偏差,而且政策工具固化了政策目标的偏差,这是农村地区出现机构养老服务供给过剩这一"政策悖论"的主要原因。农村养老服务供给结构性困境的政府责任根源集中反映在政策目标和政策工具这两个维度,需要重塑政府责任以提升农村养老服务供给的有效性。具体来说,用积极的老龄观替代消极的老龄观,通过更积极的政府责任,构建"家庭养老服务为基础,社区照顾服务作支撑,公共养老服务作兜底,商业养老服务为补充"的多层次养老服务供给体系,分别在家庭养老服务、社区照顾服务、公共养老服务和商业养老服务供给中做出相应的政府责任调整。

农村养老服务的有效供给是一项系统性工程,绝非本书所能全部涵盖的,本书只是从政府责任的角度开展研究,希望能为学界研究农村养老服务供给问题提供一些参考。当然,本书难免存在纰漏之处,也恳请同仁提出宝贵建议。随着实践的发展,农村养老服务供给必然不断出现新问题,需要解释新的规律。这是激励我继续前进的学术动力。

黄俊辉
2020 年 1 月

目 录
Contents

总　序　1
序　3

第一章 导　论 1
　一、问题的缘起　1
　二、文献综述　10
　三、研究目标与内容　31
　四、研究方法　35

第二章 政府责任与养老服务供给的理论认知 48
　一、基本概念的界定　48
　二、理论基础与研究视角的选择　61
　三、养老服务"十字"模型的构建与理论阐释　75
　四、养老服务供给与政府责任的相互影响关系　104
　五、本章小结　117

第三章 农村养老服务的供给需求状况及结构性困境 119
一、数据来源和样本特征 120
二、农村养老服务的供给现状 124
三、农村养老服务的需求评估 151
四、农村养老服务供给的结构性困境及其表征 170
五、本章小结 175

第四章 农村养老服务供给结构性困境的政府责任根源 177
一、政府责任的分析路径 177
二、养老服务供给政策文本的汇总及其特征 196
三、农村养老服务供给政策中的政府责任分析 220
四、农村养老服务供给结构性困境的政府责任根源解析 249
五、本章小结 255

第五章 农村养老服务供给有效性的提升路径 257
一、总体发展理念 257
二、政府责任重塑 258
三、基本政策建议 260
四、本章小结 270

第六章 结 语 272
一、主要结论 272

二、可能的创新　274

三、存在的不足　276

四、进一步的研究方向　277

参考文献　280

附　录　303

　　附录1：养老服务供给政策文本编码表（单一个案）　303

　　附录2：政策内容分析之编码协议　305

　　附录3：访谈提纲　311

　　附录4：访谈人物的基本情况　313

　　附录5：农村养老服务需求问卷调查　316

　　附录6：G县D村社区照顾服务（集中居住）　322

　　附录7：Y市L村社区照顾服务（志愿者服务）　325

后　记　327

第一章 导 论

一、问题的缘起

(一) 研究背景

1. 人口老龄化已成为我国的基本国情

截至2017年底,我国60岁以上老年人口达2.4亿,占总人口的比重达17.3%。[1]我国自1999年开始进入老龄化社会,用了18年的时间就实现发达国家几十年甚至上百年才达到的人口年龄结构转变。毫不夸张地说,我国是跑步进入老龄化社会的,不管是老年人口的规模总量还是增长速度,我国都达到世界第一。[2]预计到2020年,全国60岁以上老年人口将达到2.55亿人左右,占比提升到17.8%左右,其中,高龄老人将增加到2900万人左右,独居和空巢老人将增加到1.18亿人左右,

---

[1] "全国老龄办:全国60岁以上老年人口已达2.4亿",载 http://news.sina.com.cn/c/2018-06-04/doc-ihcmurvh3998693.shtml,最后访问日期:2018-12-13。

[2] 宁一:"生娃上升到国事:大国空巢的背后,有多惨烈?",载 https://view.inews.qq.com/a/FIN2018081003382807?uid=,最后访问日期:2018-11-12。

老年抚养比将提高到28.0%左右。[1] 自21世纪以来，我国人口老龄化将分别经历人口老龄化加速期（2000~2015年）、人口老龄化高速增长期（2015~2040年）和人口老龄化减速期（2040~2050年）三个阶段，[2] 目前已向老龄化高速增长期迈进，预计到2025年，全国60岁以上人口将突破3亿，我国也将成为老年型国家。与城市相比，农村的人口老龄化程度更为严重。目前农村老年人口已超过1亿，其规模是城市的1.69倍，其中农村80岁以上高龄老人已增加到1100万人，占农村老年人口总数的11.3%。此外，还有部分失能老人1894万人。[3] 根据全国老龄委的预测，到2030年，农村老龄化程度将高达29.1%，农村地区将率先进入重度人口老龄化时期，[4] 届时农村老年人口的高龄化水平将达到14.40%，而到了2050年，农村高龄老人将达到2449万人，占老年人口比例的26%，即每四个农村老人中就有一个80岁或以上的高龄老人。[5]

以上数据和事实表明，人口老龄化已成为我国基本国情。尽管人口老龄化本身并不意味着问题的产生，但人口老龄化与整个经济社会系统运行所产生的不协调甚至冲突就会引发老龄风险。例如，人口老龄化会对当前的经济政策、医疗政策、养

---

[1] 官志雄：" 中国到2020年独居和空巢老人将增至1.18亿人左右"，载http://www.chinanews.com/sh/2017/03-06/8166841.shtml，最后访问日期：2018-11-21。

[2] 胡琳琳、胡鞍钢：" 中国如何构建老年健康保障体系"，载《南京大学学报（哲学·人文科学·社会科学版）》2008年第6期。

[3] " 我国农村老龄问题研究" 课题组：" 中国农村人口老龄化快速发展，学者呼构建社保体系"，载《人民日报》2011年4月29日，第7版。

[4] 李本公主编：《中国人口老龄化发展趋势百年预测》，华龄出版社2006年版，第27~28页。

[5] 张恺悌主编：《中国农村老龄政策研究》，中国社会出版社2009年版，第9页。

老保险政策、人口政策和家庭政策带来种种挑战,具体表现为人口老龄化与经济发展、医疗服务资源供给、养老金发放、劳动力市场、家庭照料等方面的不协调甚至冲突。不论是媒体的报道、学者的研究,还是公民的日常体会,人口老龄化所带来的风险都是客观存在的。可以说,老龄风险已成为我国21世纪的一种重要社会风险,这在农村地区表现更为明显。对于我国这样一个发展中大国来说,在剧烈的经济社会转型中出现规模庞大且快速增长的老年人口,加之其他因素的叠加效应,将进一步放大了人口老龄化对经济、社会和文化发展的影响,使得我国应对人口老龄化风险的任务更加艰巨。[1]

2. 农村老人照料问题愈发突出

有研究表明,在45~64岁的人群中,部分失能或严重失能的比例为20%,而在65岁以上人口中,该比例达到50%,并且65岁以上失能人群严重或复合型失能比例更高。[2] 年龄越大的老人面临的失能风险越大,其生活自理预期寿命在余寿中的比重趋于下降,[3] 由此带来的照料服务需求随之增长。2015年,我国失能、半失能老人已达4063万人,[4] 农村老人不能自理

---

[1] 彭希哲:"制度创新和政策整合是关键",载《人民日报》2013年4月14日,第5版。

[2] 俞卫主编:《国际社会保障动态——全民医疗保障体系建设》,上海人民出版社2013年版,第36页。

[3] 杜鹏、李强:"1994~2004年中国老年人的生活自理预期寿命及其变化",载《人口研究》2006年第5期;杜鹏、张文娟:"我国东、中、西部老年生理健康比较分析",载曾毅等:《老年人口家庭、健康与照料需求成本研究》,科学出版社2010年版,第46页。

[4] 张希敏:"调查显示,中国失能、半失能老年人已达4063万人",载http://www.chinanews.com/gn/2016/10-09/8025644.shtml,最后访问日期:2018-11-25。

的比例在上升，且高于城市，[1] 由此可以大致推断，农村老人的照料服务需求更大。

在老人照料服务需求逐步增长的同时，计划生育政策实施多年后的负面效应已经显露——家庭规模日趋萎缩。1953年我国平均家庭户规模为4.33人，1964年为4.43人，1982年略降到4.41人，1990年下降到3.96人，2000年为3.44人，2010年进一步下降到3.10人。[2] 在不到60年的时间里，我国家庭户减少近1.2人，老年抚养比加速上升，到2030年，农村的老年抚养比达到34%，超过少年抚养比，并将持续数十年。[3] 与此同时，农村年轻劳动力向城镇转移的进程仍在持续。2016年，我国流动人口规模达到2.45亿人，[4] 人口流动在未来15年内依然活跃，农村人口将进一步向城镇地区集聚。《国家人口发展规划（2016~2030年）》预计，从2016年至2030年，农村向城镇累计转移人口约2亿人，[5] 大规模的人口迁移流动又进一步推动家庭结构的小型化、核心化和空巢化。计划生育政策和人口乡城迁移在很大程度上导致家庭内部照料资源的过快减少，家庭传统的养老功能日益弱化。

---

[1] 杜鹏、武超："中国老年人的生活自理能力状况与变化"，载《人口研究》2006年第1期。

[2] 张丽萍："老年人口居住安排与居住意愿研究"，载《人口学刊》2012年第6期。

[3] 张恺悌主编：《中国农村老龄政策研究》，中国社会出版社2009年版，第6~7页。

[4] 潘子璇："《中国流动人口发展报告2017》：我国流动人口规模为2.45亿人 总量连续两年下降"，载 http://shanghai.xinmin.cn/xmsq/2017/11/10/31332612.html，最后访问日期：2018-10-23。

[5] "2030年老年人占比将达到25% 未来15年2亿人从农村移居城镇"，载 http://zj.house.qq.com/a/20170128/000462.htm，最后访问日期：2018-09-23。

在农村人口老龄化加剧的背景下，单纯依靠家庭来解决老人照料问题显得不切实际。农村老人尤其是空巢、留守老人的照料问题愈发突出，农村养老服务需求与日俱增。纵观西方发达国家的养老保障体系发展历程，一个完善的养老保障体系必然包括以"经济保障"为主的养老保险和以"服务保障"为主的养老服务两大方面。日趋庞大的老年人口推动着养老服务需求的膨胀，而家庭规模的萎缩使得家庭内部的照料服务不断减少，与此同时，农村地区的社会养老基础薄弱、养老服务设施短缺，农村失能、半失能老人和空巢、留守老人的社会养老服务相对匮乏。[1] 由此引发的养老服务供给需求缺口日益扩大。在此背景下，农村老人照料所诱发的养老服务供给问题开始成为我国当下的一个社会热点，逐渐进入学者们的研究视野。[2]

3. 养老服务供给政策的发展境遇

党的十九大报告指出："保障群众基本生活，不断满足人民日益增长的美好生活需要，不断促进社会公平正义，形成有效的社会治理、良好的社会秩序，使人民获得感、幸福感、安全感更加充实、更有保障、更可持续。"有效应对日益庞大的老年群体的照料问题是其中的应有之义，更是实现"老有所养、老有所医、老有所为、老有所学、老有所教、老有所乐"的重要举措。自进入人口老龄化社会以来，我国积极应对人口老龄化及其带来的养老服务需求问题。2006年，国务院办公厅发布

---

[1] 林闽钢："我国城乡社会养老服务体系的发展探讨"，载《中国社会保障》2012年第6期。

[2] 伍小兰："中国农村老年人口照料现状分析"，载《人口学刊》2009年第6期；贺聪志、叶敬忠："农村劳动力外出务工对留守老人生活照料的影响研究"，载《农业经济问题》2010年第3期；林闽钢、吴小芳："代际分化视角下的东亚福利体制"，载《中国社会科学》2010年第5期。

《关于加快发展养老服务业的意见》,当中提出"逐步建立和完善以居家养老为基础、社区服务为依托、机构养老为补充的服务体系"的目标。2008年,全国老龄工作委员会办公室联合九个部委出台《关于全面推进居家养老服务工作的意见》,当中要求发展以社区为供给主体、以上门服务和社区日托为主要形式的居家养老服务,以之作为对传统家庭养老模式的补充与更新。2010年,党的十七届五中全会提出"优先发展社会养老服务"的要求,倡导构建"以居家养老为基础、社区服务为依托、机构养老为补充"的社会养老服务体系。国家"十二五"规划明确提出"建立以居家为基础、社区为依托、机构为支撑的养老服务体系,加快发展社会养老服务,拓展养老服务领域,实现养老服务从基本生活照料向医疗健康、辅具配置、精神慰藉、法律服务、紧急援助等方面延伸"的目标。2017年,《"十三五"国家老龄事业发展和养老体系建设规划》明确提出"居家为基础、社区为依托、机构为补充、医养相结合的养老服务体系更加健全"的发展目标。在国家一系列政策的推动下,各地方除了加大城镇地区的养老服务体系建设之外,还积极探索农村地区的养老服务供给机制。例如,江苏、浙江、河北、辽宁等地方结合当地农村实际,摸索出多种社会养老服务供给模式,以满足农村老人的养老服务需求。

近年来,我国积极加大农村养老服务设施的建设力度。截至2011年,全国农村共有养老服务机构31 848个,床位232.6万张,收养182.8万人,农村养老服务机构床位数呈逐年递增趋势,具体如图1-1所示。然而,有关养老服务资源短缺的报道依然频繁见诸各大媒体。[1] 与此同时,从2000年至2011年,农村养老服务机构的收养人数持续低于床位数,即长年存在空床率,并从2006年开始呈扩大之势。在养老服务需求剧增和养老服务资源短缺的同时,农村地区却长期存在空床率,这俨然构成了一个"政策悖论"。该"政策悖论"表明,农村地区的机构养老服务出现供给过剩,养老服务资源的投入并没有很好地契合老人需求,更没能有效解决农村老人的照料问题,即养老服务供给与农村老人需求之间出现不匹配。

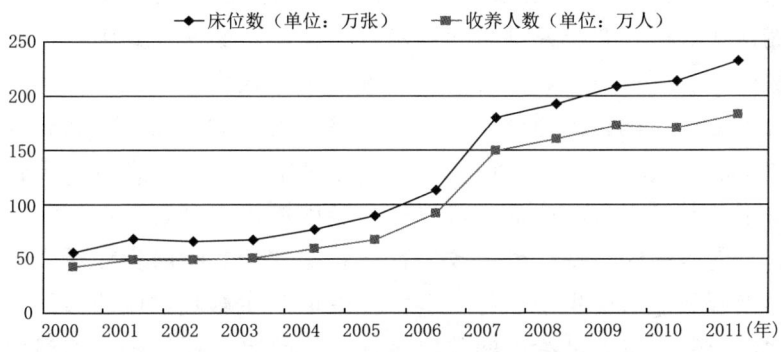

图1-1　2000~2011年农村养老服务机构床位数和收养人数

数据来源:《中国农村统计年鉴》和民政部网站数据。

---

[1] 养老服务资源短缺的问题频繁见诸媒体的报道。例如,有报道显示公立养老院一床难求。详细请参见子墨:"养老服务资源需回归公益公立",载《南方日报》2012年11月5日,第FC01版;黄祺:"我国养老行业面临政策模糊、床位紧张等难题",载 http://news.sina.com.cn/c/sd/2012-05-16/115524425155.shtml,最后访问日期:2018-12-25。还有数据显示,全国各类老年福利机构38 060个,床位266.2万张,床位数占全国老年人口总数的1.59%,在职护理人员只有20多万人,专业护理人员只有2万多人,远远低于国际一般水准。详细请参见戈丽娜:"2009年度中国老龄事业发展统计公报",载 http://www.cncaprc.gov.cn/contents/20/12019.html,最后访问日期:2018-12-25;杨团:"公办民营与民办公助——加速老年人服务机构建设的政策分析",载《人文杂志》2011年第6期。

（二）问题的提出

中山大学的马骏教授曾说过："我们应该集中精力研究那些执政者当下最头疼的问题、百姓最关心的问题，以及那些执政者目前仍未注意但将来必定不得不关注的问题。"[1] 在人口老龄化加剧的背景下，农村养老服务供给的"政策悖论"亟待解决。本书拟对农村养老服务供给的"政策悖论"及相关问题进行研究。确定问题的症结所在不能仅仅关注表露的迹象和症状，要让政策干预发挥真正作用，必须找到问题产生的真正原因。[2] 研究农村养老服务供给的"政策悖论"，同样不能仅仅停留在农村养老服务供给的表层分析上，还要探究其中的深层次原因。古今中外的社会福利制度改革实践表明，政府责任的合理定位是社会福利制度改革的关键，更是实现社会福利有效供给的必然要求。同样地，养老服务供给政策的关键也在于合理定位政府责任。由此，可以进一步引申出下列疑问：当前农村养老服务供给现状以及政府责任状况如何？政府责任对农村养老服务供给产生了何种影响，并如何产生影响？应该如何定位农村养老服务供给中的政府责任？从政府责任的视角如何促进农村养老服务的有效供给？本研究对这些来自"公共政策真实世界"的"是什么""为什么"和"怎么办"开展理论和实证两方面的深入分析。

围绕以上关于农村养老服务供给和政府责任的疑问，可以进一步细化为以下多个子问题，它们构成了本书的基本研究内容。

---

[1] 马骏："中国公共行政学研究：反思与展望"，载《公共行政评论》2012年第1期。

[2] MacRae, D. and Whittington, D., *Expert Advice for Policy Choice*, Washington, DC: Georgetown University Press, 1997.

第一，养老服务是一种什么属性的物品？它包括哪些类型？养老服务供给与政府责任存在何种影响关系？

第二，当前农村养老服务的供给需求现状如何？养老服务的供给需求匹配情况如何？

第三，政府责任如何影响农村养老服务供给？

第四，农村养老服务供给中的政府责任理应如何定位？从政府责任的视角可以开出哪些"药方"？

（三）研究意义

一项优秀的学术研究都应该具备理论和实践的双重意义，或者可以形象地称为"回应实践真问题，提升理论解释力"。理论的进一步完善可以更有效地指导政策实践，而政策实践的发展更是理论创新的动力。

1. 理论意义

（1）界定养老服务的本质。本书从人的本源意义将养老服务的本质界定为人的一种需要，并从积极老龄化的角度指出养老服务的外延，有助于理解养老服务的不同类型与具体形态，更有助于认识不同类型养老服务的地位关系。

（2）构建了养老服务供给与政府责任的分析框架。整合了原来分属于两个学科的两种理论，构建出养老服务的"十字"模型，并在这一基础上分析养老服务供给和政府责任的相互影响关系，增进政府责任与养老服务供给的理论认知。

（3）提出分析政府责任的新路径。从公共政策的视野中提出政府责任的"政策价值—政策目标—政策工具"分析路径，将养老服务供给中的政府责任呈现出来，并解析政府责任如何影响农村养老服务供给，突破以往偏重静态分析的做法，拓展、深化政府责任这一主题研究。

2. 现实意义

（1）改进当前的公共政策，完善农村养老服务体系建设。本书通过实地调研的第一手数据分析农村老人对养老服务的需求意愿和偏好，并对社会养老服务需求意愿进行计量分析，甄别出不同特征老人的养老服务需求偏好，为完善农村养老服务体系建设提供事实依据和数据参考，有助于相关政府部门的科学决策，改进当前的公共政策，增强养老服务供给的针对性和科学性。

（2）提升农村老人的养老服务获得感，推进乡村振兴战略和全面小康社会建设。农村养老服务供给事关农村社会福利制度的健全和完善，是贯彻落实乡村振兴战略和全面小康社会建设进程的应有之义。本书对农村老人做出需求评估，从政府责任的视角提出提升农村养老服务供给有效性的政策建议，有助于满足农村老人的养老服务需求，提升农村老人的养老服务获得感，实现老有所养、老有所医、老有所为、老有所学、老有所教和老有所乐的目标。

二、文献综述

（一）国外文献综述

纵观国外有关养老服务[1]供给的研究，可大致归纳为以下几个方面：

---

[1] 部分国外文献使用"养老服务"这一概念，也有部分文献使用"老年服务""老年长期照顾"等概念。实际上，这些概念都是指维持老人晚年正常生活所需的生活照料、医疗护理、文化康乐、精神慰藉等服务，本书不对这些概念的翻译差异做深入探讨，为便于讨论，如非特殊说明，本书统一使用"养老服务"这一概念。

1. 非正式照顾系统的养老服务供给研究

非正式照顾系统的养老服务是指由家人、亲属、邻居等非正式群体为老人提供的照料服务。非正式照顾服务的减少给西方国家的福利制度带来了种种挑战,并受到西方学者的大量关注。[1] 研究发现,大多数国家的老人照料都面临着人口老龄化、财政负担过重、非正式照顾者减少等压力与困境。[2] 非正式照顾服务减少与家庭、社会的变迁紧密相关,具体包括人口年龄结构变化[3]、离婚率上升[4]、家庭规模变小[5]、少子化[6]、劳动力迁移[7]、已婚妇女就业[8]、老人家庭地位变化

---

[1] Glendinning, C., et al., *Funding Long-term Care for Older People: Lessons from Other Countries*, York: Joseph Rowntree Foundation, 2004; Ungerson, C., "Whose Empowerment and Independence? A Cross-national Perspective on 'Cash for Care' Schemes", *Aging and Society*, 2004, 24 (6): 189-212.

[2] Henglien Lisa Chen, "Welfare and Long-term Care in the East and West: Cross-national Inequalities", *International Journal of Sociology and Social Policy*, 2010, 30 (3): 19-33.

[3] Goode, W. J., *World Revolution and Family Patterns*, New York: Free Press, 1970; Grundy, E., "Demographic influences on the Future of Family Care", in Allen, I. and Perkins, E., *The Future of Family Care for Older People*, London: HMSO, 1995, pp.1-17.

[4] Clarke, L., "Family Care and Changing Family Structure: Bad News for the Elderly?", in Allen, I. and Perkins, E., *The Future of Family Care for Older People*, London: HMSO, 1995, pp. 19-49.

[5] Goode, W. J., *World Revolution and Family Patterns*, New York: Free Press, 1963; Clarke, L., "Family Care and Changing Family Structure: Bad News for the Elderly?", in Allen, I. and Perkins, E., *The Future of Family Care for Older People*, London: HMSO, 1995, pp. 19-49.

[6] Evandrou, M., "Great Expectations: Social Policy and the New Millennium Elders", in Bernard, M. and Phillips, J. eds., *The Social Policy of Old Age*, London, 1998.

[7] Tan Poo Chang, "Implications of Changing Family Structures on Old-age Support in the ESCAP Region", *Asia-pacific Population Journal*, 1992, 7 (2): 49-66.

[8] Doty, P., "Family Care of the Elderly: The Role of Public Policy", *The Millbank Quarterly*, 1986, 64 (2): 34-75.

与居住方式变迁[1]、老人照顾偏好变化[2],等等。尽管亚洲国家普遍认为家庭成员在老人照料上有一种传统的责任意识,但在子女数量减少或者成年子女远距离外出就业的情况下,传统的非正式照顾可能会失效。[3] 联合国的一项数据曾表明,亚洲发展中国家世代同居的比例正在下降,居住方式的变化在某种程度上或多或少地表明成年子女更希望获得独立生活的机会,居住方式的改变和居住距离的扩大,会给成年子女照顾老年父母的责任意识产生负面影响。不过,在"外出就业会减少成年子女对老人的照顾"这一观点上,有研究则表示出不同的观点,如兹墨(Zimmer)等人对泰国、柬埔寨等南亚国家的研究发现,超过80%的留守老人和至少一个子女同住或住在隔壁,子女外出就业并没有影响其照顾老人。[4] 另外,有研究还表明,老年父母照顾与成年子女的流动就业存在双向影响关系,彼此影响。[5] 部分学者还专门考察了孝道意识与照顾责任

---

[1] Grundy, E., "Demographic influences on the Future of Family Care", in Allen, I. and Perkins, E., *The Future of Family Care for Older People*, London: HMSO, 1995, pp. 1-17.

[2] West, P., et al., "Public Preferences for the Care of Dependency Groups", *Social Science and Medicine*, 1984, 18 (4): 41-46; Phillipson, C., "Challenging the 'Spectre of old age': Community Care for Older People in the 1990s", *Social Policy Review*, 1992, 26 (4): 11-33.

[3] Meliyanni Johar and Shiko Maruyama, "Intergenerational Cohabitation in Modern Indonesia: Filial Support and Dependence", *Health Economics*, 2011, 20 (1): 87-104.

[4] Zimmer, Z., et al., "A Comparative Study of Migrant Interactions with Elderly Parents in Rural Cambodia and Thailand" Presented at the 2007 Population Association of America Annual Meetings in New York, March 29, 2007.

[5] John Giles and Ren Mu, "Elderly Parent Health and the Migration Decisions of Adult Children: Evidence from Rural China", *Demography*, 2007, 44 (2): 265-288.

的关系，[1] 这主要集中在发展中国家或者亚洲国家。

总体上看，非正式照顾服务的变化主要受人口老龄化、居住方式、家庭结构和孝道意识等因素的影响。

2. 正式照顾系统的养老服务供给研究

（1）养老服务供给的影响因素。正式照顾系统的养老服务主要是指由专业机构或正式制度为老人提供的专业化照料服务。部分学者的研究发现，非正式照顾与正式照顾之间是一种相互替代的关系。当老人无法获得家庭、亲属、邻居等群体的非正式照顾服务时，就会对正式照顾服务产生需求。[2] 此外，有学者从经济社会人口等宏观角度分析了养老服务的影响因素。有文献指出，在人口老龄化加速和社会价值观念剧变的背景下，老年保障制度体系的不完善进一步加剧了养老服务供给的劣势。[3] 霍根（Hogan）认为，尽管人口老龄化、健康条件和家庭情况是正式照顾服务的重要影响因素，但正式照顾服务供给

---

[1] Finch, J., "Responsibilities. Obligations and Commitments", in Allen, I. and Perkins, E., *The Future of Family Care for Older People*, London: HMSO, 1995, pp. 51-64; Hemalin A. I., *The Well-being of the Elderly in Asia: A Four Country Comparative Study*, Ann Arbor: University of Michigan Press, 2002, pp. 1-24.

[2] Cantor, M. and V. Little, "Aging and Social Care", in R. H. Binstock and E. Shanas, *Handbook of Aging and Social Sciences*, 2nd ed., New York: Van Nostrand Reinbood Company, 1985, p. 748.; Hendy, S., et al., "Critical Shortfalls in the Supply of Residential Care: A Western Metropolitan Region Perspective", *Health Issues*, 2004, 8 (4): 14-18.

[3] Vullnetari, J. and King R., "Does your Granny Eat Grass? Mass Migration, Care Drain and the Fate of Older People in Rural Albania", *Global Networks*, 2008, 8 (2): 139-171; Meliyanni Johar and Shiko Maruyama., "Intergenerational Cohabitation in Modern Indonesia: Filial Support and Dependence", *Health Economics*, 2011, 20 (1): 87-104.

需求矛盾是由人口状况和经济发展两方面共同决定的。[1] 同时，有研究发现，一个国家的福利体制与养老服务供给存在密切关系，且不同国家的养老服务供给存在很大差异，但这种差异在近年逐渐减少。[2]

（2）养老服务供给的公平性问题。正式照顾系统的养老服务在很多时候被视为资源的再分配，相关的政策改革会对不同老年群体产生不同程度的影响，从而衍生出养老服务供给的公平性问题。约瑟夫（Joseph）和查尔莫斯（Chalmers）对新西兰1981~1991年所开展的服务计划重组与民营化改革进行了评估。研究发现，城市老人因为政策调整而受益，而农村老人则成为改革的利益受损群体。[3] 托梅·伊莲（Thumé Elaine）等人在巴西的家庭健康战略（the Family Health Strategy，FHS）评估中发现，该计划使得老人更好地利用家庭护理服务，但该计划需要进一步扩大覆盖率，特别是在老龄化加剧的形势下，需要进一步促进老人公平地获得服务。[4] 在养老服务供给政策改革中，与公平性相关的一系列问题都是无法回避的。例如，如何

---

［1］ Hogan, W., "Review of Pricing Arrangements in Residential Aged Care", *Australasian of Ageing*, 2004, 23（1）: 5-6.

［2］ Jennifer Bowerman, "Home Care for Aging Populations: A Comparative Analysis of Domiciliary Care in Denmark, the United States and Germany", *Leadership in Health Services*, 2009, 22（1）: 98-99; Henglien Lisa Chen, "Welfare and Long-term Care in the East and West: Cross-national Inequalities", *International Journal of Sociology and Social Policy*, 2010, 30（3）: 19-33.

［3］ Joseph, A. E. and Chalmers, A. I., "Restructuring Long-term Care and the Geography of Aging: A View from Rural New Zealand", *Social Science & Medicine*, 1996, 42（6）: 887-896.

［4］ Thumé Elaine, et al., "The Utilization of Home Care by the Elderly in Brazil's Primary Health Care System", *American Journal of Public Health*, 2011, 101（5）: 868-874.

界定正式照顾服务的目标群体？正式照顾服务是所有老人的一项权利，还是只覆盖老年低收入群体，抑或针对有需求的老人？应该提供多少服务？谁来为这些服务买单？等等。[1] 目标群体的界定会对养老服务供给的公平性产生重大影响，这一问题往往在政策制定过程中被反复讨论。可以说，养老服务供给的公平性问题是政策制定的争论焦点和难点所在。

3. 养老服务供给形式的变迁

西方国家在刚进入老龄化社会之时，都纷纷重视养老服务机构的规划和建设，为老人提供优质的机构养老服务，这在福利国家中表现尤甚。然而，随着养老服务机构各种弊端的不断涌现，西方发达国家在20世纪50年代开始提出"在合适环境中养老"的理论，重新肯定社区环境对老人晚年生活的价值，倡导老人生活在自己熟悉的社区环境当中，并为居家老人提供必要的上门服务，也就是"社区照顾"。社区照顾一方面可以继续维系老人与社区环境的社会联系；另一方面还可以让老人接受专业化服务，尽可能避免"机构化照顾"，从而有利于老人的健康与生活。[2] 西方学者对养老服务供给形式的认知遵循着"从'机构化照顾'到'社区照顾为主、机构化照顾为辅'"的路径。直至目前，西方发达国家在发展社会养老服务时，更多是偏向社区照顾而

---

[1] Jennifer Bowerman, "Home Care for Aging Populations: A Comparative Analysis of Domiciliary Care in Denmark, the United States and Germany", *Leadership in Health Services*, 2009, 22 (1): 98-99; Katherine Swartz, et al., "Long-Term Care: Common Issues and Unknowns", *Journal of Policy Analysis and Management*, 2012, 31 (1): 139-152.

[2] Chappell, N. L. and Havens, B., "Who Helps the Elderly Person: A Discussion of Informal and Formal Care", in W. A. Peterson and J. S. Quadagno eds., *Social Bonds in Later Life: Aging and Interdependence*, Beverly Hills, CA: Sage, 1985; Kirwin P. M., "Intergenerational Continuity and Reciprocity through the Use of Community-based Services: Theory and Practice", *Home Health Care Services Quarterly*, 1991, 12 (2): 17-33.

不是机构化照顾。

4. 正式照顾系统与非正式照顾系统的关系厘定

从传统上看，照料老人是个人或者家庭内部的事务，按照经济合作与开发组织的估算，大约有80%的养老服务是由非正式照顾系统提供的。[1] 然而，社会经济变迁、人口老龄化加剧、家庭结构萎缩、福利制度改革等因素促使养老服务供给形式的变革，导致老人照料责任的变化。安恩（Ahn）和金姆（Kim）就建议国家承担起农村独居老人的照顾责任，对农村独居老人提供必要的社会福利服务。[2] 但大量研究却表明，西方国家为了削减正式照顾服务的成本，在养老服务供给中越来越倚重家庭、社区等非正式照顾主体。[3] 实际上，这涉及正式照顾系统和非正式照顾系统的责任分担问题。部分学者强调正式照顾系统与非正式照顾系统在养老服务供给中是一种互动互补关系，而不是非此即彼的替代关系。养老服务供给责任应该在正式照顾系统与非正式照顾系统之间进行合理分担，[4]

---

[1] OECD, *The OECD Health Project: Long-term Care for Older People*, Paris: OECD, 2005.

[2] Ahn, Y. H. and Kim, M. J., "Health Care Needs of Elderly in a Rural Community in Korea", *Public Health Nursing*, 2004, 21 (2): 153-161.

[3] Pickard, L., et al., "Relying on Informal Care in the New Century? Informal Care for Elderly People in England to 2031", *Ageing Soc*, 2000, 20 (6): 45-72; Johansson Lennarth, et al., "Informal Caregiving for Elders in Sweden: An Analysis of Current Policy Developments", *Journal of Aging & Social Policy*, 2011, 23 (4): 335-353; Franca van Hooren and Uwe Becker., "One Welfare State, Two Care Regimes: Understanding Developments in Child and Elderly Care Policies in the Netherlands", *Social Policy & Administration*, 2012, 46 (1): 83-107.

[4] Munday and Brain, "Introduction: Definitions and Comparisons in European Social Care", in *Social Care in Europe*, Condan: Harvester Wheatshaf, 1996, p. 6.

倡导家庭、社区、志愿部门、政府等多方主体承担相应责任。[1] 近年来,西方和港台社会努力推行社区照顾的出发点就是试图保持非正式照顾系统与正式照顾系统之间的互动联系。[2] 部分学者对东方国家的老人照料进行研究后,尝试将东方国家的经验引入到福利国家的养老服务供给实践中,[3] 其实,这是福利国家重新肯定非正式照顾系统在照料老人中的作用和功能,而不是由政府或者其他正式照顾主体完全承担老人的照顾责任。老人照料是一个公共责任,[4] 需要协同社区服务提供者、雇主、政府、家庭和老人等多方主体的合作关系,创

---

[1] Milligan, C. and Conradson, D., *Contemporary Land-scapes of Welfare: The Voluntary Turn? In Landscapes of Voluntarism: New Spaces of Health, Welfare and Governmence*, Bristol: Policy Press, 2006, pp. 1-14; Donald T. Rowland, "Global Population Aging: History and Prospects", in P. Uhlenberg ed., *International Handbook of Population Aging*, Springer Netherlands, 2009, pp. 37-65; Mark W. Skinner and Alun E. Joseph, *Placing Voluntarism within Evolving Spaces of Care in Aging Rural Communities GeoJournal*, Springer Netherlands, 2009, pp. 1-12.

[2] Froland, C., "Formal and Informal Care: Discontinuities in a Continuum", *Social Service Review*, 1980, 46 (12): 572-587; Chappell, N. L. and Havens, B., "Who Helps the Elderly Person: A Discussion of Informal and Formal Care", in W. A. Peterson and J. S. Quadagno, *Social Bonds in Later Life: Aging and Interdependence*, Beverly Hills, CA: Sage, 1985; Litwak, E., *Helping the Elderly: Complementary Roles of Informal Networks and Formal Systems*, New York: The Guilford Press, 1985; Kirwin, P. M., "Intergenerational Continuity and Reciprocity through the Use of Community-based Services: Theory and Practice", *Home Health Care Services Quarterly*, 1991, 12 (2): 17-33.

[3] Aspalter, C., ed., *Discovering the Welfare State in East Asia*, Chicago: Chicago University Press, 2002; Walker, A. and Wong, C. K., *East Asian Welfare Regimes in Transition: From Confucianism to Globalisation*, Bristol: Policy Press, 2005.

[4] Johansson Lennarth, et al., "Informal Caregiving for Elders in Sweden: An Analysis of Current Policy Developments", *Journal of Aging & Social Policy*, 2011, 23 (4): 335-353.

造一个"友好的老龄化"(aging-frieddly)社会。[1]

5. 养老服务供给中的政府责任研究

从养老服务的发展历程来看,西方国家经历了"机构化照顾"向"社区照顾为主、机构化照顾为辅"的发展历程。与这一历程相伴随的就是政府责任的变迁。20世纪70年代以前,福利国家的扩张使得政府在养老服务供给中承担了越来越多的责任,特别是在养老服务机构被视为应对人口老龄化和解决老人照料问题的主要途径之后,西方福利国家普遍加大养老服务机构建设的财政资助,由政府举办的养老服务机构被认定为养老服务供给的主要场所。然而,伴随20世纪70年代中后期出现的经济滞胀,西方福利国家在养老服务供给上普遍出现沉重的"财政包袱"。后来,西方国家逐渐意识到养老服务供给中的政府责任调整问题,一方面开始强调家庭、社区在养老服务供给中的作用,譬如福利多元主义逐渐成为一种潮流;另一方面则是调整政府自身的责任定位,避免政府在养老服务供给中的过度保障。在西方福利国家的养老服务制度改革中,首要任务就是调整政府的政策干预,让政府责任处于一个更为合理的水平,[2] 政府在这一过程中呈现出"责任扩张到责任收缩,再到责任合理调整"的基本轨迹。在西方学者眼里,政府责任是养老服务供给和福利制度改革的一个关键词。

---

[1] Ann Bookman and Delia Kimbrel, "Families and Elder Care in the Twenty-First Century", *Future of Children*, 2011, 21 (2): 117-140.

[2] Donald T. Rowland, "Global Population Aging: History and Prospects", in P. Uhlenberg ed., *International Handbook of Population Aging*, Springer Netherlands, 2009, pp. 37-65; Johansson Lennarth, et al., "Informal Caregiving for Elders in Sweden: An Analysis of Current Policy Developments", *Journal of Aging & Social Policy*, 2011, 23 (4): 335-353.

6. 国外文献述评

国外学者在正式照顾系统与非正式照顾系统的研究中提出了很具影响力的观点，即强调正式照顾系统与非正式照顾系统之间的协调与互补，认为二者并非相互排斥和非此即彼的关系，需要在养老服务供给中进行合理的责任分担。这为我国农村养老服务供给提供了一个很具参考价值的思路。养老服务供给问题不能完全寄托于政府，而是整合正式照顾系统与非正式照顾系统，厘定不同供给主体的职责范围，实现供给责任的有效分担。

与此同时，我国与发达国家在国情上的巨大差异。首先，我国与发达国家老龄化发展进程不一。除了日本之外，发达国家65岁及以上人口占总人口的比例从7%提高到14%，所用的时间都在45年以上，而我国只用了27年时间。发达国家是在实现现代化之后再进入老龄化社会的，而我国是在尚未完全实现现代化、人均GDP刚超过1000美元的时候就进入老龄化社会。[1] 诚如学界所说的"未富先老"，这与西方发达国家的老龄化有着本质区别。其次，我国的养老服务供给制度改革与发达国家的起点存在差异。发达国家的养老服务制度改革是在经济比较发达、社会保障制度较为完善的基础上开展的。例如，日本在进入老龄化社会之前，于1960年实施了全民医疗和养老保险制度。韩国在进入老龄化社会之前，分别在1989年和1999年实现了医疗保险和养老保险两种制度的全覆盖。日本和韩国又分别在2000年和2008年开始实施护理保险制度。发达国家的养老服务与福利体系改革针对的是政府的过度干预，养老服务

---

[1] 董红亚："'共担·互补·协调'的新型养老保障体系研究——以浙江省为例"，载《中共浙江省委党校学报》2010年第3期。

供给制度改革的主要方向是如何整合家庭、社区、市场、政府等多方供给主体的力量。而在我国，社会养老服务是在社会保障制度不够健全、保障水平偏低的背景下逐步发展起来的，尤其是在农村地区，社会保障领域仍存在政府责任不足（尽管我国在近年已逐步完善农村社会保障制度，投入大量政策资源，但由于历史原因，农村地区的社会保障发展水平依然偏低），而非政府责任的"过度慷慨"。这样看来，改革起点的不同决定了我国农村养老服务体系建设有着自身的特点，有异于发达国家。我国农村养老服务体系建设可以借鉴发达国家的改革经验，但决不能生搬硬套。

（二）国内文献综述

1. 养老服务的物品属性及其地位

养老服务的物品属性关系到政府责任定位以及政策干预程度。有学者从公共服务均等化的角度将养老服务视为公共服务的一种类型。[1] 有研究还从经济学的角度将养老服务划分为"私人品""准公共物品"和"公共品"三种类型。[2] 陈友华则从服务来源的角度将其划分为三种形式：一是社会养老，即养老所需服务由社会提供，如社区/机构提供养老服务。这种服务既可以由政府购买，也可以由家庭、子女或本人购买，还可以是家庭、子女或本人购买，不足部分由政府提供补贴；二是家庭养老，即养老所需服务由家庭成员提供；三是自我养老，

---

[1] 胡宏伟、时媛媛、肖伊雪："公共服务均等化视角下中国养老保障方式与路径选择——居家养老服务保障的优势与发展路径"，载《华东经济管理》2012年第1期。

[2] 吴婵君："浙江老龄服务产业市场化融资模式创新研究"，载《浙江学刊》2011年第4期。

即自我服务。[1] 由此观之，养老服务是一种"混合型物品"，有的部分属于私人物品，有的部分则属于公共物品。

综观养老保障的相关研究，不少学者将养老保障仅仅视为养老保险，或者把养老保险直接等同于养老保障。其实，养老保障并非一个简单的收入维持问题，而是涉及老人的多方面需求。养老需求除了基本的经济需求外，还包括日常照料和精神慰藉的需求。[2] 其他的相关研究也表明，除了经济供养之外，老人尤其是空巢老人更多是面临着日常生活照料和精神抚慰问题，由此带来的养老服务供给问题日益突出。[3] 邬沧萍指出，一个健康的老龄化社会必须能够满足老人的经济收入、医疗保健、生活照料和精神慰藉等方面的需求。[4] 针对我国养老保障体系的总体发展与制度设计，岳经纶就指出，我国老年社会保障制度比较重视老人的经济保障，但轻视老人的社会服务需要，与养老相关的社会服务没有得到足够的重视。任何社会福利制度和社会政策体制，既要重视经济保障，又要重视服务保障。[5] 周沛和管向梅就直接提出"'资金保障'和'服务保障'

---

[1] 陈友华："居家养老服务及其相关的几个问题"，载《人口学刊》2012年第4期。

[2] 王涤、张旭升："农村老年人精神文化需求调查"，载《人口学刊》2008年第5期。

[3] 陈军："居家养老：城市养老模式的选择"，载《社会》2001年第9期；陈赛权："中国养老模式研究综述"，载《人口学刊》2000年第3期；黄黎若莲、张时飞、唐钧："中国人口老龄化进程与老年服务需求"，载《学习与实践》2006年第12期；仉堪雄、何小洲："人口老龄化背景下的经济对策与产业选择"，载《中国人口·资源与环境》2007年第1期。

[4] 邬沧萍："创建一个健康的老龄社会——中国迎接21世纪老龄化的正确选择"，载《人口研究》1997年第2期。

[5] 岳经纶、刘洪、黄锦文主编：《社会服务：从经济保障到服务保障》，中国社会出版社2011年版，第239页。

是国家和社会为高龄者养老服务提供的最为人道的福利"的命题。[1] 杨翠迎等人主张把"经济保障和服务保障制度并重"作为我国当前养老保障制度转型的发展方向。[2] 随着养老保障制度的完善和人口老龄化的加剧，养老服务将在养老保障体系中扮演越来越重要的角色，地位逐步凸显。

2. 养老服务的供给现状

对农村养老服务的供给状况，学者们主要从非正式供给系统和正式供给系统两方面入手，探讨养老服务供给的基本现状。

（1）农村养老服务的非正式供给系统。养老服务的非正式供给系统是指由家庭成员、邻居、亲朋等非正式群体为老人提供的照料和服务。大量研究表明，大规模的乡城移民尤其是年轻劳动力外流导致代际间长期聚少离多，家庭成员提供的照料服务并不充足，使得农村老人面临日常生活照料、精神慰藉、疾病照料缺失等问题。[3] 有研究还发现，转型社会中的家庭在结构、功能和文化上发生急剧变迁，引致传统家庭秩序和家庭伦理的变化，家庭的核心价值越来越被经济理性所占据，农村

---

[1] 周沛、管向梅："普惠型福利视角下城市高龄者养老社会化服务体系研究"，载《东北大学学报（社会科学版）》2011年第4期。

[2] 杨翠迎、冯广刚、任丹凤："人口'双龄化'背景下对我国养老保障制度建设方向调整的思考"，载《西北人口》2010年第3期。

[3] 高和荣："文化转型下中国农村家庭养老探析"，载《思想战线》2003年第4期；李芳凡、曾南权："建立不发达地区农村养老保障制度的构想"，载《江西社会科学》2005年第2期；宋宝安："老年人口养老意愿的社会学分析"，载《吉林大学社会科学学报》2006年第4期；左冬梅、李树茁："基于社会性别的劳动力迁移与农村留守老人的生活福利——基于劳动力流入地和流出地的调查"，载《公共管理学报》2011年第2期。

的"孝道"发生了改变,[1] 家庭养老的文化基础受到冲击。与此同时,来自邻居、亲朋等群体的养老资源和社会支持也十分有限。[2] 张友琴曾经撰文指出,无论在生活支持还是精神支持方面,农村老人比城镇老人更缺少家庭之外的资源。[3] 贾云竹的研究也持有类似的观点,社区服务等照料资源在老人的日常生活照料中几乎没有占据什么份额。[4]

(2) 农村养老服务的正式供给系统。养老服务的正式供给系统主要是指由科层组织提供的专业化、机构化的养老服务,主要包括各类养老服务机构所提供的照料服务。在农村社会保障体系还不够完善的背景下,政府在老人生活照料方面的作用较为有限。[5] 潘金虹的研究发现,一些规模小、服务缺乏特色、环境条件差的民办养老院无法吸引老人及其家属,有15%~40%的床位出现闲置,由国家财政投资建设的农村敬老院和城市低端敬老院床位闲置率也较高。[6] 王洪娜对山东农村养老服

---

[1] 叶敬忠、贺聪志:"社会变迁侵蚀家文化",载《人民论坛》2011年第7期。

[2] 贺聪志、叶敬忠:"农村劳动力外出务工对留守老人生活照料的影响研究",载《农业经济问题》2010年第3期。

[3] 张友琴:"老年人社会支持网的城乡比较研究——厦门市个案研究",载《社会学研究》2001年第4期。

[4] 贾云竹:"老年人日常生活照料资源与社区助老服务的发展",载《社会学研究》2002年第5期。

[5] 高胜恩:"浅议转型社会中的农村养老问题——山西永济市孙李村养老情况调查",载《经济问题》2000年第12期;李春艳、贺聪志:"农村留守老人的政府支持研究",载《中国农业大学学报(社会科学版)》2010年第1期;贺聪志、叶敬忠:"农村劳动力外出务工对留守老人生活照料的影响研究",载《农业经济问题》2010年第3期。

[6] 潘金洪:"江苏省机构养老床位总量不足和供需结构失衡问题分析",载《南京人口管理干部学院学报》2010第1期。

务机构的调查研究发现，农村养老服务机构存在数量少、人员缺乏、资金紧张、管理水平落后等问题，需要在规模、体制、队伍等方面加强建设，以更好地满足农村老人的社会养老服务需求。[1] 可以说，与农村老人相关的福利服务不管在数量还是质量上，都面临着供需矛盾，[2] 传统的福利服务供给格局已不能适应当前老人的养老服务需求。[3]

3. 养老服务的需求意愿及其影响因素研究

从老人的养老意愿来看，依靠家庭成员照顾的居家养老是大多数老人的主流意愿，[4] 但也有部分农村老人对机构养老服务抱有期待。[5] 部分研究表明，有15%～20%的老人愿意选择机构养老服务。[6] 另外，有研究发现，农村居民的养老意识在发生变化，尤其是中青年人对养老服务机构的认同感正在加深，这为今后在农村推广以机构养老服务为主的社会养老方式提供了有力支持。[7] 有的调查发现，在儿子外出就业的农村家庭中（主要是那些夫妻全外出就业的家庭），出现了雇人代为照料老

---

[1] 王洪娜：" 山东农村老人入住社会养老机构的意愿与需求分析"，载《东岳论丛》2011年第9期。

[2] 赵小艳：" 老龄化背景下养老服务多元供给主体研究"，西北大学2008年硕士学位论文。

[3] 焦亚波：" 社会福利社会化背景下的上海养老机构发展研究"，华东师范大学2009年博士学位论文。

[4] 李建新、于学军、王广州、刘鸿雁：" 中国农村养老意愿和养老方式的研究"，载《人口与经济》2004年第5期。

[5] 左冬梅、李树茁、宋璐：" 中国农村老年人养老院居住意愿的影响因素研究"，载《人口学刊》2011年第1期。

[6] 郭平、陈刚编著：《2006年中国城乡老年人状况追踪调查数据分析》，中国社会出版社2009年版，第134页；潘金洪："江苏省机构养老床位总量不足和供需结构失衡问题分析"，载《南京人口管理干部学院学报》2010年第1期。

[7] 陈成文、肖卫宏：" 农村养老意识变迁的影响因素研究——以对288位农民的调研为例"，载《西北人口》2007年第4期。

人的现象,〔1〕这也是养老服务需求意愿发生变化的表现。可以说,农村地区的养老服务需求意愿开始出现变化。

在养老服务需求意愿的影响因素上,王洪娜的研究发现,养老服务需求偏好主要受年龄、性别、有无配偶、健康状况、有无子女等因素的影响。〔2〕陈建兰通过对空巢老人的调查发现,老人的文化程度、儿子数量和养老金数量对机构养老服务具有重要影响。〔3〕有研究则表明,家庭状况、经济状况对老人选择照顾方式具有显著影响,身体状况对老人选择照顾方式的影响不大,而个人特征对老人选择照顾方式的影响并不明显。〔4〕潘金洪等人的调查发现,在婚人口选择居家养老的比例最高,丧偶的其次,未婚和离异者选择非居家养老的比例较高。〔5〕黄俊辉和李放还专门讨论了居家生活满意度对养老院入住意愿的影响,他们的研究认为,生活满意度与养老院入住意愿之间存在显著的负相关关系,即农村居家老人的生活满意度越高,其对养老院的需求意愿越低;农村居家老人的生活满意度越低,其对养老院的需求意愿越高。〔6〕此外,传统的孝道观念对农村老人的养老院入住意愿起到阻碍作用,慢性病所带来

---

〔1〕 张旭升、吴中宇:"农村家庭养老的实证分析",载《社会》2003年第3期。
〔2〕 王洪娜:"山东农村老人入住社会养老机构的意愿与需求分析",载《东岳论丛》2011年第9期。
〔3〕 陈建兰:"空巢老人的养老意愿及其影响因素——基于苏州的实证研究",载《人口与发展》2010年第2期。
〔4〕 蒋岳祥、斯雯:"老年人对社会照顾方式偏好的影响因素分析——以浙江省为例",载《人口与经济》2006年第3期。
〔5〕 潘金洪、王晓风、应启龙:"江苏省社区老龄服务需求调查分析",载《市场与人口分析》2000年第3期。
〔6〕 黄俊辉、李放:"生活满意度与养老院需求意愿的影响研究——江苏农村老年人的调查",载《南方人口》2013年第1期。

的医疗需求是老人入住养老院的动机之一，老人在居家养老中更重视感情上的"孝"，而子女给予的实际的"养"并不能降低老人入住养老院的意愿。[1] 总体来看，已有研究主要讨论个人特征、家庭状况、经济或生活状况等微观因素对农村老人养老服务需求意愿的影响关系或影响机理。

4. 城乡养老服务供给的比较研究

有学者为了研究城乡养老服务供给的均等化问题，将城市和农村的养老服务供给进行了比较研究。如丁志宏和王莉莉的研究表明，我国社区居家养老服务存在明显不均等现象。在服务供给上，城市多于农村，东部多于中部和西部。而且，各类服务项目还存在供给、需求和利用之间的矛盾。[2] 李德明等人的研究发现，超过30%的老人所在的社区开展了为老服务工作，但农村社区为老服务的发展滞后于城市社区。社区服务显著缩小了老人因居住地（城市/农村）、年龄（低龄/高龄）以及家庭支持状况（有/无）等因素导致的生活满意度差异。社区服务明显提高老人特别是老年弱势群体（农村和无家庭支持）的生活满意度。相比较而言，农村老人的社区服务需求较城市老人更为迫切。[3] 另外，丁志宏的研究还发现，与城市相比，农村老人的照料服务资源几乎都集中在家庭，社会服务和保姆的利用率非常低，家庭成员的照料负担非常重，农村的照料体系远

---

[1] 左冬梅、李树茁、宋璐："中国农村老年人养老院居住意愿的影响因素研究"，载《人口学刊》2011年第1期。

[2] 丁志宏、王莉莉："我国社区居家养老服务均等化研究"，载《人口学刊》2011年第5期。

[3] 李德明、陈天勇、李海峰："中国社区为老服务及其对老年人生活满意度的影响"，载《中国老年学杂志》2009年第19期。

未完善。[1]

城乡养老服务供给的比较研究表明，养老服务供给存在显著的城乡差异和区域差异，城乡社会养老服务发展不均衡。与城市相比，农村养老服务体系建设更为滞后，统筹城乡社会养老服务体系发展已成为今后完善社会保障体系必须着力解决的主要问题之一。[2]

5. 农村养老服务供给的发展方向

对于农村养老服务供给的发展方向，学者们基本遵循着福利多元主义的思路，[3] 强调政府、社区、市场、家庭等多方主体的作用。而且，学者们普遍认为，处于转型期的中国社会，传统的家庭养老功能弱化，养老服务社会化必将是未来的趋势。[4] 对于养老服务的具体形式，"养老模式主要有机构养老、社区养老和居家养老，等等。机构养老成本较高，只能解决少部分人的养老问题。对大部分老人来说，社区养老和居家养老更符合现实，尤其是居家养老，成本相对较低，符合中国孝道传统和老人生活习惯，是对传统家庭养老模式的补充与更新。"[5] 有研究指出，社区居家养老模式集中了传统家庭养老与机构养

---

[1] 丁志宏："我国高龄老人照料资源分布及照料满足感研究"，载《人口研究》2011年第5期。

[2] 林闽钢："我国城乡社会养老服务体系的发展探讨"，载《中国社会保障》2012年第6期。

[3] 于戈、刘晓梅："论我国养老服务业发展研究"，载《甘肃社会科学》2011年第5期。

[4] 许佃兵、孙其昂："完善我国社会养老服务体系的深层思考——基于江苏养老服务现状的考察分析"，载《学海》2011年第6期；杨宜勇、杨亚哲："论我国居家养老服务体系的发展"，载《中共中央党校学报》2011年第5期。

[5] 周湘莲："居家养老服务中的政府责任"，载《学海》2011年第6期。

老的优点，代表着中国养老方式的未来发展方向。[1] 有学者还从城市化战略的角度对城乡养老服务的发展与规划进行了研究，认为政府需要从资源投入、统筹城乡和长远规划三方面建立居家养老服务保障体系。[2] 而且，加快农村地区社会化照料体系建设显得尤为重要和迫切。[3] 政府有责任了解老人及其家庭的需求变化，进行养老服务体系建设。[4]

6. 养老服务供给中的政府责任

目前，国内学者关于政府责任的研究成果较为丰硕。王成栋、张成福、张国庆、李景鹏等学者专门讨论了政府责任的内涵与外延。[5] 与此同时，部分学者专门对某一政策领域的政府责任进行了研究，如农民工权益保障与政府责任[6]、养老保险与政府责任、[7] 增长失衡与政府责任[8]、公共服务与政府责

---

[1] 张奇林、赵青："我国社区居家养老模式发展探析"，载《东北大学学报（社会科学版）》2011年第5期。

[2] 胡宏伟、时媛媛、张薇娜："需求与制度安排：城市化战略下的居家养老服务保障定位与发展"，载《人口与发展》2011年第6期。

[3] 丁志宏："我国高龄老人照料资源分布及照料满足感研究"，载《人口研究》2011年第5期。

[4] 穆光宗、张团："我国人口老龄化的发展趋势及其战略应对"，载《华中师范大学学报（人文社会科学版）》2011年第5期。

[5] 王成栋：《政府责任论》，中国政法大学出版社1999年版，第4~6页；张成福："责任政府论"，载《中国人民大学学报》2000年第2期；张国庆主编：《行政管理学概论》，北京大学出版社2000年版，第486页；李景鹏："政府的责任与责任政府"，载《国家行政学院学报》2003年第5期。

[6] 陈桂兰："城市农民工的权益保障与政府责任"，载《前沿》2004年第3期。

[7] 杨方方："中国转型期社会保障中的政府责任"，载《中国软科学》2004年第8期。

[8] 中国经济增长与宏观稳定课题组等："增长失衡与政府责任——基于社会性支出角度的分析"，载《经济研究》2006年第10期。

任[1]，等等。这部分研究一般以现实问题为导向，比较注重理论与政策的结合，关于政府责任的研究结论主要应用于特定的政策领域。具体到养老服务领域，国内学者对政府责任具体开展了哪些研究？笔者以"政府责任"为主题，并且包含"养老服务"，以"2000~2012年"为年限在中国知网进行检索，一共得到40个结果，其中期刊论文13篇，博士论文2篇，硕士论文25篇。从检索结果上看，国内学者对农村养老服务供给的政府责任研究相对偏少。尽管部分学者撰文认为政府应该在养老服务供给中承担相应责任，[2]但政府应该在哪些类型的养老服务供给中承担责任？政府责任具体包括哪些方面？诸如此类问题，目前的研究还未给出一个让人满意的回答，可以说，政府承担什么责任、扮演什么角色、发挥什么作用，这是养老服务社会化时代需要认真思考的问题。[3]

7. 国内文献述评

国内的相关文献直接或间接地启发了笔者的思考，并为下一步研究提供了逻辑架构上的便利，但已有文献的不足之处也是明显的，具体从以下三方面加以评述：

（1）研究成果数量偏少，质量不高。农村养老服务这一主题研究正在兴起，已有文献对农村养老服务的供给与需求等问

---

[1] 吕炜、王伟同："发展失衡、公共服务与政府责任——基于政府偏好和政府效率视角的分析"，载《中国社会科学》2008年第4期。

[2] 陈德君："人口老龄化与养老服务保障体系"，载《人口研究》2001年第6期；夏鸣、魏一："解决老年照料问题的思路及对策"，载《西北人口》2003年第1期；董春晓："福利多元视角下的中国居家养老服务"，载《中共中央党校学报》2011年第4期；陈友华："居家养老及其相关的几个问题"，载《人口学刊》2012年第4期。

[3] 穆光宗、张团："我国人口老龄化的发展趋势及其战略应对"，载《华中师范大学学报（人文社会科学版）》2011年第5期。

题已有所论及，但研究成果数量依然偏少。从 2001 年至 2011 年，与"农村养老服务"相关的研究成果仅有 161 篇期刊论文，[1] 73 篇硕士论文和 4 篇博士论文，专门性的学术专著不多见。另外，高质量的研究成果不多，这主要表现在期刊论文上。在 161 篇期刊论文当中，只有 15 篇文章属于 CSSCI 来源期刊。这在一定程度上表明，"农村养老服务"这一主题的研究暂时还处于低水平阶段，还有很大的探索空间。如果以农村养老服务发展的现实状况与政策实践为参照，农村养老服务的主题研究明显滞后于现实政策的需求，引发"现实—研究"和"政策—研究"之间的张力，从而导致理论研究与实践发展的脱节。现实与政策的发展需求必然要求农村养老服务这一主题研究的快速跟进。

（2）研究内容偏重对策研究，基本停留在"现状—问题—对策"的研究思路上。目前的文献主要偏重于对策研究，有关养老服务供给需求关系的研究较为少见，而且大多缺乏系统性、全面性和深刻性，没有真正触及农村养老服务供给问题的本质所在。首先，养老服务的概念界定仍存在诸多不清晰之处。部分研究在概念界定中只列举了养老服务的外延，并没有指出养老服务的内涵本质。其次，养老服务供给主体的责任边界缺乏明确界定。虽有研究强调政府、家庭、社区等多方主体在农村养老服务供给中的作用，但各方主体之间的责任分担仍缺乏系统和深刻的阐述，导致已有研究更多地停留在表面层次。最后，农村养老服务的特殊性没有得到足够的关注。受城乡二元经济结构的影响，农村与城市在经济、社会、文化等方面有着巨大差异，农村地区的特殊性和异质性更强，需要将农村养老服务供给视为一个单独的研究对象开展系统研究，而不是将其与城

---

[1] 在中国学术期刊网络出版总库中进行检索，检索时间为 2012 年 4 月 22 日。

市养老服务供给混为一谈。目前大多数的对策建议没能充分考虑到农村地区的特殊性，忽略了农村和城市之间的差异性。

（3）研究方法简单，系统运用定量或定性研究方法的文献不多。部分文献虽采用问卷调查方法，但在结果的呈现上只停留在描述性统计分析，没有深入剖析农村养老服务供给的影响因素，更未对养老服务供给与需求之间的匹配程度及其影响机理作出深入分析。少量文献运用了定量研究方法对农村老人的养老服务需求偏好进行计量分析，但在样本选取上往往局限于一个很小的地域范围，调查的样本规模也偏小。另外，规范的个案研究和实地研究同样匮乏。总体而言，在农村养老服务这一主题研究中，定量研究和定性研究都亟须进一步加强。随着不同学科的加入，将会有更多的研究方法被运用到农村养老服务这一主题研究当中。

三、研究目标与内容

（一）研究目标

本书的研究目标是，以农村养老服务供给为研究对象，构建一个有效的分析模型阐述政府责任与养老服务供给的关系，解析政府责任对农村养老服务供给的影响机理，为提升农村养老服务供给的有效性提出政策启示。

（二）研究内容

本书将农村养老服务供给及相关问题放置在政策科学的视域中加以考察。公共政策常见的分析途径包括分析特定政策与政治体制的关系及分析政策制定中的因果变量，即政策决定因素、分析政策的内容、分析政策的结果或影响。[1] 本书涉及的

---

〔1〕 岳经纶：《中国劳动政策：市场化与全球化的视野》，社会科学文献出版社 2007 年版，第 23 页。

研究内容主要包括养老服务的类型划分、农村养老服务的供给现状、农村老人的养老服务需求及其影响因素分析、养老服务供给政策的内容分析、政府责任对养老服务供给的影响。这些研究内容可以纳入以上几种研究途径中，如表1-1所示。

表1-1 本书研究内容与研究途径的归类

研究途径	涉及的研究内容
（1）政策决定因素	养老服务的类型划分、农村养老服务供给现状、农村老人的养老服务需求
（2）分析政策的结果或影响	政府责任对养老服务供给的影响、养老服务需求的影响因素分析
（3）分析政策的内容	养老服务供给政策的内容分析

具体来说，本书的主要研究内容包括以下几个方面：

第一，养老服务的理论分析模型构建。从人的需要的角度界定养老服务的本质，整合公共物品理论和社会支持网络理论，构建一个养老服务的分类模型——"十字"模型，将养老服务划分为家庭养老服务、社区照顾服务、公共养老服务和商业养老服务四种类型。在"十字"模型中讨论各类养老服务的属性特征、供给主体、具体形态以及结构关系，为分析政府责任对养老服务供给的影响提供理论基础。该部分是本书的理论逻辑起点。

第二，养老服务供给的政府责任分析。在"十字"模型的基础上，依据养老服务的不同物品属性，探讨政府责任与养老服务供给的相互关系，重点讨论政府责任对养老服务供给的影响作用，从理论上分析养老服务的供给、需求与政府责任之间的关系，区分养老服务供给中政府责任的两个层面。

第三，农村养老服务供给需求现状及结构性困境。首先，以A省为例，基于实证调查和统计年鉴的相关数据，考察家庭养老服务、社区照顾服务、公共养老服务和商业养老服务的供给现状。其次，通过计量模型，分析农村老人的养老服务需求意愿和内容偏好。最后，通过养老服务供给现状与需求状况的比较分析，指出农村养老服务供给的结构性困境及其表征。

第四，农村养老服务供给结构性困境的政府责任根源分析。收集相关的政策文本，运用公共政策内容分析法，从"政策价值—政策目标—政策工具"的逻辑路径剖析农村养老服务供给的政府责任，解析政府责任对农村养老服务供给状况的影响机理，揭示农村养老服务供给结构性困境的政府责任根源。

第五，指出农村养老服务供给有效性的提升路径。这项内容是本书研究的现实意义所在。从农村老人的现实需求出发，重塑农村养老服务供给的政府责任，在理论研究和实证分析的基础上，从发展理念、责任方向和政策建议三方面指出农村养老服务供给有效性的提升路径。

（三）研究思路与整体框架

1. 研究思路

本书以农村养老服务供给为主线，将公共物品理论和社会支持网络理论作为理论逻辑起点，融合公共管理学、社会学、人口学等学科知识，从政府责任的视角对农村养老服务供给的相关问题展开研究。具体思路如下：首先，从人的需要和积极老龄化角度界定养老服务的内涵与外延，明确养老服务的本质是人的一种需要，养老服务供给是为了满足老人的养老需要；其次，整合公共物品理论和社会支持网络理论，构建一个分析养老服务供给与政府责任的分析模型，在该模型中探讨不同类型养老服务的属性特征、供给主体、具体形态以及结构关系，从理论上对养老服务供给和政府责任的相互影响关系进行阐述，重点分析政府责任对养老服务供给的影响作用；再次，以 A 省为例，对当前农村养老服务的供给需求现状进行考察，并进行比较分析，指出农村养老服务供给的结构性困境；复次，基于"政策价值—政策目标—政策工具"的逻辑路径，分析当下养老服务供给政策文本中的政府责任，揭示农村养老服务供给结构性困境的政府责任根源；最后，根据理论分析和实证调查数据，从发展理念、政府责任、政策建议三方面指出农村养老服务供给有效性的提升路径。

2. 整体研究框架

研究意义是研究存在的价值，研究范围是研究的内容框定，研究方法则是达到研究目的的工具，这三者共同架构了学术研究的基本框架。具体来说，研究问题、理论基础、研究方法等各种学术元素都是按照一定的逻辑关系嵌入到研究框架当中，从而形成整体研究框架，本书的研究框架具体如图 1-2 所示。

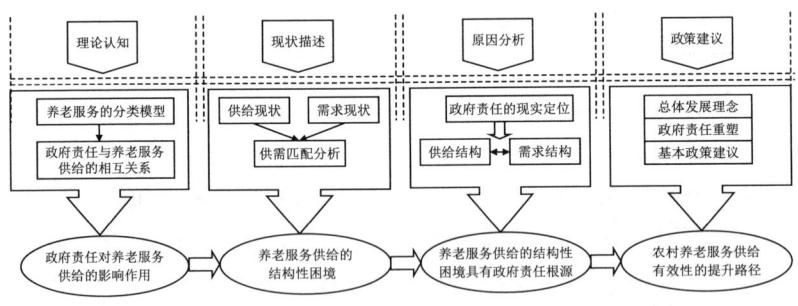

图 1-2　本书的研究框架

四、研究方法

(一) 资料收集方法

1. 问卷调查法

本书以我国东部沿海省份 A 省为例，运用分层抽样的方法从 A 省南部、中部和北部三个不同区域分别抽取 400 名 60 岁及以上的农村居家老人展开问卷调查，共计 1200 份问卷。考虑到农村老人的实际状况，采用访问式问卷的形式，由经过培训的调查员按照问卷内容向受访者提问。调查内容主要包括农村老人的个体特征（性别、年龄、健康状况、文化程度、经济收入等）、家庭情况（婚姻状况、子女数量等）、地区特征（南部、中部和北部）、养老服务需求意愿和内容偏好（生活照料、医疗护理、精神慰藉、文化娱乐、法律援助等）、生活状况及满意度。为确保问卷调查质量，整个问卷调查项目历经抽样调查设计（做出数据收集和抽样方法的初步决定）、预调查（对若干根据实践经验做出的决策进行检验和评估）、修订调查设计和操作计划（根据预调查的结果确定最终的设计方案）、收集数据（进行数据收集，并执行质量控制方案）等多个环节。

2. 结构性访谈和座谈

结构性访谈与座谈主要针对两类群体：一是制定和执行农村养老服务供给政策的政府官员或相关工作人员。例如，向省、县、乡镇的民政、社会保障、财政、老龄工作等部门的政府官员以及村委会干部了解农村社会养老服务的发展现状。二是农村老人及其家庭成员。选取若干具有不同特征的农村老人及其家庭成员进行深入访谈，了解农村老人的照料现状以及养老服务需求偏好，补充问卷调查的不足。

3. 文献法

收集中央部委和A省民政、财政、老龄委等部门的政策文本,分析农村养老服务供给的政府责任表述。政策文本主要来源于政策文件复印稿以及以上部门官方网站的电子版政策文本(已失效的政策除外)。从"政策价值—政策目标—政策工具"的分析路径对以上政策文本进行剖析。另外,A省农村养老服务供给现状的分析会涉及农村老人规模及其年龄分布、农村家庭结构、农村居民经济收入、社区服务状况、养老服务机构数量等相关数据。以上宏观数据来源于全国性或A省的统计年鉴,如历年的《中国统计年鉴》《中国农村统计年鉴》《中国人口统计年鉴》《A省统计年鉴》等。

(二) 资料分析方法

1. 定量分析方法

回收调查问卷并经过质量评估后建立数据库,借助SPSS17.0统计软件对农村老人的个人特征、家庭状况、经济收入和养老服务需求意愿等相关变量进行描述性分析和相关性检验。本书还将重点分析不同因素对社会养老服务需求意愿的影响关系。

对社会养老服务"是否有需求意愿"可以被视作一个二分变量,可以设定"没有需求意愿=0""有需求意愿=1",运用二元Logistic回归模型分析社会养老服务需求意愿的影响因素。需求意愿的概率模型为:$p = \dfrac{1}{1+e^{-z}}$,其中p表示"农村老人对社会养老服务有需求意愿的概率",$1-p$就表示"农村老人对社会养老服务没有需求意愿的概率"。z表示影响需求意愿的因素,包括个人、家庭和地区等因素,z可以用公式表示为$z = \alpha +$

$\sum_{i=1}^{k}\beta_i x_i + \sum_{i=1}^{m}\gamma_i f_i + \sum_{i=1}^{n}\lambda_i r_i$，其中 x 表示个人因素，f 表示家庭因素，r 表示地区因素，将 z 代入需求意愿的概率模型进行 Logit 变化，就可得到 $Ln\left(\dfrac{p}{1-p}\right)^* = \alpha + \sum_{i=1}^{k}\beta_i x_i + \sum_{i=1}^{m}\gamma_i f_i + \sum_{i=1}^{n}\lambda_i r_i + e$。在该公式中，$p$ 表示农村老人对社会养老服务有需求意愿的概率；$1-p$ 表示农村老人对社会养老服务没有需求意愿的概率。x 表示个人因素，f 表示家庭因素，r 表示地区因素，e 表示模型残差，服从 Logit 分布。

2. 公共政策内容分析法

内容分析法是对各种传播内容作客观、系统的量化分析。它对信息内容加以归类统计，并根据类别项目的统计数字，作出叙述性的说明，其目的是要测度文献中有关主题的本质性的事实及其发展趋势，被誉为"从公开中萃取秘密"。[1] 内容分析法是社会科学家借用自然科学的定量分析方法，对历史文献进行内容分析而发展起来的。哈罗德·拉斯维尔（Harold Lasswell）等人通过考察 5 张世界性大报 60 年间的社论，分析了国际政治体系的变迁并发现：在社论的语言中存在两种并行的趋势，民族主义越来越高涨，无产阶级学说的影响力也日渐增长。[2] 后来，这一方法逐渐得到公共政策研究者的青睐，逐步形成政策内容分析这一研究途径，"这种对政策定量分析的方法是从有关政策主题信息的编码分析入手，进行政策信息语义的相关分析，也被称为政策的'内容分析法'或者政策'话语分析法'……记录政策的文本是分析政策信息的基本出发点和真

---

[1] 卢泰宏：《信息分析》，中山大学出版社 1998 年版，第 25 页。

[2] Lasswell, H. D., et al., *The Comparative Study of Symbols*, Stanford, CA: Stanford University Press, 1952.

实凭证,政策文件以及与政策相关的文本是政府政策行为的反映,文本的语义则是记述政策意图和政策过程尤为有效的客观凭证。"[1] 内容分析的基本步骤包括:①决定是否采用内容分析;②确定哪些文本应当被列于内容分析当中;③选取分析单元;④扩展编码的目录;⑤对文本编码;⑥分析和解释结果。[2] 在国内,学者李钢曾运用内容分析方法对我国的教育政策展开研究,[3] 此外,杨雪燕、李树茁[4]、吴帆[5]、黄萃[6]等学者也运用公共政策内容分析法对不同领域的政策文本开展过内容分析。遗憾的是,公共政策内容分析法作为一种研究途径还未得到国内公共政策学界的广泛应用。笔者以"内容分析"为主题在中国知网进行检索,截至2013年1月,共可检索到期刊论文5394篇,硕士论文4099篇,博士论文456篇。如果在检索主题中增加"公共政策"这一主题词,只可检索到43个结果,其中期刊论文19篇,硕士论文20篇,博士论文4篇。

本书将运用政策内容分析法剖析农村养老服务供给政策中的政府责任状况。本书的政策内容主要来源于养老服务供给的

---

[1] 李钢等编著:《公共政策内容分析方法:理论与应用》,重庆大学出版社2007版,前言。

[2] 李钢等编著:《公共政策内容分析方法:理论与应用》,重庆大学出版社2007年,第7页。

[3] 李钢:《话语、文本、国家教育政策分析》,社会科学文献出版社2009年版,第33页。

[4] 杨雪燕、李树茁:"出生性别比偏高治理中的公共政策失效原因分析",载《公共管理学报》2008年第4期。

[5] 吴帆:"治理出生性别比失调公共政策的困境与'帕累托改进'路径",载《人口研究》2010年第5期。

[6] 黄萃、苏竣、施丽萍、程啸天:"政策工具视角的中国风能政策文本量化研究",载《科学学研究》2011年第6期。

正式政策文件,[1] 领导讲话、谈话、采访等不被纳入分析。笔者收集了近年来国务院及其部委、其他相关部门出台的养老服务供给政策和 A 省实施的养老服务供给政策，如《中国老龄事业发展计划纲要（"十五""十一五""十二五"）》《社会养老服务体系建设规划（2011~2015 年）》《A 省老年人权益保障条例》，等等。借助公共政策内容分析法，揭示政府责任在政策价值、政策目标和政策工具三个维度上的变化，描绘农村养老服务供给中的政府责任轮廓，揭示政府责任对农村养老服务供给的影响机理。

(三) 关于调研地点选取的说明

A 省位于我国东部沿海地区，下设 13 个地级市，辖 49 个县（县级市）。A 省境内的经济社会发展水平自南向北呈现出阶梯

---

〔1〕 从政策领域属性看，养老服务供给政策属于社会政策的范畴。在西方国家，公共政策和社会政策是两个不同的学科。现代意义上的公共政策研究是从 20 世纪中期开始的。1951 年美国学者哈罗德·拉斯维尔（Harold Lasswell）和丹尼尔·勒纳（Daniel Lerner）合编的《政策科学：近来在范畴与方法上的发展》被认为是政策科学产生的标志，迄今已有六十余年。后来，政策科学逐渐分化为政策过程研究和公共政策分析两大基本研究路向。而社会政策研究可以追溯到 19 世纪中后期，德国新历史学派在 1873 年创立"社会政策学会"，瓦格纳（Adolf Wagner）最早给出社会政策的定义。后来，马歇尔（T. H. Marshall）、迈克尔·希尔（Michael Hill）、蒂特马斯（R. Titmuss）等众多学者均对社会政策作出过界定。伴随社会政策实践尤其是福利国家的建设与改革，社会政策研究在西方国家异彩纷呈。在国内，公共政策是公共管理学下面的一个研究方向；社会政策研究则作为社会学的一个新兴研究方向，近年来受到国内很多学者的关注。尽管二者在学科属性、研究途径等方面存在一些不同之处，但二者之间的联系还是非常紧密的，而且还存在很多相通之处，特别是随着学科交叉研究的兴盛，公共政策和社会政策之间的界限不再明显，甚至出现融合发展之势，如国内很多社会政策的研究者也出自公共管理学科。尽管社会、经济、政治、文化等领域分别形成社会政策、经济政策、政治政策和文化政策，但它们都是公共政策的干预对象，社会政策本身就属于公共政策的一个组成领域。在此，笔者将社会政策视作公共政策的一种类型。

状，分为南部、中部和北部三大区域，其中南部14个县（县级市），中部12个县（县级市），北部23个县（县级市）。截至调查之时，三大区域的面积比为1∶0.73∶1.95，人口比为1∶0.73∶1.43。

本书之所以选择A省为调研地点，主要出于以下四方面的考虑：

第一，A省人口老龄化进入早、速度快、程度高。A省自1986年开始进入老龄化社会，比全国提早13年。2000年，A省60岁及以上老人有922.15万，占户籍总人口的16.2%。到了2011年底，A省60岁以上老年人口增至1300多万，占户籍人口总数的17.4%，其中80岁以上高龄老年人口高达211.8万人，占老年人口总数的16.3%。而且，A省人口老龄化已进入第三阶段——迁移老龄化阶段。[1] 目前，A省人口老龄化程度高于全国平均水平，且呈现日益加剧的趋势，A省部分地区已进入中度老龄化阶段。另据相关数据显示，A省农村家庭户平均规模为3.03人，低于全国3.1人的平均水平，农村老年人口抚养比为29.74%，远远高于全国11.9%的平均水平。[2] 人口老龄化的快速发展带来养老服务需求的急剧膨胀，而家庭规模的缩小又使得传统的家庭养老功能不断弱化，这样的一增一减使得A省的养老服务供给需求矛盾更为突出。

---

[1] 仲崇山：“A省人口老龄化进程全国居前”，载http://news.enorth.com.cn/system/2012/04/18/009063168.shtml，最后访问日期：2018-12-03。

[2] 《中国统计年鉴（2011）》。

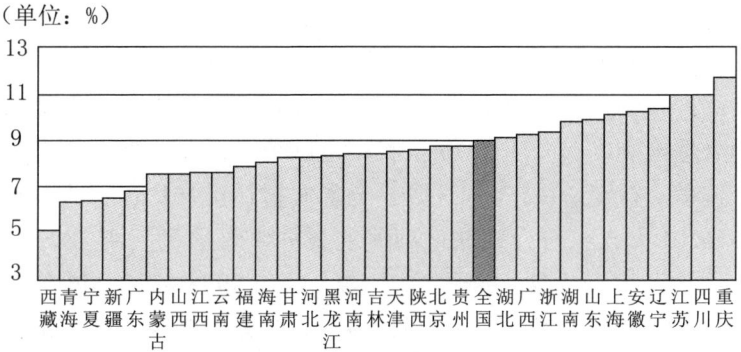

图 1-3 全国各省市老龄化水平情况

资料来源：转引自中国人民大学杜鹏教授对第六次人口普查数据的研究结果[1]。

第二，A 省是东部沿海经济大省，城镇化进程快。2011 年 A 省 GDP 总量接近 5 万亿元，位居全国前列，约占全国 GDP 总量的 10%。人均 GDP 超过 6 万元，高于全国平均水平。财政总收入超过 10 万亿元，相比 2010 年增长 18.9%，地方一般预算收入为 5 千多亿元，相比 2010 年增长 26.2%。强大的经济实力为社会养老服务体系建设提供了良好的物质基础。2011 年 A 省城镇化水平已过 60%，高于全国 51.27%的平均水平。2011 年 A 省农村居民人均纯收入超过 1 万元，高于同期全国平均水平。A 省的经济发展和城镇化水平高，越来越多的年轻劳动力从农村流动到城镇就业或生活，而老年父母大多留守在农村家中，长时间的跨城乡分居导致年轻子女与老年父母之间的日常生活照料无法获得维系，可以推论，A 省农村地区的养老服务供给问

---

[1] 具体来源于张兴文："数据解读老龄中国（一）：老龄化程度重庆最高"，载 http://pension.hexun.com/2012-08-28/145215130.html，最后访问日期：2012-10-25。

题会更为明显。

第三，A省较早开始探索农村养老保障政策实践，并取得良好的社会效益。早在2003年，A省就开始探索建立新型农村养老保险制度，并于2010年底在全国范围内率先实现该制度的全覆盖。截至2012年6月底，全省农村适龄居民参保人数已达1516.01万人，符合领取基础养老金的农村居民达到787.36万人，参保率和领取率分别高达99.2%和99.6%。[1] 早在2001年，A省老龄委就针对老人社会服务的发展制定了《老龄事业发展"十五"计划纲要（2001~2005年）》。A省政府在省"十一五"规划中就把农村敬老院和省老年公寓的建设作为重点项目，省财政连续多年共投入7.38亿元，市县财政投入20多亿元，实施"关爱工程"，新建和改扩建敬老院床位10万张以上，省财政还投资3.2亿元建设了省老年公寓。2009年，A省被国家发展改革委和民政部确定为基本养老服务体系建设规划试点省市，同年，A省省委、省政府确定了2010~2012年养老服务体系建设的发展目标，把市、县（市、区）政府主办的养老服务机构、居家养老服务网络、民办养老服务机构建设作为重点项目，省财政每年再分别投入8000万元、4000万元和2000万元。A省政府同时将这些养老服务项目纳入年度50项重点工作和改善民生十件实事内容当中。2011年，省、市、县三级整体联动，制定了《"十二五"养老服务体系建设规划》。A省省级财政在社会养老服务体系建设方面的投入，5年增长近3倍，

---

〔1〕 "加快实现城乡居民社会养老保险制度全覆盖"，载http://www.jsllw.gov.cn/info/2012/10/31/info_2_20723.html，最后访问日期：2013-01-12。

2012年达到4亿元。[1] A省省委、省政府还在2012年将养老服务业列入现代服务业发展重点。A省的农村社会养老服务政策实践也取得较好成效，譬如A省G县的农村老人集中居住模式得到国家民政部的推崇，并作为典型案例向全国推广。中央电视台新闻联播曾以"落实全会精神，推动科学发展"为主题，报道A省着力加快养老服务体系建设的情况。A省的农村社会养老服务建设进程较快，养老服务供给的部分深层次问题可能会更早地暴露出来。

第四，A省经济社会发展存在显著的地区差异。A省境内南部、中部、北部三大区域的社会经济发展水平呈现出明显的阶梯性。2011年，A省南部、中部和北部三大区域的人均GDP分别为90 622元、55 788元、36 094元，财政总收入分别为8517.71亿元、2075.91亿元和2844.34亿元，城镇化水平分别是71.9%、63.0%和53.3%，农村居民人均纯收入分别是15 213元、11 396元、9246元。可以认为，A省境内的三大区域处于不同的发展阶段，分别代表着发达、中等发达和欠发达三种经济发展水平。在某种程度上，可以将A省南部、中部和北部视作我国东、中、西三大区域的一个缩影，代表不同区域养老服务的发展状况。

综合以上四方面因素，以A省为例展开研究具备一定的典型性和代表性。本书先按照A省南部、中部、北部三大区域对49个县级市进行分类，以县作为初级抽样单位，分别从三大区域中抽取部分县（县级市）开展问卷调查和个案访谈。

---

[1] "全国老年心理健康与精神疾病预防高峰论坛在宁举行"，载 http://www.jsllw.gov.cn/newsfiles/1/2012-09/20564.shtml，最后访问日期：2013-01-12。

(四) 研究的效度、信度以及伦理道德问题

1. 信度、效度讨论

信度和效度是衡量一项研究成功与否的两个重要标准，前者关注研究结论是否可靠、真实，后者关注测量结果的合目的性。信度 (reliability) 即可靠性，它是指采用同样的方法对同一对象重复测量时所得到结果的一致性程度，信度越高，代表测量结果和研究结论越可靠；效度 (validity) 是指能够实际测量出所要测量的特性或功能的程度，也就是测量结果与所要达到的目标之间相符合的程度，效度越高，代表测量结果越能够显示所要测量的对象的真实性。[1] 对于实证研究尤其是定量研究而言，问卷设计在很大程度上决定着调查结果的信度与效度。一项优秀或者成功的实证调查研究，均离不开一份高效度和高信度的调查问卷。为此，本书在效度和信度控制方面主要采取以下措施：

(1) 在调查问卷的效度、信度控制方面。首先，开展专家咨询。课题组向南京农业大学长期从事农村养老保障研究的 L 教授和 Y 教授、北京大学从事大型跟踪问卷调查的 S 教授以及部分从事农村社会保障研究的人员（部分人员还曾参加过中国综合社会调查，拥有较丰富的实地调研经验）就抽样方案、问卷内容设计（包括调查内容、措辞用语、选项设置）等方面进行咨询，根据专家意见修改问卷。其次，开展预调查。2012 年 5 月 26 日，课题组成员到农村地区进行预调查。随后，课题组成员召开了预调查评估会议，调查员之间就调查问卷进行交流与讨论，对调查问卷再次进行修改，以期让受访者尽可能容易

---

[1] 吴建南：《公共管理研究方法导论》，科学出版社 2006 年版，第 212~215 页。

地理解问卷并作出回答。通过这两个环节，调查问卷具备较高的专家效度和内容效度。再次，培训调查员。课题组对调查员开展严格的培训，培训内容主要包括问卷调查的目的、调查的主要内容、问卷题目的讲解、入户调查技巧以及相关注意事项。从次，强化调研监督。在调研人员安排上，每一个调研小组配有一名监督员，对已完成的问卷进行核查，若发现漏填或错误时，当场做出纠正。最后，开展数据评估。在问卷数据录入之前，课题组成员对问卷进行核查与数据评估，包括问卷校对、抽取10%的问卷进行电话回访，综合评估调查问卷的质量与真实性。

（2）政策内容分析的效度、信度控制方面。编制内容分析协议，明确说明定义、类目和子类目以及操作化处理的规则，尽量避免将概念定义得过于复杂。对于内容分析协议和编码表中的每个类目及其数量，一方面根据本书的研究问题和研究目标进行编制，另一方面通过编码员之间的讨论达成一致。由于所涉及的政策文本数量规模不大，故只安排一名编码员进行录入，在录入完成后，再对录入内容进行多次的检验和校对，避免录入过程中的偏差和错误。

（3）访谈的信度、效度控制方面。首先，访谈提纲的制作与修改。根据本书的研究问题和研究目的，笔者制作了针对不同人群的访谈提纲，并根据预调查结果修改访谈提纲。其次，选取代表性访谈对象。访谈对象包括两大群体：一是农村老人及其家人、农村养老服务机构负责人等政策目标群体。他们是养老服务供给政策的直接利益相关者，他们对养老服务供给的态度、偏好是公共政策设计与优化的重要依据。二是从事养老服务政策制定和执行的政府官员（地方政府的民政、财政、老龄委等相关部门）、村委会干部等。他们从事养老服务的相关工作，对政策制定与实施中存在的各种问题有切身体会，他们的看法和观点很具代表性和说服力。最后，尊重和保护受访者。笔者是以研究者的身份与政府官员、村委会干部、农村养老服务机构负责人、农村老人及其家人进行访谈，并由熟人带领进入访谈现场，承诺访谈资料只用于学术研究，尊重受访者的隐私，声明会采用匿名处理的方式，尽量降低受访者的防备心理和紧张情绪。这些做法是为了让受访者感到安全和舒适，尽可能说出真话。在实际的访谈过程中，受访者也感受到笔者的真诚和用意，将自己的真实想法告诉笔者。

2. 可能的伦理道德

在社会科学研究中，尤其是在以人为研究对象的研究中，研究者必须注意研究过程中的道德和伦理规范问题。最为重要的就是研究者要确保调查数据和研究结果不会对任何个人造成不利的影响。对本书而言，需要注意的研究伦理道德主要包括以下几个方面：

（1）自愿合作。合乎道德的调查研究的一个基本前提是告知受访者他们自愿参加的是什么活动。[1] 本书的问卷调查对象是 A 省的农村老人。在开展问卷调查的时候，笔者首先告知受访者研究的内容和目的，并承诺调查结果只运用于学术研究，保护受访者的隐私，在征得受访者的同意之后才展开问卷调查。另外，部分政府官员、村委会干部和养老服务机构负责人接受了笔者的访谈。在访谈开始前，笔者同样交代了调查目的，并承诺保护受访者隐私，在征得受访者同意后才进行访谈，保证访谈是完全自愿的。

---

〔1〕〔美〕福勒：《调查研究方法》，孙振东、龙藜、陈荟译，重庆大学出版社 2009 年版，第 166 页。

（2）尊重受访者的知情权。充分、恰当地告知受访者调查目的，给他们解释本次调查的主要内容，回答受访者可能询问的任何问题——无论这些问题涉及课题的研究者还是调查数据的用途，都是一个研究者应该尽到的道德责任。[1] 在调研过程中，不管是农村老人还是政府部门官员问及调查的性质和目的时，笔者都如实告知受访者。

（3）对当事人的无害性。因为访谈内容可能会给作为当事人的受访者带来某些可能的不便甚至不利，所以笔者均作匿名处理，妥善保管访谈资料和数据，保护受访者的隐私和权益，确保研究对受访者的无害性。

---

[1] ［美］布拉德伯恩、萨德曼、万辛克：《问卷设计手册：市场研究、民意调查、社会调查、健康调查指南》，赵锋译，重庆大学出版社2011年版，第10页。

第二章
政府责任与养老服务供给的理论认知

一、基本概念的界定

凯尔森曾以政治学研究为例，一语道破学术研究中概念使用的问题："政治课理论（它实质上是国家理论）之所以出现不能令人满意的情况，多半是由于不同作者以同一名义对待不同的问题，甚至同一作者不自觉地在多个意义上使用着同一个词。"[1] 所以，在建立分析框架和开展正式研究之前，很有必要对本书所涉及的基本概念进行澄清，尽量将学术研究建立在可理解、可探讨的共识基础之上。

（一）农村老人

老人是养老服务供给政策最直接的目标群体，也是养老服务供给状况评价和养老服务需求评估的关键主体。我国民间自古就有"年过半百"就被视作老人的习俗，而且还有"六十花甲、七十古来稀、八九十为耄耋"的说法。在国际上，老人年龄的衡量有两种标准：第一种标准是65岁及以上，发达国家普

---

[1] [奥] 凯尔森：《法与国家的一般理论》，沈宗灵译，中国大百科全书出版社1996年版，第203页。

遍采用这一标准;另一种标准是60岁及以上,发展中国家往往采用这一标准。相应地,人口老龄化有两种计算标准:第一种标准是65岁及以上人口占该地区总人口的比重达到7%,第二种标准是60岁及以上人口占该地区总人口的比重达到10%。为便于和其他研究成果的比较、交流,笔者综合我国的习惯用法、政策文件以及主流研究,以60岁作为老人的年龄界限。这样,本书所指的农村老人是指年满60岁,具有农村户籍且居住在农村地区的居民,这也是问卷调查的对象。

(二) 养老服务

1. 养老服务的本质:人的一种需要

从词语构造上看,"养老服务"是一个偏正短语,由修饰语"养老"和中心语"服务"组成。修饰语"养老"意指养老服务是作养老之用。中心词"服务"交代出"养老服务"的存在形式,服务是"为他人做事,并使他人从中受益的一种有偿或无偿的劳动,它不是以实物形式而是以提供劳动的形式满足他人某种特殊需要"。[1] 与商品相比,服务是无形的,看不见、摸不着,也无法储存,服务往往与消费同步进行。综观国内已有研究,可以发现当前研究鲜有对养老服务进行过严格意义上的概念界定,更少有研究专门探讨"养老服务"的本质。即使在界定"养老服务"的概念时,也只是大致地指出"养老服务"的外延。一般地说,养老服务主要包括生活照料、医疗服务、精神慰藉等方面,[2] 尽管这与人们的生活经验相吻合,但

---

[1] 石人炳:"我国农村老年照料问题及对策建议——兼论老年照料的基本类型",载《人口学刊》2012年第1期。

[2] 梁鸿、赵德余等:《人口老龄化与中国养老保障制度》,上海人民出版社2008年版,第70页。

只是指出养老服务的外延，甚至是部分外延，没有揭示出养老服务的内涵与本质。目前很多研究在界定养老服务的概念时，都错把外延列举当作内涵界定，实际上，这种做法是存在一定问题的，内涵才是事物的特有属性的反映，外延只是事物所组成的类别，概念的界定必然同时具备清晰的内涵和确切的外延。国内学者定义"养老服务"这一概念的最大不足在于没能揭示出养老服务的本质。养老服务的内涵本质存在模糊之处，又导致养老服务、养老服务体系和社会养老服务等概念的混乱。学者董红亚认为养老服务的本质是老人的照护，主张以满足照护需要为核心重构社会养老服务体系，[1] 并从广义和狭义两个角度定义养老服务。广义的养老服务是指政府和社会为老人安度晚年提供的各类服务的总称；狭义的养老服务是指政府、社会针对老人身体机能下降给予的照料和护理。[2] 董红亚的观点对于认识养老服务的本质具有相当的启迪意义，但笔者认为还需要从人的本源意义去揭示养老服务的本质。所以，可以结合马克思的观点——需要是人的本质属性[3]进一步揭示养老服务的本质。

养老服务作为人的一种需要，是由人的自然属性和社会属性共同决定的。从人的自然属性看，人的身体机能会随着年龄增长而逐渐退化，生活自理能力亦随之下降。即使日新月异的医疗技术能减缓人体机能的衰退，但仍无法让人类实现"长生不老"。机能衰退、体力不支以及各种疾病会导致老人的残疾或

---

[1] 董红亚："我国社会养老服务体系的解析和重构"，载《社会科学》2012年第3期。

[2] 董红亚："养老服务亟需'优先发展'"，载《社会福利》2011年第3期。

[3] 《马克思恩格斯全集》（第3卷），人民出版社1982年版，第514页。

生活无法自理。为维持晚年正常生活，保证生活质量，老人会对其家人或其他人产生照料依赖，具体包括生活照料、医疗护理、情感支持等各方面。当然，这种照料依赖的程度视老人身体状况而定。这是人类自身身体机能所导致的，也是人的自然属性所引发的，即使低龄老人或者生活能够自理的老人对他人的照料依赖程度较低，但随着年龄的增长，其照料依赖程度必将提高。越是到了生命的晚期，老人对他人的照料依赖程度越高。从人的自然属性来看，人的衰老过程在很大程度上就是照料依赖程度不断提高的过程，老人的照料依赖具有客观性、普遍性和必然性。养老服务伴随照料依赖的出现而产生，养老服务就是为满足老人照料依赖的需要而提供的服务。从以上角度看，养老服务是人的一种需要。

从人的社会属性看，人区别于动物的重要特征就是人具有社会属性。而且，人的社会属性导致人的需要具有多样性和多层次性。人是生存在社会系统中的个体，人的需要与特定历史阶段的政治、经济、文化等因素联系在一起，在与社会系统的互动中趋于增长。对老人的晚年生活来说，除了经济收入、生活照料、医疗保健等物质和生理层面的需要之外，还要有精神、文化和心理层面的需要，如别人的尊重、社会活动的参与、自我实现，等等。养老服务除了满足老人在物质和生理层面的需要之外，还满足老人在精神、文化和心理层面的需要。在人口老龄化加剧、家庭观念变迁的社会背景下，老人在精神、文化和心理层面的需要也变得越来越突出。养老服务可以通过陪同聊天、文化康乐、临终关怀等途径满足老人在精神、文化和心理层面的需要。

可见，养老服务是在人的自然属性和社会属性的基础上衍生出来的一种需要，简言之，养老服务的本质就是人的一种需要,养老服务的提供过程就是老人的需要得到满足的过程。与老龄风险相伴随的老人照料问题正是老人的需要未得到满足而处于匮乏的状态。当老人的需要未获得满足,并从零星化、偶发性的状态演变为一种系统性、常态性的状态时,就会成为影响社会稳定与发展的公共议题。笔者主张从养老服务的本质即人的一种需要的高度重构老年福利制度和养老服务供给政策。需要注意的是,养老服务需要不会自动转化为现实需求,要视老人的生命周期、健康状况、家庭情况、居住方式、经济收入等条件而定。在以上某种或多种条件的作用下,老人的养老服务需要才会转化为现实需求,否则,养老服务需要只是停留在潜在需求层面。

2. 理解养老服务的新理念:积极老龄化

我国自1999年开始进入老龄化社会,21世纪的中国是一个不可逆转的老龄化社会,人口老龄化已成为我国社会经济发展的新常态。老龄化社会不只是老年人口规模的扩大,而是一种全新的社会形态。人口老龄化对我国的经济、政治、社会、文化等方面的影响是全方位的、结构性的,更是广泛而深远的,是事关国计民生、民族兴衰和国家长治久安的全局性问题。人口老龄化所带来的挑战不亚于工业化、城市化等人类历史上任何一次经济与社会革命。[1] 应对人口老龄化及其带来的各种问题不是一个部门或某几个部门的工作,也不是一部分人的工作,而是涉及全社会各部门、各人群的工作,是一项战略性、全局性、系统性的工作,要充分发挥政府、市场、社会、家庭和老人等多方主体的积极性,建立责任共担、综合应对的体制和机

---

[1] 彭希哲:"制度创新和政策整合是关键",载《人民日报》2013年4月14日,第5版。

制。所以，需要重塑人们对人口老龄化的认识，主动适应老龄化社会所带来的变化，不能用消极的眼光看待人口老龄化和养老服务供给问题，而是应该转变观念，用积极老龄化的理念看待人口老龄化及养老服务供给问题，[1] 以此作为养老服务供给政策甚至是老龄化政策的基本出发点。

积极老龄化（active aging）是在"健康老龄化"[2] 的基础上提出来的新观念，是世界卫生组织于20世纪90年代在全球范围内倡导的应对人口老龄化的战略框架。2002年4月，第二届世界老龄大会通过《2002年马德里老龄问题国际行动计划》，其中提出了积极老龄化政策框架，这给本书增添了新的理念和角度。该计划的基本内容是：如果老龄化成为正面的经验，长寿必定要由持续的健康、参与和保障等机会所伴随；而"积极老龄化"正是为了提高老人的生活质量，使"健康""参与"和"保障"尽可能发挥最大效应。这样，探讨农村养老服务供给问题就有了更积极和更广泛的学术意义。

积极老龄化中的"积极"是指不断参与社会、经济、文化、精神和公民事务，而非仅指身体的活动能力或参与体力劳动的能力，像退休老人和患病老人仍能对其家庭、社区和国家做出积极的贡献。它让人们认识到自己在一生中的体力、社会活动以及精神方面的潜能，并按照自己的需求、愿望和能力去参与

---

[1] 当然，人口老龄化的消极作用也是明显的，包括对劳动力市场、产业结构、社会稳定、政治发展等方面的消极作用。笔者在此是想表明，既然老龄化社会是今后的社会常态，应该用一种更积极的态度去面对，因势利导，将积极老龄化的理念融入相关政策。

[2] 1990年，世界卫生组织在哥本哈根世界老龄大会上第一次提出将"'健康老龄化'作为一项战略目标"的观点。健康老龄化的理念认为健康包括躯体、社会、经济、心理和智力等多种功能状况良好，能精力充沛地适应社会生活和工作。

社会活动，而且，当他们需要帮助时能够获得充分的保护、保障和照料。[1]"健康""参与"和"保障"是积极老龄化的三大支柱。"健康"是指人进入老年后仍能保持健康和生活自理，或者是那些需要照料的人也可以获得全方面的健康和社会服务。"参与"是指在支持人们充分参与社会经济、文化和精神生活的条件下，人们年老时就能按照自己的基本人权、能力、需要和爱好，继续以有偿和无偿两种方式为社会做贡献。"保障"是指老人一旦生活不能自理和不能保护自己时，他们的保护、照料和尊严得到保障。"健康""参与"和"保障"三者相互依存、缺一不可。[2] 按照积极老龄化的理念，可以从"健康""参与"和"保障"三大支柱中大致地确定养老服务的外延，它主要包括生活照料、医疗护理、文化娱乐、精神慰藉、法律援助等方面。

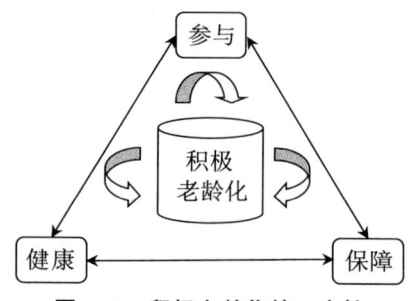

图 2-1 积极老龄化的三支柱

资料来源：郭爱妹、张戍凡：《城乡空巢老年人的生存状态与社会保障研究》，中山大学出版社2011年版，第72页。

---

[1] 世界卫生组织编：《积极老龄化政策框架》，中国老龄协会译，华龄出版社2003年版，第9页。

[2] 世界卫生组织编：《积极老龄化政策框架》，中国老龄协会译，华龄出版社2003年版，第47~48页。

在未来一段时期，尤其是21世纪的头三十年内，人口老龄化和高龄化所带来的老龄风险会更加突出。农村养老服务供给是我国当前和未来一段时期内的一个重要政策议题，它需要政府积极和主动的回应。如何提高农村老人及其家庭应对老龄风险的能力是政府和全社会所面临的重大挑战。这意味着政府解决农村养老服务供给问题的一个关键点是构建一个能够有效抵御老龄风险的照顾保障体系。由此，应该从积极老龄化的理念出发，将养老服务供给的政策设计纳入整个养老保障体系当中，实现"服务保障"和"资金保障"的有机结合，对相应的体制机制作出结构性和系统性的变革，在老人照料中重构政府与个人、家庭、社区和市场的责任关系，更好地实现"老有所养、老有所医、老有所为、老有所学、老有所教、老有所乐"的政策目标。

3. 本书对养老服务的定义

综合以上论述，本书将养老服务视为人的一种需要，由家庭、社区、市场和政府等主体提供的用于保障老人生活质量的照料服务。它主要包括生活照料、医疗护理、文化娱乐、精神慰藉、法律援助等项目。养老服务供给的目的在于满足老人的需要，这是养老服务供给政策的依据和落脚点。

(三) 养老服务供给主体

在界定了养老服务的概念后，养老服务供给主体的概念就比较容易理解了，它实际上是养老服务的提供者。从人类社会发展史可以发现，人类需要的满足主要通过四种途径：一是法定途径，即按照法律要求设立公共部门、政府组织和其他公共组织来提供特定的服务；二是商业途径，即通过以私人营利企业为核心的市场交换获得消费服务；三是非正式途径，即依靠家庭、亲朋和邻里之间的互助获得基本的日常生活服务；四是志愿途径，即依靠介于政府和私人企业之间的第三部门提供特定服务。[1] 传统地看，老人照料问题是家庭的内部事务，家庭成员是最直接的养老服务供给主体。但随着社会的变迁，如人口老龄化、家庭结构小型化、居住方式变化以及孝道观念弱化，家庭内部原有的老人照料格局逐步被打破，越来越需要家庭之外的供给主体的介入，更需要非正式照顾与正式照顾的有效结合。不同供给主体拥有不同的资源优势，他们在服务供给中会显示出各自的优势，家庭的温暖是其他供给主体难以甚至无法替代的，而养老服务机构的专业化照料和医疗服务是非正式照顾系统难以掌握的。从西方国家的经验来看，养老服务供给经历了"非正式照顾—正式照顾—正式照顾与非正式照顾相结合"的发展道路。

为了能将各种可能的养老服务供给主体纳入进来，本书按照社会支持网络理论，将养老服务供给主体划分为非正式支持网络和正式支持网络，其实这一分类在已有研究中也得到了广泛应用。[2] 非正式支持是指"基于人际的由被照顾者的亲属网络（亲戚朋友）、邻居以及志愿人员所提供的帮助或服务，体现的是个人与个人之间的关系，正式支持是基于非人际化的政府或正规组织（科层组织）中的专业人员为有需要人士提供的福利服务"。[3] 按照系统论的观点，以老人为中心，依据支持来

---

[1] Treasa Hayes, *Management, Control and Accountability in Nonprofit/Voluntary Organizations*, Aldershot: Ashgate Publishing Lirnitede, 2010.

[2] 魏彦彦主编：《中国特色养老模式研究》，中国社会出版社2010年版，第141页；李晏伟等：《中国城市老人社区照顾综合服务模式的探索》，社会科学文献出版社2011年版，第106~108页。

[3] 熊跃根：《需要、互惠和责任分担：中国城市老人照顾的政策与实践》，格致出版社2008年版，第56页。

源与老人的社会距离远近以及支持元素的科层化程度，可将老人的社会支持按照非正式支持到正式支持的递进图谱分为家人—邻居—朋友—中介支持要素—志愿及政府服务组织—政治和经济制度。[1] 这样，就可以将养老服务供给的各类主体分别归类到非正式支持网络和正式支持网络当中。

我国还有一类组织，那就是村民委员会（以下简称"村委会"或通俗地称作"农村集体"）。村委会是农村居民自我管理、自我教育、自我服务的基层群众性自治组织，它主要负责办理本居住地区的公共事务和公益事业，其主要成员由农村居民民主选举产生。在我国，村委会不属于国家行政体制内的组织，不行使行政权力。然而，在实际的政策执行中，村委会却演变为行政权力的"末梢"，承担了当地政府"摊派"的行政事务。所以，村委会往往带有些"官方"色彩。笔者认为该现象是我国当下村民自治的一种过渡性现象，因为我国法律对村委会的定位是基层群众性自治组织。我国《宪法》第 111 条规定："城市和农村按居民居住地区设立的居民委员会或者村民委员会是基层群众性自治组织。"根据《宪法》和《村民委员会组织法》的规定，基层群众性自治组织指的是依照有关法律规定，以村民的居住地为纽带和范围设立，并由村民选举产生的成员组成的，实行自我管理、自我教育、自我服务的社会组织。村委会的未来走向必然是按照乡村自治的逻辑走向真正的村民自治性组织。所以，村委会被划分到非正式支持网络。

综合以上分析，养老服务供给的非正式支持网络包括家庭

---

[1] Cantor, M. and Little, V. "Aging and Social Care", in Binstock, R. H and Shanas, E., *Handbook of Aging and Social Sciences*, 2nd ed., New York: Van Nostrand Reinbood Company, 1985, p. 748.

成员、亲属、朋友、邻居、志愿力量、村委会等主体；正式支持网络包括政府部门、各种不同性质的养老服务机构（养老院、敬老院等）、企业、社会组织等。这两大支持网络共同构成了农村养老服务供给主体。

(四) 政府责任

政府责任是公共行政学的一个重要概念，它伴随时代变迁而发生相应变化，打着时代的烙印，既是一个老问题，又是一个新问题。而且，政府在不同领域中应该承担相应责任，这已成为政学两界的共识。然而，政府责任是什么？这是一个令人苦恼而又让人着迷的问题，有必要对政府责任作出界定。

1. 政府的层级

从词语构造上看，政府责任是一个偏正短语，由修饰语"政府"和中心语"责任"组成，"政府"是"责任"的限定词。在本书中，"政府"主要是指广义的政府，包括行政、立法、司法等不同部门，而就政府层次来说，"政府"特指省政府。原因是本书主要探讨养老服务供给中的政府责任定位问题，重点并非政府责任的履行问题，用省政府会比较中观、合适，便于讨论。一般而言，省政府的责任定位在很大程度上影响着下级政府的政策制定与执行，与市、县、乡镇政府相比，省政府在政策中的责任定位对下级政府的责任定位更具影响力。当省政府的政策发生变化时，下级政府的政策设计与执行也会随之作出相应调整，是一个自上而下的过程，类似于"多米诺骨牌效应"，当第一张牌被推倒了，第二张牌会随之被推倒，然后一直传递下去，直到最后一张牌也被推倒。因此，本书在政府责任的层级上选择省政府这一层级。政府层级的选择还直接关系到后文的政策文本收集和内容分析，第四章会有更加详细的介绍。

2. 本书对政府责任的界定

孙笑侠曾在《法的现象与观念》中对"责任"一词的现代汉语语义进行过考证,"责任"一词应被理解为一种"分内应做的事",例如"岗位责任"中的"责任"一词就表示责任关系这一前提的存在,当中蕴含着责任关系。王成栋认为"责任"一词有广义和狭义之分。广义的责任是指在政治、道德或法律等方面所应为的行为的程度和范围;狭义的责任则指违反某种义务(政治的、道德的或法律的)所应承担的后果,这种后果往往与谴责、惩罚联系在一起,因而是不利的后果。广义的责任往往涉及"责任"的形而上的问题,具有抽象性;狭义的责任只注重具体的、实在的规范规定及实际的后果,根据社会规范的不同层次以及调整社会关系的范围、对象、手段的不同,责任可以分为政治责任、道德责任、法律责任,等等。[1] 与之相似的,政府责任实际上包含两层含义:一是政府及其公务人员应该负有的职责;二是政府及其公务人员没有履行职责而应承担的不利后果。而且,可以将政府责任具体分为政治责任、道德责任和法律责任,或进一步细化为道德责任、政治责任、行政责任、诉讼责任和侵权赔偿责任,[2] 甚至可以形成一个具有内在联系的政府责任体系。[3]

本书的政府责任着眼于"政府为实现农村养老服务的有效供给,应该履行哪些职责"的问题。为此,这里的政府责任主要是指政府为满足政策目标群体需求所作出的回应。从这个意

---

[1] 王成栋:《政府责任论》,中国政法大学出版社1999年版,第4~6页。
[2] 张成福:"责任政府论",载《中国人民大学学报》2000年第2期。
[3] 蔡放波:"论政府责任体系的构建",载《中国行政管理》2004年第4期。

义上讲，政府责任就意味着政府的社会回应，[1] 农村养老服务供给中的政府责任就是政府依据政策目标群体的需求作出公共政策回应。

那么，政府责任的基本内容包括哪些方面？早在18世纪，亚当·斯密（Adam Smith）在其鸿篇巨制《国富论》当中就指出，政府只充当"守夜人"的角色，但为实现市场机制和自由交换的有效运行，政府依然需要承担"三大职能"，即"保护本国社会的安全，使之不受其他独立社会的暴行与侵略"，"保护人民，不让社会中任何人受到其他人的欺侮或压迫，也就是说要设立一个严正的司法行政机构"，"建立并维持某些公共机关和公共工程"。[2] 与亚当·斯密那个时代相比，当前的政府责任已得到全方位的扩张，尤其是福利国家，它主张政府在福利供给中的全面干预。杨雪冬认为："政府的基本责任是运用公共权力管理各种公共事务，以保证社会经济生活的有序运行，包括维持社会秩序、支持经济发展、提供市场不能提供和个人无法承担的公共品，弥补市场失效。"[3] 其实20世纪以来，政府责任的重心已越来越多地转移到公共服务的生产中来。

就社会福利和公共服务供给领域而言，政府责任的基本内容可以细分为政策责任、法律（立法）责任、财政责任、监管

---

[1] 张成福："责任政府论"，载《中国人民大学学报》2000年第2期；张贤明："官员问责的政治逻辑、制度构建与路径选择"，载《学习与探索》2005年第2期。

[2] [英]亚当·斯密：《国民财富的性质和原因的研究》（下册），郭大力、王亚南译，商务印书馆1972年版，第254~284页。

[3] 杨雪冬："责任政府：一个分析框架"，载《公共管理学报》2005年第1期。

责任和实施责任等方面。[1] 本书主要从政府责任的视角探讨农村养老服务供给的相关问题，重点在于考察政策方案中的政府责任如何影响了农村养老服务供给。当前政府责任的重点放在哪些类型的养老服务供给中？通过哪些政策措施实现政府责任？在政府责任的分析维度上，本书借鉴加拿大华人学者梁鹤年教授的观点，在"政策价值—政策目标—政策工具"的基本路径中分析家庭养老服务、社区照顾服务、公共养老服务和商业养老服务供给中的政府责任，这在后文会有详细论述，在此暂不赘述。

二、理论基础与研究视角的选择

理论工具是学术研究的学理基础。在不同研究当中，理论所起的具体作用是有差别的，但其共同作用都是充当一项研究的立论基础，将研究所涉及的关键概念、研究对象、研究问题等元素按照理论的逻辑组合起来，从而形成一个整体框架。在本书当中，所涉及的理论主要有公共管理学科的公共物品理论和社会学学科的社会支持网络理论。本书试图将分属于两个不同学科的两种理论整合起来，构建一个适用于农村养老服务供给研究的分析框架，同时也希望打破由于学科分割所形成的理

---

[1] 杨方方："中国转型期社会保障中的政府责任"，载《中国软科学》2004年第8期；陆解芬："论政府在农村养老社会保险体系建构中的作用"，载《理论探讨》2004年第3期；李迎生："论政府在农村社会保障制度建设中的角色"，载《社会科学研究》2005年第4期；苏保忠、张正河："农村基本养老保障制度建设中的政府责任及其定位"，载《中国行政管理》2007年第12期；黄庆杰："城乡统筹的农村社会养老保障：制度选择与政府责任"，中国社会科学院研究生院2009年博士学位论文；金海和、李利："社会保障与政府责任——以中国农村社会保障体系建设为例"，载《中国行政管理》2010年第3期。

论隔阂，实现两种理论之间的衔接。

（一）公共物品理论

公共物品的研究源于人们对公共性问题的讨论，最早可见于大卫·休谟（David Hume）的著作，他在《人性论》(*Treatise of Human Nature*)一书中探讨了人性与公共性的关系，试图回答具有自利性的个人如何超越个人利益而更好地处理公共性事务的问题。亚当·斯密在《国富论》中也曾论述过国家的义务以及公共物品的类型与供给等相关问题。但公共物品的系统性研究则出现在19世纪80年代以后，奥地利和意大利的学者运用边际效用理论论证了政府干预市场经济运行的合理性，区分了私益物品和公益物品在消费和交易上的不同。后来，林达尔（Erik Lindahl）、约翰森（Leif Johansen）等多名学者对公共物品也开展过研究。而真正从现代经济学意义上将"公共物品"和"私人物品"这两个概念作出严格区分和定义的是萨缪尔森（Paul A. Samuelson），他在1954年发表的《公共支出的纯理论》(*The Pure Theory of Public Expenditure*)一文中将物品分为"私人物品"和"公共物品"，对公共物品的概念作了如下界定："所有成员集体享用的集体消费品，社会全体成员可以同时享用该物品。而每个人对该物品的消费都不会减少其他社会成员对该物品的消费。"[1] 萨缪尔森从消费的角度对公共物品作出界定，他认为消费的非竞争性和非排他性反映了公共物品最显著的特征。而凡是可以由个别消费者所占有和享用，具有敌对性、排他性和可分性的物品就是私人物品。斯蒂格利茨（Joseph Eugene Stiglitz）说："公共物品是这样一种物品，在增加一个人对它分

---

[1] Paul, A. S., "The Pure Theory of Public Expenditure", *Review of Economics and Statistics*, 1954, 36 (11): 387–398.

享时，并不导致成本的增长（它们的消费是非竞争性的），而排除任何个人对它的分享都要花费巨大成本（它们是非排他性的）。"[1] 世界银行《1997年世界发展报告》说："公共物品是指具有非竞争性的和非排他性的货物。非竞争性是指一个使用者对该物品的消费并不减少它对其他使用者的供应，非排他性是指任何使用者不能被排除在对该物品的消费之外。这些特征使得对公共物品的消费进行收费是不可能的，因而私人或市场企业就没有提供这些物品的积极性。"[2] 此外，曼库尔·奥尔森（Mancur Olson）也对公共物品的概念进行过界定。他认为，公共物品指的是那些所有人都可以得到的商品，任何人都不能被剥夺使用它们的权利；而私人商品是可分割的，也就是说可以阻止其他人从使用这些商品中受益，或者必须付钱才能够从使用中受益。[3] 可见，西方学者普遍采用了"竞争性"和"排他性"这两个维度来定义公共物品和私人物品，甚至可以说，这已经在公共物品理论研究中达成了共识。

布坎南（James M. Buchanan, Jr.）还观察到现实中存在大量介于公共物品和私人物品之间的物品，并将其称作准公共物品，他在萨缪尔森的基础上提出准公共物品理论。马斯格雷夫（Richard Abel Musgrave）在萨缪尔森的基础上将物品划分为公共物品、私人物品和有益物品。维尔·艾克（Ver Eecke）又进一步将有益物品分为三类：政府为实现最低限度的政府职能而

---

[1] [美]斯蒂格利茨：《经济学》，梁小民等译，中国人民大学出版社1997年版，第147页。

[2] 世界银行：《1997年世界银行发展报告：变革世界中的政府》，蔡秋生等译，中国财政经济出版社1997年版，第26页。

[3] Mancur Olson, *The Logic of Collective Action*, Cambridge, MA: Harvard University Press, 1965.

必须提供的物品、为维护自由竞争的市场制度与提高经济活动效率而必须提供的物品、为提高国民综合素质而提供的物品。伴随人类社会的发展与进步，人类对物品的需求及其程度在发生相应变化，有的物品只是个别或少数人的私人需求，而有的物品则上升到影响大多数人的公共需求。"人类社会化程度较低情况下的私人需求到了社会化程度较高时，则可能转化为公共需求。人类社会的发展趋势是，随着人类社会化程度的提高，人类的公共需求会越来越大。"[1] 由此，私人需求和公共需求之间可以看作是一条逐渐变化的连续谱（continuum），可以根据物品源自私人需求还是公共需求的角度，对物品的属性作出划分。把物品属性看作一条"连续光谱"，光谱的最左端是私人物品，光谱的最右端是公共物品（这与布坎南的观点存在相似之处）。随着私人需求向公共需求的过渡，物品属性从私人物品向公共物品转变。公共物品和私人物品的一个重要差异就在于公共物品是面向社会所有成员，不管该成员是否拥有该物品的支付能力，公共物品以集体享用为标准进行分配，而私人物品则以该社会成员的支付能力为标准。自20世纪后期以来，社会科学中的大量研究已经表明，包括制度、物品属性等很多概念都可以被视作连续的谱系，而不是一个僵化和绝对的概念。这样，就可以借助公共物品和私人物品的二分法简化繁芜复杂的现实问题，在"连续光谱"中将物品的属性作出大致的划分。

不同学者从不同角度对公共物品展开过不同研究，形成丰富且复杂的物品理论，这些理论与研究的影响非常巨大，主要表现在物品供给的政府责任上面，深深地影响着公共政策与制

---

[1] 席恒：《利益、权力与责任：公共物品供给机制研究》，中国社会科学出版社2006年版，第10页。

度安排。而且，公共物品的相关理论较早地见于国家干预、政府职能与政府责任的讨论中，这暗含着公共物品理论与政府责任之间的天然联系。物品的属性界定往往在很大程度上关系到政府责任定位，进而影响到物品供给的制度安排，不管是私人物品还是公共物品的供给，政府都需要承担相应的责任，只是责任形式有所差别而已。

在现实中，公共政策的设计都隐含着物品属性的前提性假设，即在政策设计时，需要先对物品的属性作出判定。当前我国存在的公共物品供给失效、市场监管失序等现象，在很大程度上源于政府对物品属性的认知不足。在农村养老服务供给的公共政策设计中，首先要对养老服务属性作出判定，进而确定不同类型养老服务供给中的政府责任，才能制定出有针对性的政策，促进养老服务的有效供给。因此，公共物品理论是本书的理论基础之一。

(二) 社会支持网络理论

说到社会支持网络，就不得不提及社会网这个概念。社会网最早见于20世纪30、40年代，英国人类学家拉德克里夫-布朗（Alfred Radcliffe-Brown）首次使用了"社会网"这一概念。他指出，社会结构就是实际存在的社会关系的网络，是"特定时刻所有个体的社会关系的总和"。不过，那时的"社会网"更多只是停留在隐喻层面。后来，巴恩斯（Barnes, J. A.）通过对挪威渔村阶级体系的分析，将社会网分析发展成为社会学殿堂上的明星。经过伊丽莎白·鲍特（Elizabeth Bott）、科尔曼（Coleman）等学者的努力，社会网分析已广泛应用到很多领域当中。

社会支持这个概念最早源于20世纪70年代的精神疾病和医疗康复领域，该领域的大量实证研究表明，社会支持有助于精神疾病患者的康复。随后，社会支持被引介到社会学界，与社会网等理论相结合，形成了社会支持网络理论。可以说，社会支持网络研究是社会网分析的一个重要分支。社会支持的开创者之一、社会病理学家卡普兰（Caplan, G.）认为，社会支持是一个人的基本需要（包括情感、自尊、评价、归属、身份以及安全等），是通过与显著的他者之间的互动而得到满足的程度。一般地说，社会支持是一个人通过社会联系所获得的能减轻心理应激反应、缓解精神紧张状态、提高社会适应能力的影响。[1] 从网络成员那里获取资源来解决日常生活中的困难并维持日常生活正常运行，这些网络成员或要素就构成个体的社会支持网络。[2] 社会支持网络和社会支持既有联系又有区别。社会支持主要指社会网络提供支持的种类与所发挥的功能。林南（Lin Nan）曾综合众多学者的观点，将社会支持定义为由社区、社会网络和亲密伙伴所提供的、感知的和实际的工具性或表达性支持。伯克曼（Berkman, L. F.）等人还将社会支持分为情绪性支持、工具性或实质性支持、信息性或知识性支持三类。[3] 社会支持网络则是在社会网分析的基础上探讨个人的社会支持，研究个人获得社会支持的关系网络，也涉及研究对象得到的帮助支持，但更加注重研究支持者所构成的网络的结构特征。[4] 社会支持网络具有三种功能：一是预防的功能，即社会网络所提供的支持，使当事人维持愉快和积极的心境，促使当事人对

---

[1] 李强："社会支持与个体心理健康"，载《天津社会科学》1998 年第 1 期。

[2] 王毅杰、童星："流动农民社会支持网探析"，载《社会学研究》2004 年第 2 期。

[3] See Berkman, L. F. and Oxman, T., et al., "Social Networks and Social Support among the Elderly: Assessment Issues", in Wallace, R. B. and Woolson, R. F., eds., *The Epidemiologic Study of the Elderly*, New York: Oxford University Press, 1992, pp. 196-212.

[4] 贺寨平："社会支持网络对城市贫困人口身心状况的影响"，载《心理科学》2011 年第 5 期。

可能引致困扰的因素作出温和或积极的反应。二是适应的功能，即具有缓冲生活压力与挫折的作用，可增强个人的自尊和自信，以加强处理问题的应变能力。三是治疗的功能，即将之应用于服务处置过程中，借助现有的或形成新的支持网络以发挥前两者的功能。[1]

虽然每个人都拥有不尽相同的社会支持网络，但从总体上看，社会支持网络可以分为正式支持网络和非正式支持网络两方面。正式支持网络包括专业人员、正式的团体组织或机构、政府单位；非正式支持网络则包括家庭成员、亲属、朋友、邻居等。[2] 具体到养老服务供给领域，社会支持包括由家人、亲戚、朋友和邻居等提供的非正式支持和由政府部门、社会服务机构及其工作人员所提供的正式支持。[3] 可以从系统论的观点出发，建构养老服务的社会支持网络，老人处于中心位置，根据支持主体和老人的社会距离远近及支持元素的科层化程度，从近及远分别为亲属、邻居和朋友、中介支持要素、志愿及政府服务组织、政治和经济制度，呈现出非正式支持向正式支持的过渡。[4] 不同支持主体所提供的支持既有相同之处，也有不

---

[1] 林娟芬：《妇女晚年丧偶后的适应——一个以台湾地区为例的叙说分析》，上海人民出版社2007年版，第54~55页。

[2] Gallo J. J, et al., *Handbook of Geriatric Assessment*, Maryland: Aspen Publishers, 1988, pp. 56-57.

[3] Munday, E., "Definitions and Comparisons in European Social Care", in Brain Munday and Peter Ely eds., *Social Care in Europe*, London: Harvester Wheatshaf, 1966, p. 6；李晟伟等：《中国城市老人社区照顾综合服务模式的探索》，社会科学文献出版社2011年版，第107页。

[4] Cantor, M. and Little, V., "Aging and Social Care", in Binstock, R. H. and Shanas, E., *Handbook of Aging and Social Sciences*, 2nd ed., New York: Van Nostrand Reinbood Company, 1985, p. 748.

同之处。通常情况下，老人可以根据自己的身体、家庭等状况，从正式支持网络和非正式支持网络中获取相应的支持。这样，老人就可以顺利、有效地解决日常生活中遇到的问题和危机，以维持正常的生活。良好的社会支持有利于缓解生活压力、改善个人身心健康，更有助于缓解个人与社会的冲突，从而有利于社会的稳定与和谐。[1]

正式支持网络和非正式支持网络的关系是社会支持网络研究的争论焦点，并形成不同的理论派系。早年，以马克斯·韦伯（Max Weber）为代表的传统的社会学家认为，强调技术、专业知识和原则的正式支持网络，与注重情感、义务和面对面互动的非正式支持网络存在结构上的冲突。工业化社会发展的趋势必然要求在二者中取其一，要么出现强有力的非正式支持网络，要么出现强势的正式支持网络。[2]

然而，部分学者持不同意见。这部分学者不像韦伯等人那样只看到正式支持网络和非正式支持网络之间的对立和冲突，而是发现现代社会很有必要同时存在非正式支持网络和正式支持网络。美国著名社会学家利特瓦克（Litwak）认为正式支持网络和非正式支持网络是基于老人照料过程中的"标准化任务"和"非标准化任务"而提出的。"标准化任务"是指由正式支持网络中的专业人员依靠特定的技术和知识来完成的事务，比如病人的诊断、医疗的护理，这类事务往往要求具备专业的知识和技能。"非标准化任务"是指在日常生活互动中依赖情感、

---

[1] 贺寨平、曹丽莉、张凯：《城市贫困人口的社会支持网研究》，中国社会出版社2011年版，第2~3页。

[2] Parsons, T., "The Social Structure of the Family", in Anshen, R. N., eds., *Family, Its Function and Destiny*, New York: Harper and Brothers, 1949, pp. 173-201.

责任和经验即可完成的事务，如日常生活料理、卫生家务活动。正式支持网络的发展并不能取代家庭等非正式支持网络的功能或降低其重要性，相反，它们之间存在一种互相依赖、功能互补的关系，二者不是相互排斥与对立的。这种观点集中体现在利特瓦克等人在20世纪60年代提出的"平衡理论"当中，该理论详细阐述了正式支持网络与非正式支持网络在实现社会目标时的相互协调过程。[1] 平衡理论作为社会支持网络理论当中的一个重要分支，其主要探讨如何协调正式支持网络和非正式支持网络的关系，以达到社会目标，并实现理想的社会控制。该理论的前提假设是，正式支持网络和非正式支持网络是实现特定社会目标的两个基本条件，正式支持网络与非正式支持网络是相互联系的，并非如韦伯等人所描述的那样相互对立、不可协调。虽然非正式支持网络与正式支持网络在结构上存在差别，但是二者可以在不同的时间和环境里相互配合并实现统一、协调。在社区工作领域，平衡理论已被广为接受，广泛应用于正式支持网络与非正式支持网络互动的解释，比如解释"护理之家"（nursing home）和家庭成员在老人照料过程中的互动关系。[2] 平衡理论的实践意义表现在，它有助于社会工作者、政

---

[1] Litwak, E. & Meyer, H. J., "A Balance Theory of Coordination between Bureacractic Organizations and Community Primary Groups", *Administrative Science Quarterly*, 1974, 11 (6): 31-58; Sussman, M. B., "Family, Bureaucracy, and the Elderly Individual: An Organizational Linkage Perspective", in Ethel Shans and Marvin B. Sussman eds., *Family, Bureaucracy, and the Elderly*, Durham, N. C.: Duke University Press, 1977.

[2] Litwak, E. & Spilerman, S., *Nursing Home Administration, Organization Theory and Social Policy*, New York: Elsevier Biomedical, 1982, pp. 207-230; Sussman, M., "Family, Bureaucracy, and the Elderly Individual: An Organizational Linkage Perspective", in Ethel Shans and Marvin B. Sussman eds., *Family, Bureaucracy, and the Elderly*, Durham, N. C.: Duke University Press, 1977.

策制定者认识老人的需要以及正式支持网络和非正式支持网络在老人照料中的协调与互补关系。可以说，西方国家在20世纪中期兴起的社区照顾就是平衡理论的实际应用，老人一方面可以继续生活在自己熟悉的环境中，另一方面又可以获得正式支持网络所提供的服务资源，尽可能避免"机构化照顾"所带来的弊病，从而有利于老人的健康生活。[1]

后来，西方学者在"平衡理论"的基础上又发展出"责任分担理论"。该理论认为，正式支持网络和非正式支持网络在有效发挥各自功能的时候，存在一种功能互补的关系，家庭等非正式支持网络在日常照顾、情感交流和即时帮助等方面的作用是正式支持网络所不能替代的，而正式支持网络（如养老院、护理机构等）则可以从技术、专业知识和资源等方面为有需要的老人提供专业服务，二者为实现老人的"人性照顾"进行责任分担。[2] 责任分担理论承认正式支持网络和非正式支持网络的结构差异，前者强调非人格化的经济动机和效率，后者则以情感、义务为动机。老人需要的满足既离不开家庭的纽带，也脱离不了正式支持网络的协助，所以，二者为达到共同目标而发挥相互辅佐的功能。如何在最大程度上发挥正式支持网络和非正式支持网络的互补协调作用是学者们最为关注的。[3]

---

[1] Kirwin, P. M., "Intergenerational Continuity and Reciprocity through the Use of Community-based Services: Theory and Practice", *Home Health Care Services Quarterly*, 1991, 12 (2): 17–33.

[2] Litwak, E., *Helping the Elderly: Complementary Roles of Informal Networks and Formal Systems*, New York: The Guilford Press, 1985.

[3] Chappell, N. L., "Social Support and the Receipt of Home Care Services", *The Gerontologist*, 1985 (25): 47–54.

社会支持网络研究从兴起到现在已有数十年时间,学者们对正式支持网络和非正式支持网络的关系认知呈现出"从分立到整合"的脉络,理论研究和经验分析均取得了很大的成就。在西方国家,社会支持网络理论已被广泛应用到教育、居家照顾服务组织、青少年犯罪等案例研究当中,[1] 它在国内社会工作领域也得到广泛运用,包括脆弱儿童的权利保护、[2] 假释犯的社区矫正、[3] 农民工的社会融合、[4] 城市贫困人口的社会救助、[5] 等等。农村养老服务的有效供给同样需要实现正式支持网络和非正式支持网络之间的协调与互补。老人照料领域的特殊性要求充分考虑不同支持主体给老人带来的生理和心理影响,实现各方支持主体的协调互补。社会支持网络理论关注的就是非正式支持网络与正式支持网络如何实现协调互补,以利于老人的健康生活。因此,从老人的角度看,社会支持网络对实现老人的身心健康和提高生活质量具有重要意义。本书结合社会支持网络理论关于社会支持分类的思路,对养老服务供给

---

[1] Litwak, E. & Meyer, H. J., "A Balance Theory of Coordination between Bureacractic Organizations and Community Primary Groups", *Administrative Science Quarterly*, 1974, 11 (6): 31-58; Kaye, L. W., *Home Care Services for Old People: An Organizational Analysis of Provider Experience*, Dissertation, Columbia University, 1982; Mok, B. H., "Community Care for Delinquent Youth: The Chinese Approach of Rehabilitating the Young Offenders", *Journal of Offenders Counselling Services Rehabilitation*, 1990, 15 (2): 5-20.

[2] 行红芳、顾江霞:"社会支持系统的断裂与弥合——基于脆弱儿童实际生活状况的分析",载《青年研究》2006年第8期。

[3] 金碧华:"支持的'过程':社区矫正假释犯的社会支持网络研究",上海大学2007年博士学位论文。

[4] 李树茁等:"中国农民工的社会融合及其影响因素研究——基于社会支持网络的分析",载《人口与经济》2008年第2期。

[5] 贺寨平、孔驰:"城市贫困人口社会支持的多水平分析",载《江苏社会科学》2011年第5期。

主体作出适当分类。

(三) 理论契合性的讨论

本书试图运用相关理论来解释现实中的问题，而根据已有理论构建一个关于研究问题的分析框架是学术研究的常用手法。理论与研究问题的契合性是无法回避的关键问题。为什么选择这一种理论而不是其他理论？这一理论与研究问题是否具有逻辑上的契合性？等等。在这里，笔者力图对这些问题进行说明。

1. 公共物品理论的契合性讨论

公共物品理论是研究政府或公共部门干预社会事务的重要理论依据，在政策实践中已得到广泛应用。这一理论主要告诉我们，政府责任会伴随物品的不同属性而发生相应变化，譬如私人物品供给中的政府责任和公共物品供给中的政府责任就有很大差别。政府在供给物品时，首先就要判定物品的属性。在农村养老服务供给中，政府同样要对养老服务的物品属性作出判定，才能准确定位政府责任。所以，本书所讨论的问题与公共物品理论所关注的问题是一致的，运用公共物品理论来分析农村养老服务的供给问题自然具备契合性。

2. 社会支持网络理论的契合性讨论

我国正面临人口老龄化的严峻挑战，加之公共财政资源的有限性，这在很大程度上意味着不可能完全依靠政府来解决养老服务供给的所有问题。不同主体在养老服务供给中具有不同优势，而且各主体是无法相互替代的，必须整合各方主体，以形成一个综合性的支持网络。尤其是当前农村老人面临着正式社会支持不足和非正式社会支持弱化的形势，更需要从社会支持网络理论入手，有效整合非正式支持网络和正式支持网络，在功能上实现二者的协调与互补。因此，社会支持网络理论可应用于农村养老服务供给问题的研究中。

（四）视角的选择

同是一枝梅花，有人赞叹它风骨傲霜，有人则感慨它孤寂落寞；同是一块石头，有人觉得它冥顽不化，有人则欣赏它坚韧固守。诚如苏轼所写的著名诗句："横看成岭侧成峰，远近高低各不同"，同一种事物，理解缘何不同？这主要是看问题的角度所致。同理，在学术研究中，研究视角的选择也尤为重要，因为它在很大程度上左右着研究者的思维方式、基本思路甚至创新之处。受能力、时间、知识等因素的制约，研究者往往难以从多个角度对某一问题展开全方位的研究，一般只能选择某个视角。

综观已有研究成果可以发现，有关养老服务供给的研究杂乱地分散在社会学、管理学、人口学、老年学等学科当中。不同学科按照各自的话语体系，从相应的视角分析了养老服务供给问题。例如，社会学（社会工作）侧重于从老人个体与家庭成员之间的支持、互助关系去分析养老服务供给与需求问题；人口学偏重于研究老年人口变化对养老服务供给需求的影响；老年学则更多是从老人的生理、心理因素探究养老服务供给侧改革。此外，某一学科的学者对其他学科的研究往往知之甚少，呈现隔行如隔山的分立状态，很不利于养老服务供给领域的知识积累与传播。从认识论的角度观之，很需要更多新角度、新思维的加入。在此，笔者主张将农村养老服务供给问题放置在政策科学这一视域中加以研究，以丰富农村养老服务供给这一主题研究，为实践操作提供更多的理论支撑和事实依据。从学科性质上看，政策科学具备领导性的跨学科性质，它综合发挥了经济学、管理学、政治学、社会学、统计学等众多学科的特色，以问题为导向，能够克服单一学科的狭隘视角，正如沙夫里茨（Shafritz）说的那样："政策科学以解决问题为导向，它超越了所有科学以处理重要的社会决策，从而将各个学科有关的知识整合为一个统一体。"[1]

具体来说，在政策科学的视域中，笔者选择了政府责任的视角，主要基于以下几方面的考虑：其一，从历史的角度看，政府责任是影响农村养老服务供给的重要变量。国内外的实践已经表明，政府责任是否以及在多大程度上得以履行，会深刻地影响公共服务供给状况。从我国农村公共服务供给的演变历程来看，政府在农村公共服务供给方面存在不同程度的责任缺失。尽管我国在近年来已加大对农村地区的财政投入和政策扶持，但与城镇地区相比，农村地区的公共服务供给依然不够充足。本书所关注的农村养老服务供给同样遭遇类似困境，很有必要从政府责任的视角开展研究。其二，从福利多元主义的角度看，农村养老服务供给需要政府责任的合理定位。西方发达国家对福利制度作出改革的一个重要原因就是，政府在福利供给中没能与家庭、社区、市场等主体形成合理的责任分担机制，从而造成政府责任过重并陷入财政困境，这无疑是我国养老服务体系建设的一个前车之鉴。根据福利多元主义理论，政府是养老服务的供给主体之一，养老服务供给涉及政府、市场、社区、家庭之间的互动关系，[2] 这必然要求政府责任的合理定位。其三，从物品的类型和属性上看，养老服务的"物品组合"

---

[1] Shafritz, J., et al., *Classics of Public Policy*, Pearson Publisher, Inc., 2005.

[2] 从政策属性上看，养老服务属于社会政策范畴，而且社会政策研究形成了福利三角的理论分析范式，其基本观点是福利来源应该多元化，不同福利来源的整合构成了社会的整体福利。不过，福利三角理论有不同的表述，如罗斯（Rose, R.）的"家庭—市场—国家"、杜非（Duffy, K.）的"市民社会—市场—国家"，等等。详细请参见彭华民等：《西方社会福利理论前沿：论国家、社会、体制与政策》，中国社会出版社 2009 年版，第1~27页。

特性要求有差别的政府责任。不同类型的养老服务具有不同的物品属性,有的养老服务是私人物品,而有的养老服务则是公共物品。易言之,养老服务是"混合物"而非"纯净物",具备"物品组合"特性。政府在政策设计环节中需要根据养老服务的属性差异作出相应的责任定位,否则就会出现政府责任错位。其四,从政策目标群体的角度来看,农村养老服务供给离不开政府责任。习近平总书记在2018年3月的十三届全国人大一次会议上发表重要讲话时强调:"始终要把人民放在心中最高的位置,始终全心全意为人民服务,始终为人民利益和幸福而努力工作……把人民拥护不拥护、赞成不赞成、高兴不高兴、答应不答应作为衡量一切工作得失的根本标准。"国务院总理李克强在2018年《政府工作报告》中指出:"人民政府的所有工作都要体现人民意愿,干得好不好要看实际效果,最终由人民来评判。"由此可见,人民的满意度与评价是检验政府成败的重要标尺,人民是政府最直接的政策目标群体,政府的责任在于更好地满足人民需求,让人民更加满意。具体到农村养老服务供给领域,农村养老服务供给应以农村老人的需求为导向,政府应根据农村老人的需求设计相应的政策并递送服务。政府责任要以满足农村老人的需求为归依,没有满足农村老人的需求就无所谓政府责任的实现。

三、养老服务"十字"模型的构建与理论阐释

(一) 模型的构建说明

前文已经表明,养老服务实际上是一种"混合型"物品,有的属于私人物品,有的属于公共物品,有的则是介于二者之间的准公共物品。从公共物品理论和社会支持网络理论可以知道,养老服务的有效供给一方面要对物品属性进行清晰界定,

另一方面是要将各方供给主体纳入服务供给当中。然而，综观目前的研究与实践，依然缺乏一种能够同时整合物品属性和供给主体的分类框架。为此，很有必要从理论上构建一个关于养老服务的分类框架。

在这里，笔者使用的分析工具是模型，它可以让我们更好地理解政策的形成或实施。[1] 模型是对复杂现实所作的一种简化、序列化和抽象化，是对现实问题进行概括和提炼的重要工具。按照托马斯·戴伊（Thomas R. Dye）的观点，"模型是对现实世界某个方面的简化表现。"[2] 模型不能设计得过于复杂，应具有可理解性，它可以将复杂问题分割成多个小部分，分割后的各部分能满足预定的政策分析要求，进而得到简化的、系统化的知识。"它的表达形式可以是文字、数字或图表。举例来说，一本书可以描述事情的经过，这就是一种模型。用图表来描绘事情的经过，这也是一种模型。"[3] 概括地说，模型可以分为具体模型和抽象模型两类。具体模型主要是指与原型在形态上几乎相似的模型，如飞机模型、城市地图，等等。抽象模型主要指用语言、符号、图表、数字等抽象形式反映原型内在联系和特征的模型。[4] 事实上，模型的研究方式对政策分析具有很强的指导意义。譬如，阿利森（Graham T. Allison）就为我们提供过公共政策概念模型的好例子。他在 1962 年肯尼迪政府

---

[1]〔美〕斯图尔特等：《公共政策导论》，韩红译，中国人民大学出版社 2011 年版，第 46 页。

[2]〔美〕戴伊：《理解公共政策》，孙彩红译，北京大学出版社 2008 年版，第 11 页。

[3]〔美〕沙夫里茨等编：《公共政策经典》，彭云望译，北京大学出版社 2008 年版，第 216 页。

[4] 朴贞子、金炯烈：《政策形成论》，山东人民出版社 2005 年版，第 115 页。

的古巴导弹危机案例分析中，分别运用了传统的主导模型（即精于计算的决策者模型）、组织过程模型和政府政治模型。可以说，阿利森为人们思考政策过程及其相关问题提供了模型典范。

本书所构建的模型除了具有一般模型的特征之外，还能将公共物品理论和社会支持网络理论有机地结合起来，探讨这两种理论在养老服务供给中的理论共通性，实现理论与理论之间的相互补充、相互促进。笔者依据服务供给主体与物品属性相结合的原则，将公共物品理论和社会支持网络理论进行"十字"相交，构建出养老服务的分类模型。

1. 已有的经验

对一个研究对象而言，它有很多属性，比如人有性别和国籍之分。性别（男—女）和国籍（中国—外国）两个变量可以"十字"相交，这样就会形成四种类型的人，即中国男人、中国女人、外国男人和外国女人。如果国家按照民主化程度（民主—非民主）和地理位置（有海岸线—内陆）进行"十字"相交，就可以得到四种类型的国家。其实，这种运用两维度相交的分类法最早可追溯到亚里士多德。亚里士多德在政体研究中就对分类（或者说类型学）做出了探索。他按照统治的形式和统治者的数目这两个维度将政体做出类型划分。目前，这一分类模型在经济学、管理学等学科领域中已得到广泛应用。例如，美国民营化大师萨瓦斯（Savas）依据物品的排他性和消费的共同性将物品分为个人物品、可收费物品、共用资源和集体物品四类，并在这一分类框架中对多种物品的性质做出判断。[1] 如图

---

[1] ［美］萨瓦斯：《民营化与公私部门的伙伴关系》，周志忍等译，中国人民大学出版社2002年版，第48页。

2-2所示。美国经济学家曼昆（Gregory Mankiw）也运用类似的方法，根据物品是否具有消费的竞争性和排他性两个维度，将物品划分为私人物品、公共物品、共有资源和自然垄断四种类型。[1] 奥斯特罗姆夫妇（Vincent Ostrom and Elinor Ostrom）依据"消费排他性的可行与不可行"和"物品共用性的可分与不可分"这两个维度，将所有物品分为私益物品、收费物品、公共池塘资源和公益物品四类。[2]

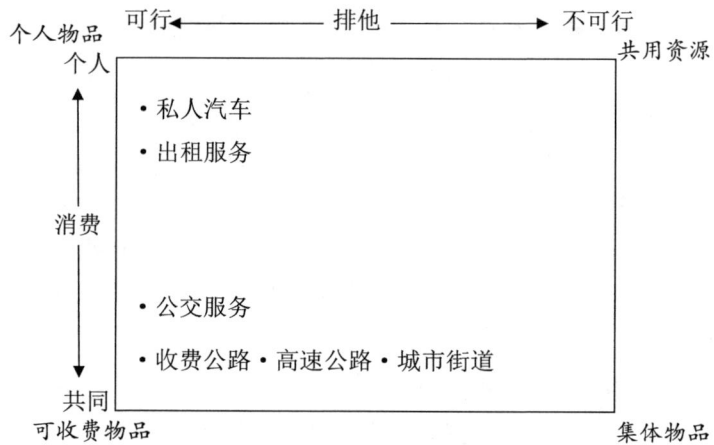

图 2-2　不同物品和服务的排他特征和消费特征

资料来源：[美]萨瓦斯：《民营化与公私部门的伙伴关系》，周志忍等译，中国人民大学出版社2002年版，第48页。

---

[1] [美]曼昆：《经济学原理》（上册），梁小民译，北京大学出版社1999年版，第188页。

[2] [美]文森特·奥斯特罗姆、埃莉诺·奥斯特罗姆："公益物品与供给选择"，载[美]迈克尔·麦金尼斯主编：《多中心体制与地方公共经济》，毛寿龙译，上海三联书店2000年版，第36页。

在公共政策领域,"十字"相交的分类模型也得到非常广泛的应用。譬如沃恩（Roger J. Vaughan）和巴斯（Terry E. Buss）的问题诊断框架依据问题缘起于"私人行为还是公共行为"与"系统的还是非系统的"这两个维度，划分了政策问题的四种类型，即公共行为引起的系统问题、私人行为引起的系统问题、公共行为引起的非系统问题和私人行为引起的非系统问题。[1] 朱旭峰根据知识复杂性的高低与损失者嵌入性的强弱将中国政策变迁中的专家参与行为分为四种模式，即迂回启迪模式、直接咨询模式、锁模式和专家社会运动模式。[2] 可以看出，本书所采用的分类模型其实在学术界早已得到广泛运用，该分类模型是可行且高效的，已有研究为本书提供了丰富的经验。

不过，在"十字"相交中需要注意两个地方：其一，所选择的两个维度是相互独立的。这意味着所选择的两个维度不存在共线性或重合性，否则就会导致无法分类，要么出现重合，要么无法将某一事物划分到具体类别当中。其二，这两个维度是正相交的。从理论上讲，事物类型的分布应该是处于均衡状态的。所以，所选择的两个维度应该是正相交，而不是斜相交。

2. 维度选取的原因

本书运用公共物品理论和社会支持网络理论构建一个关于养老服务的分类模型。那么，为何要采用这两种理论构建模型？相比较而言，物品属性和供给主体在很大程度上影响着农村养老服务的供给，它们对养老服务的有效供给发挥更为重要的作

---

[1] ［美］罗杰·J. 沃恩、特里·E. 巴斯：《科学决策方法：从社会科学研究到政策分析》，沈崇麟译，重庆大学出版社2006年版，第44页。

[2] 朱旭峰：《政策变迁中的专家参与》，中国人民大学出版社2012年版，第36页。

用。公共物品理论讨论的是物品属性的问题，一般来说，不同属性的物品会有不同的供给者，物品属性的划分是实现物品有效供给的重要前提。政府在私人物品和公共物品供给中的责任定位必然不同，在物品属性没有得到合理界定时，政府责任就容易出现越位、错位、缺位等问题，如部分地方给当地70岁以上的老人免费提供居家养老服务却遭到部分健康老人的拒绝，而部分70岁以下的独居失能老人却无法得到任何服务保障。这表明，公共物品在现实中的供给困境在很大程度上源于物品属性没能得到合理界定所致。

从当前各国福利制度改革前沿来看，社会福利的多元供给是未来的发展趋势。福利多元主义注重发挥家庭、社区、市场等主体在社会福利供给中的作用。而且，家庭、社区、市场、政府等主体在养老服务供给过程中会形成一定的网络结构，例如《"十三五"国家老龄事业发展和养老体系建设规划》将"居家为基础、社区为依托、机构为补充、医养相结合"作为养老服务体系的发展目标，就是要充分发挥不同主体的功能作用。能否协调好不同主体所形成的网络结构关系，直接影响到养老服务的有效供给。社会支持网络理论是在社会网分析基础上研究社会支持的关系网络，注重研究支持主体所构成的网络的结构特征，[1] 有助于解释养老服务供给中不同主体之间的责任边界与互动关系，以社会支持网络理论作为养老服务的分析维度就具有理论依据。

3. 公共物品理论和社会支持网络理论的契合性讨论

讨论完选取公共物品理论和社会支持网络理论这两个维度

---

[1] 贺寨平："社会支持网络对城市贫困人口身心状况的影响"，载《心理科学》2011年第5期。

的原因后,有必要进一步讨论这两种理论的契合性问题。因为本书的分析框架是建立在整合这两种理论的基础上,这也是本书的一个创新之处,所以,这两种理论的契合性问题显得尤为重要。

从物品属性的角度看,公共物品理论主要解决物品属性的界定和政府职能定位的问题。政府干预什么,不干预什么?政府干预多一些,还是少一些?均离不开物品属性的判定。当某一项物品成为公共物品时,政府的干预就成为很自然的事情,公共物品的供给过程就体现出相应的政府责任;而当一项物品是私人物品时,政府不会直接干预它的供给,而是由个人或市场自行供给,政府责任更多地体现在维护市场的基本秩序。现实中还有很多物品的供给存在主体责任模糊,进而引发供给不足、生产过剩等问题。政府与市场、社区、家庭、个体在不同属性物品的供给中呈现出责任分化,不同属性的物品由相应主体承担主要的供给责任。[1] 可见,公共物品理论是从物品属性的角度关注不同主体在物品供给中的责任问题。

从社会支持的角度看,政府为社会公众提供公共物品本身就属于社会支持。宽泛地说,社会支持是"人们从社会中所得到的、来自他人的各种帮助"。[2] 具体到养老服务领域,根据支持来源与老人的社会距离及支持元素的科层化程度,社会支持来源从近到远分别是亲属、邻居和朋友、志愿性组织、企业、政府部门,呈现出非正式支持向正式支持的过渡,从而形成老

---

[1] 此处并非说政府要包揽公共物品供给的全部责任,而是指政府在公共物品供给中负有不可推卸的责任,即使采取政府与市场或政府与社会的合作机制,政府也要承担必要的责任,而非放任自由。

[2] 张文宏、阮丹青:"城乡居民的社会支持网",载《社会学研究》1999年第3期。

人的社会支持网络。老人所获得的照料服务来源于社会支持网络中的多方主体,而非单一主体,这就涉及不同主体之间的责任分工问题。在福利多元主义背景下,不同主体在物品供给中的责任边界逐渐模糊,这为不同主体之间的责任划分带来挑战。为此,社会支持网络理论除了关注老人从何处获得服务资源之外,还研究不同主体之间的网络关系及相互作用。

由此来看,公共物品理论是从物品属性的角度来判断不同主体在不同物品供给中的责任问题,尤其是政府干预的范围和程度,而社会支持网络理论则是考察不同主体的网络关系与相互作用。不管是公共物品理论还是社会支持网络理论,它们的落脚点都会讨论不同主体在物品供给中的责任问题或者是责任分担机制,二者在最终指向上具有一致性。因此,公共物品理论和社会支持网络理论二者具有理论契合性。

(二) 养老服务"十字"模型及其架构

在讨论完养老服务分类模型的构建可行性、理论契合性等问题后,就可以按照以上思路,从"私人物品属性—公共物品属性"和"非正式支持网络—正式支持网络"两个维度构建养老服务的分类模型。以物品属性作为横轴,横轴的左边属于公共物品,右边属于私人物品,从左往右表示养老服务的物品属性从公共物品属性向私人物品属性的过渡;以供给主体的正式化程度为纵轴,纵轴的上半部分属于非正式支持网络,下半部分属于正式支持网络,从上往下表示养老服务供给主体从非正式支持网络向正式支持网络的过渡,如家人、亲属、邻里、志愿者、社区、社会组织、企业、政府部门,等等。横轴与纵轴"十字"相交后会形成四个象限,即象限Ⅰ、象限Ⅱ、象限Ⅲ和象限Ⅳ,具体如图2-3所示,图中每一个象限代表着相应的养老服务类型。象限Ⅰ代表由非正式支持网络提供的、具有私人物品属性的养老服务,称为"家庭养老服务";象限 II 代表由非正式支持网络提供的、具有公共物品属性的养老服务,称为"社区照顾服务";象限 III 代表由正式支持网络提供的、具有公共物品属性的养老服务,称为"公共养老服务";象限 IV 代表由正式支持网络提供的、具有私人物品属性的养老服务,称为"商业养老服务"。从物品属性上看,家庭养老服务和商业养老服务属于私人物品,社区照顾服务和公共养老服务属于公共物品。从社会支持网络角度上看,家庭养老服务和社区照顾服务由非正式支持网络提供,公共养老服务和商业养老服务由正式支持网络提供。笔者将这一模型称为养老服务"十字"模型。下面对四类养老服务进行详细论述。

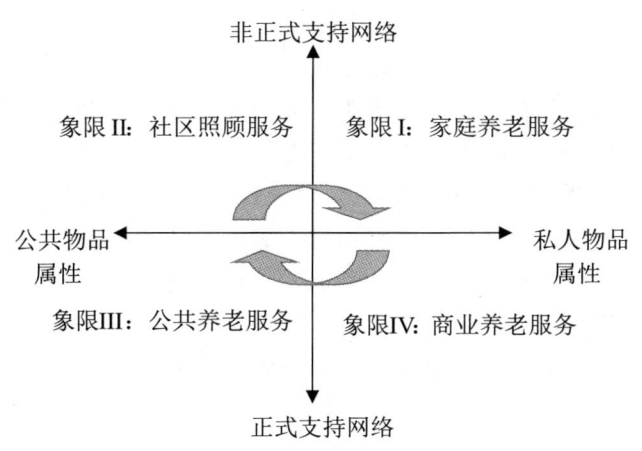

图 2-3 养老服务"十字"模型

1. 家庭养老服务

"十字"模型的第一象限是家庭养老服务,简单来说就是家庭成员为自己家中的老人所提供的各种支持与照料。这是最具原始意义的老人照料方式，它建立在血缘或亲缘关系的基础上，与传统家庭养老模式紧密结合在一起。传统家庭养老是我国延续数千年的养老模式，它很好地发挥了家庭在养老服务供给中的作用。从物品属性上看，家庭养老服务属于私人物品，其供给主体是老人的家庭成员以及有血缘或亲缘关系的亲属。家庭是在婚姻关系、血缘关系或收养关系的基础上形成的社会生活单元，承担着保障日常生活、维系个人情感的职责。从人的需要的角度看，家庭成员的亲情关爱是老人的一种精神需要，血缘和亲情在老人心中占据重要地位，家庭在亲情化和个性化方面具有无可比拟的优势，这些优势是其他供给主体所难以取代的。家庭成员对老人的照料既是服务传递的过程，也是情感交流的过程。在我国历史上，家庭成员就是照料老人的主要主体，为老人提供养老、居住、救济等全方位的保障。对此，梁漱溟先生曾指出，在东方社会结构中，家庭是社会生活的核心和基础，[1] 是福利资源的重要来源。即使是在家庭之外建立起来的社会保障制度，也无法取代家庭的保障功能和福利责任，政府只是在不同程度上、用不同方式对家庭责任进行分担。[2] 自20世纪80年代以来，由家庭承担老人照料责任的潮流在世界各国尤其是发达国家广泛兴起，西方国家的福利改革实质上是对政府和家庭责任界限的再次界定，改革的趋势是强化家庭功能和家庭责任。[3] 甚至，有学者还将家庭功能和家庭责任的削弱视

---

〔1〕 梁漱溟：《中国文化要义》，上海学林出版社1987年版，第32页。

〔2〕 张秀兰、徐月宾、梅志里编：《中国发展型社会政策论纲》，中国劳动社会保障出版社2007年版，第93~94页。

〔3〕 张秀兰、徐月宾："建构中国的发展型家庭政策"，载《中国社会科学》2003年第6期。

为经济衰退的一大原因。[1] 由家庭成员提供的照料是人类社会最传统的养老服务类型，其他类型的养老服务都是在家庭养老服务的基础上逐步发展起来的。韩国、日本、新加坡等国家也是在继承和发扬家庭文化的基础上逐步建立起社会养老服务体系的。总体来说，世界各国都逐渐重视家庭在养老服务供给中的角色和作用，把促进而不是解散家庭作为社会政策的落脚点。可以说，家庭养老服务在老人照料中具备亲情和血缘优势，在养老服务供给中居于基础性地位。

近年来，我国非常注重发挥家庭和家庭养老服务的作用。从《国家人口发展规划（2016~2030年）》《"十三五"国家老龄事业发展和养老体系建设规划》等战略性政策文件来看，"以居家为基础""完善家庭养老支持措施"等政策表述充分体现了政策决策者希望发挥家庭在养老服务供给中的作用。但自20世纪70年代末以来，在市场经济、城镇化、人口迁移、计划生育等因素的综合作用下，我国家庭结构逐步小型化和核心化，家庭养老资源日益减少，家庭在养老服务供给中的功能被大大削弱，家庭在照料老人方面显得越来越力不从心。而且，在市场经济的浪潮中，传统孝道文化淡化，相对而言更注重经济利益，不管是家庭结构还是家庭关系，家庭文化越来越远离中国传统的家族文化。[2] 在这里，笔者主张政府采取多种有效措施维系、支持家庭的养老服务功能，通过向家庭提供适当的援助，帮助家庭应对因计划生育、人口流动所导致的家庭照料资源匮

---

[1] 彭华民等：《西方社会福利理论前沿——论国家、社会、体制与政策》，中国社会出版社2009年版，第228页。

[2] 李银河："家庭结构与家庭关系的变迁——基于兰州的调查分析"，载《甘肃社会科学》2011年第1期。

乏问题,维系家庭在照料老人中的功能与作用,让家庭的养老服务供给能力得以延续。例如,韩国对赡养60岁以上老人的家庭给予所得税减免;英国为在家中照料老人的适龄劳动者发放照顾补贴;日本则为家庭中的老人照料者提供暂托处和短期托付服务,让老人照料者得到休整。我国也可以借鉴国外的做法,支持、维系家庭在养老服务供给中发挥基础性作用。

2. 社区照顾服务

社区照顾服务是指由社区提供的老人照料服务或为照料老人提供支援性服务的总称,它一般是社区内的老人才能享受的服务,带有社区公共物品属性,类似于俱乐部物品,它对社区内的老人不具备排他性,但对社区外的老人具有排他性。社区照顾服务主要借助非正式支持网络的力量,如社区内的居民、志愿者、村(居)委会等力量为社区老人提供临时性、短期性服务,具备非正式支持网络的灵活性、及时性、方便性和人性化等特点。与正式支持网络相比,社区照顾服务的专业化程度偏低,适合给有需要的老人提供情感性支持、伦理性支持和信息性支持。社区照顾服务往往采用"走出来、走进去"的服务形式,一方面是动员自理老人走出家门到社区居家养老服务机构(中心)或者社区综合服务中心接受相应服务,另一方面是指派人员为有需要的老人提供上门照料服务。社区照顾服务试图充分运用社区内的各种资源,旨在对家庭照料给予一定的支持和援助,当老人在家庭中难以甚至无法获得足够的照料服务时,可以不离开自己熟悉的环境而获得社区的照料和帮助。社区照顾服务立足于社区,维系老人在社区中的正常生活,避免机构养老那种"与世隔绝"般照顾的弊端,强调服务的"去机构化"。

实际上,这里所讲的社区照顾服务就是专门针对老年群体而提供的社区照顾。[1] 社区照顾起源于20世纪50年代的英国，它是针对养老服务机构的弊端（包括老人与外界长期隔绝、逐渐失去活力、沉重的财政负担等）而提出来的。社区照顾重新肯定了社区环境对老人晚年生活的价值，后来逐渐形成"在合适环境中养老"的理论。到了20世纪70年代，社区照顾在英国已经十分普遍。1982年，联合国第一届世界老龄大会发布的《维也纳老龄问题国际行动计划》强调："应设法使年长者能够尽量在自己的家里和社区独立生活……社区福利服务应以社区为基础，向老人提供预防性、补救性和发展方面的服务。"1992年召开的联合国第47次大会提出："把社区作为改善养老环境的目标，要求支持以社区为单位，为老人提供必要的照顾，并组织由老人参加的活动。"据统计，这种依靠社区照顾而选择居家养老的方式在世界各国占有很大比重，英国为95.5%，美国为96.3%，日本为98.6%，菲律宾为83%，越南为94%，印尼为84%，马来西亚为88%。[2] 可见，社区照顾具备很大的优势，它在国外已成为照料老人的重要途径之一。社区可以承担起养老服务供给的相应职责，在很大程度上补充国家和家庭在老人照料中的不足。[3]

3. 公共养老服务

公共养老服务是指由政府或非营利部门为保障老人基本生

---

〔1〕 英国学者沃克（A. Walker）指出社区照顾有三种具体策略，即"在社区照顾"（care in the community）、"由社区照顾"（care by the community）和"与社区一起照顾"（care with the community），实际上，这是不同养老服务资源和供给主体的相互组合，后文会进一步阐述，此处暂不赘述。

〔2〕 许义平、何晓玲：《现代社区制度实证研究》，中国社会出版社2008年版，第192页。

〔3〕 曾昱："社区养老服务——中国城市养老服务保障的新选择"，载《天府新论》2006年第4期。

活而提供的专业化服务，发挥兜底和救助作用，属于公共物品的范畴。公共养老服务是公共服务的一种类型。之所以说公共养老服务是专业化服务，那是因为它的供给主体来源于正式支持网络的公共部门（如政府部门及其主办的福利性机构、各类非营利机构等），具体服务由专业人员（社会工作者、康复师、营养师、专业管理员等）负责生产和递送，表现出专业化特征。与家庭养老服务和社区照顾服务相比，公共养老服务的专业化程度较高。公共养老服务主要为老年弱势群体提供基本照料服务，是养老权[1]的具体表现。这里所讲的老年弱势群体主要是鳏寡老人或子女长期不在身边且生活无法自理的独居或空巢老人，他们往往经济收入偏低且缺乏生活照料。向这些群体提供养老服务，所获得的边际收益近乎为零，市场主体缺乏供给动力，容易出现"市场失灵"。这是政府为老年弱势群体提供养老服务的重要依据之一。此外，我国《宪法》第 45 条规定："中华人民共和国公民在年老、疾病或者丧失劳动能力的情况下，有从国家和社会获得物质帮助的权利。"这是政府为老年弱势群体提供公共养老服务的法律依据。

在市场经济环境下，难免会有少数人因为先天或后天因素而处于不利的竞争地位，从而引发贫困，无法维持基本生活，这就需要有相应的救助手段。其实，在我国历朝历代，封建王朝的统治者也设立过"孤独院""悲田院""福田院""养济院"等场所，对社会上无家可归者实施救助和收养。新中国成立后，

---

[1] 养老权是指"公民在达到国家规定的结束劳动义务的年龄界限，或因为年老丧失劳动能力的情况下，依法享有的获得国家和社会的物质帮助权与家庭赡养扶助权"。参见刘灵芝："中国公民养老权论"，吉林大学 2007 年博士学位论文，第 13 页。

养老福利事业有了很大的发展，城镇和农村分别成立社会福利院和农村敬老院。城镇社会福利院主要收养和安置城镇"三无"人员，农村敬老院主要收养和安置"五保供养对象"。当代中国的社会养老服务发端于社会福利院和敬老院等机构所承担的城镇"三无"和农村五保等群体的供养工作。[1] 民政部1999年发布的《社会福利机构管理暂行办法》就将社会福利院和农村敬老院界定为社会福利机构，具备社会福利性质。2006年的《农村五保供养工作条例》还明确规定了农村五保供养所需资金从地方人民政府财政预算中安排，由政府提供基本的生活条件和经费。这是由政府提供的，也是最常见的公共养老服务形态。

近年来，由于人口老龄化、计划生育以及居住方式等因素，独居老人和空巢老人的规模愈发庞大。有数据显示，我国空巢老人占老年群体总数的一半，其中独居老人约占10%，仅与配偶居住的老人占41.9%。[2] 独居和空巢老人将持续递增到2030年的1.8亿人，2050年的2.62亿人。[3] 政府除了举办敬老院、福利院等机构收养鳏寡老人之外，还依据老人的养老偏好，采取"购买服务"的方式为符合条件的居家老人提供公共养老服务。例如，南京市鼓楼区的居家养老服务网就是政府购买养老服务的典型案例。当地政府先对居家养老服务申请者进行审核，为符合条件的老人购买居家养老服务，由第三方专业机构[4]组

---

[1] 董红亚："我国社会养老服务体系的解析和重构"，载《社会科学》2012年第3期。

[2] 王晓易："2015家庭发展报告：空巢老人占老年人总数一半"，载http://news.163.com/15/0514/14/APJ6BT8000014Q4P.html，最后访问日期：2018-09-07。

[3] 柯旺："2020年空巢老人1.18亿哪个省养'老'负担更重"，载https://news.qq.com/a/20161029/001370.htm，最后访问日期：2018-12-26。

[4] 从我国各地的实践来看，承接政府购买居家养老服务的第三方专业机构主要是社会工作服务机构等非营利组织或公益性社会组织。

织专门人员给符合条件的居家老人提供上门服务，当地政府在整个过程中充当了服务的购买者和监督者，同样履行了公共养老服务的供给责任。经过北京、上海、深圳、广州、南京、东莞等地的实践探索，政府购买居家养老服务已从地方探索上升到国家政策，在全国各地如火如荼地开展起来。其实，政府购买居家养老服务属于新公共管理的范畴，力图借助市场竞争和服务流程再造回应社会的养老服务需求。政府向第三方专业机构购买居家养老服务，只是改变了具体的供给机制和服务地点，但未改变公共养老服务的公共物品属性。

总体来看，伴随社会经济人口的发展，公共养老服务在形式和质量上也越来越多样化和优质化。

4. 商业养老服务

商业养老服务是指由市场力量提供的商品化、专业化的照料服务，属于私人物品范畴。商业养老服务的实质是老人照料服务的商品化，像老人自费入住养老服务机构或聘请专业保姆在家中提供照料就是商业养老服务的表现形态。从人的需要层次来看，在安全、温饱等低层次需要得到满足后，老人的需要层次会逐步提升且呈现多样化。在经济条件允许的情况下，老人可以选择商业养老服务，以提升生活品质。老人及其家庭的个性化需求可催生出庞大的养老服务市场。2016年我国养老产业市场规模约5万亿，预计到2030年超过20万亿。[1] 伴随经济收入的提高和社会养老保险的普及，老年群体对高质量的养老服务需求还将继续扩大。

---

[1] 中国产业信息网："2017年中国养老产业市场前景、规模及发展趋势预测"，载 http://www.chyxx.com/industry/201708/555494.html，最后访问日期：2018-10-28。

在养老服务市场中，商业养老服务作为一种私人物品，它通过供求关系、价格波动和竞争机制来实现资源的优化配置，其供给与需求符合市场交易规律。在成熟的市场经济环境中，市场主体数量众多且各市场主体之间能够实现充分竞争，在市场这只"看不见的手"的指挥下，养老服务的生产效率就会得到提高，服务品质也会逐步得以改善。当市场出现养老服务需求时，价格信号会随之产生，价格波动会调节市场主体的生产行为，从而影响商业养老服务的供给状况。如果商业养老服务需求量保持不变，当供给量增加，价格会随之下降，相反，价格就会上升；如果商业养老服务供给量保持不变，当需求量增加，价格会随之上升，相反，价格就会下降。

尽管商业养老服务与公共养老服务都是由专业人员负责生产和递送的，体现出专业化特征，但商业养老服务与公共养老服务存在本质区别。前者的供给主体是私人部门，主要是正式支持网络中的企业、民办养老服务机构等组织。商业养老服务供给是一种市场行为，以获取利润为目标，费用承担者是老人或其家庭，导向是市场化和产业化。后者的供给主体是公共部门，主要是正式支持网络中的政府部门及其主办的福利性机构、各类公益性社会组织和非营利机构等组织，公共养老服务属于基本公共服务的范畴，以公共利益为目标，费用由政府或其他公共部门解决，导向是公益性。

现实中，部分公办养老服务机构通过收费的方式向五保和"三无"范围之外的社会老人提供养老服务。一方面，这在客观上回应了部分社会老人的养老服务需求，另一方面，这是公办养老服务机构在"社会福利社会化"导向下的行动策略。需要注意的是，公办养老服务机构主要依靠国家的政策扶持和财政资源，不能偏离公益性导向，更不能出现逐利性。在我国养老服务市场尚未发育完全的形势下，公办养老服务机构的这种做法给养老服务市场带来了一定的负面效应。最典型的就是对民办养老服务机构形成"挤出效应"，即民办养老服务机构没能获得与公办养老服务机构平等的市场地位，公办养老服务机构出现"一床难求"的景象，而民办养老服务机构却"苦苦支撑"，这是没能正确处理好公共养老服务和商业养老服务的关系所致。

（三）四类养老服务的结构关系

在"十字"模型中，四类养老服务是以老人的需要为核心所构成的一个结构完整、功能互补、彼此合作的有机整体。

从结构上看，家庭养老服务居于基础性地位，是其他类型养老服务的发展基础。家庭养老服务作为最原始的老人照料方式，以血缘、亲缘关系为基础，而其他类型养老服务则是在家庭养老服务的基础上衍生出来的。人们一般说的社会养老服务主要是指社区照顾服务、公共养老服务和商业养老服务这三类，社会养老服务是老人照料事务从家庭内部扩展到社会成员的结果，是人类社会发展到一定阶段的必然产物。与其他三类养老服务相比，家庭养老服务的社会化程度最低。而社区照顾服务、公共养老服务和商业养老服务的供给主体在家庭边界之外，如居（村）委会、邻里、志愿者、政府部门、公益性社会组织、企业等，他们在养老服务供给过程中均表现出较强的社会化特征。

从功能上看，四类养老服务在满足养老需要的过程中发挥出各自优势，体现出功能互补的特点。家庭养老服务和社区照顾服务虽在专业化程度比不上公共养老服务和商业养老服务，但家庭养老服务和社区照顾服务在满足老人的情感、伦理等需要上更具优势。这也是公共养老服务和商业养老服务所无法替代的。与此同时，由于公共养老服务和商业养老服务由专业人员提供,其专业化程度较高,服务品质也较为稳定,这是家庭养老服务和社区照顾服务所难以达到的。特别是在失能老人照料方面,公共养老服务和商业养老服务的专业化优势更为明显。

四类养老服务不但在结构功能上存在差异,而且彼此之间相互影响。当家庭养老服务供给不足时,老人的照料服务可由其他社会主体进行补充供给,社会养老服务需求随之产生,老人照料事务开始从家庭内部延伸至社会化生产。此时,社会养老服务是对家庭养老服务的有效补充。当家庭养老服务能够满足老人的需求时,老人对社会养老服务的需求就会减少。家庭养老服务的供求状况直接影响着其他类型养老服务的供给与需求。

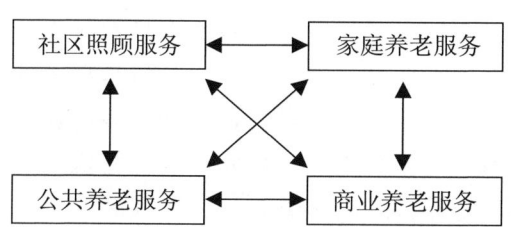

图 2-4 四类养老服务的相互关系

社区照顾服务可以为居家老人提供短期照顾服务,减小家庭成员的压力。与家庭养老服务相比,社区照顾服务主要是为家庭养老提供短期的支撑服务,如日间托老、日间照料等,但社区照顾服务受社区环境影响大,具有不稳定性。此外,社区可以为公共养老服务和商业养老服务提供平台基础,让政府及其福利机构、公益性社会组织、企业等主体可以很好地嵌入社区照顾服务,实现不同类型养老服务的合作治理,以满足老人的养老服务需求。

公共养老服务作为安全网，主要发挥兜底作用。当家庭养老服务、社区照顾服务和商业养老服务都不能很好地发挥作用时，公共养老服务就可以充当安全网，保障老人不至于陷入无依无靠的困境。特别是鳏寡、独居、空巢、贫困等老年弱势群体，当家庭、社区和市场难以为其提供充足的养老服务时，政府和公益性社会组织就可以为他们提供基本的生活保障。近年来，各地兴起的政府购买养老服务也属于公共养老服务的范畴，它通过市场机制实现政府、社会组织、企业等主体在公共养老服务供给中的合作治理。

商业养老服务可以为家庭养老服务、社区照顾服务和公共养老服务形成支持与补充。商业养老服务可以为老人提供商品化服务的选择机会，它着力于提升老人的生活品质，定位于个性化甚至是高端化服务，在专业技术上具有很大优势，这是其他类型养老服务所难以达到的。公共部门与私人部门之间的合作治理推动了商业养老服务和公共养老服务的融合发展，像政府购买养老服务或养老床位、公办养老服务机构的外包经营就是具体表现。此外，商业养老服务可以社区综合服务中心为平台，将自身的专业优势嵌入社区，以社区养老驿站、社区养老院等形式，为社区照顾服务和家庭养老服务提供技术支持。

四类养老服务之间并非完全孤立，也更非简单的非此即彼的替代关系。相反，它们在结构和功能上互相补充，甚至可以实现合作治理。当某类或某几类养老服务没能满足老人的需求时，其他类型的养老服务就可以发挥补充作用。不同类型的养老服务可以依据老人在不同生命阶段的需求而相互配合，实现不同供给主体之间的责任分担。从"十字"模型关于养老服务的类型分析来看，四类养老服务的地位关系可以表述为：家庭养老服务是基础，社区照顾服务作支撑，公共养老服务作兜底，商业养老服务是补充。我国应构建"家庭养老服务为基础，社区照顾服务作支撑，公共养老服务作兜底，商业养老服务为补充"的多层次养老服务供给体系。

我国当前关于养老服务体系的最新表述为"构建居家为基础、社区为依托、机构为补充、医养相结合的养老服务体系"，而且最新修订的《老年人权益保障法》也把原版本的"老年人养老主要依靠家庭"修改为"老年人养老以居家养老为基础"。可见，当前的政策表述主要关注老人养老的地点，即仅强调老人在家中养老，并没有明确家庭成员在养老服务供给中的责任，容易导致家庭成员在老人照料上的责任模糊。[1] 此外，机构养老服务包括公共养老服务和商业养老服务两种类型，二者的定位不同。由政府提供的机构养老服务属于公共养老服务范畴，发挥兜底作用，是政府保障老年弱势群体基本生存权利的主要途径之一。而民办养老服务机构所提供的服务主要针对具备一定经济能力且希望获得专业化服务的老年群体，它作为私人物品，发挥补充作用，属于商业养老服务的范畴。国内主流观点认为机构养老服务要发挥补充作用，其实，这混淆了两种不同属性的机构养老服务，存在一定的偏颇之处。

（四）养老服务的具体形态

养老服务作为人的一种需要，具有一般性和普遍性，但每一个个体的养老服务需要在不同的条件下会转化为不同的养老服务需求，从而形成养老服务的不同形态，如社区养老服务、

---

[1] 近年来，笔者对一些居家养老服务供给案例的调研发现，有成年子女因为自家老人享受政府购买的居家养老服务而推卸赡养责任，他们认为政府为其老年父母购买了居家养老服务，自己就可以少承担赡养责任，甚至将老人日常照料的所有事务都推给居家养老服务人员。这可能与我国当前主流观点只强调老人在家居住而没有明确不同供给主体的责任有关。

社区居家养老服务、抱团养老、互助养老等，一时间让人眼花缭乱。实际上，这些养老服务形态都是四类养老服务的具体表现，均可在"十字"模型中作出判别，如图2-5所示。图中每个圆点分别代表相应的养老服务形态。圆点在横轴中越靠近右边，表示该养老服务形态的私人物品属性越强，相反，圆点在横轴中越靠近左边，表示该养老服务形态的公共物品属性越强；圆点在纵轴中越靠近上方，表示该养老服务形态的供给主体越依靠非正式支持网络，相反，圆点在纵轴中越靠近下方，表示该养老服务形态的供给主体越依靠正式支持网络。

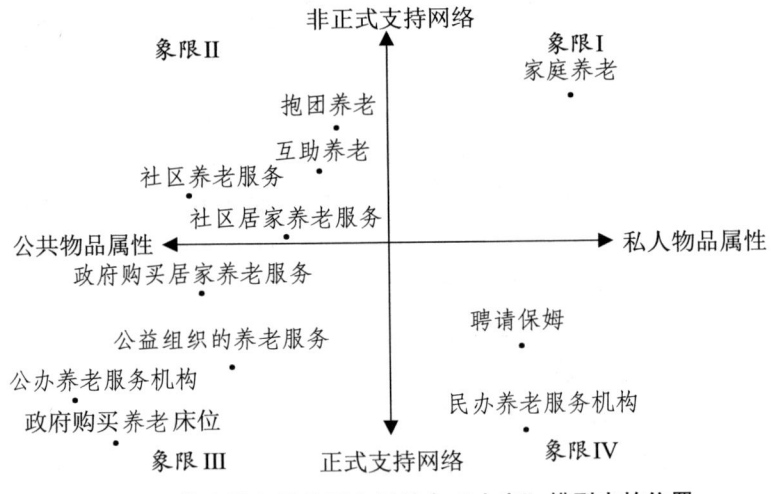

图2-5 养老服务具体形态及其在"十字"模型中的位置

1. 家庭养老服务的具体形态

家庭养老服务就是家庭成员为老人提供的照料服务，即"家庭养老"。与其他类型的养老服务相比，家庭养老服务的具体形态较为单一。但值得注意的是，"居家养老"和"家庭养老"是两个不同的概念。"居家养老"是指老人在家中养老，它没有明确交代照料服务的来源，居家养老的老人既可能由家庭成员来照料，也可能由家庭之外的社会成员提供照料服务。"家庭养老"在外延上要宽于"居家养老"，它既指出老人养老的地点，也指出照料服务的供给主体。有学者就指出，在我国目前的养老服务政策表述中，"以居家养老为基础"的表述并不合理，用"以家庭照料为主"的表述可能会更准确，[1] 这正是因为"居家养老"这一概念没有明确养老服务的供给主体，容易导致政策实践走入误区。实际上，"居家养老"是与"机构养老"相对应的，二者都是从居住地点的角度界定养老方式。如果老人以家庭住宅为主要生活场所，那就是居家养老；如果老人以养老服务机构为主要生活场所，那就是机构养老。[2] 从我国近年的政策实践来看，居家养老基本上和社会化服务结合在一起，进而形成居家养老服务，它是指老人居住在家中获得社会化主体所提供的养老服务，强调老人在家中享受社会化服务。从四类养老服务的结构关系可以看出，居家养老服务实际上可以由社区、社会组织、政府部门，甚至企业来提供，从而使得居家养老服务在物品属性上表现出差异性。如果由政府提供，那就属于公共养老服务的范畴；如果由企业提供，那就属于商业养老服务的范畴；如果由社区提供，那就属于社区照顾服务的范畴。

2. 社区照顾服务的表现形态

社区照顾服务主要发挥社区居民、邻里、志愿者、村（居）

---

[1] 陈友华："中国养老制度设计问题与认识反思"，载《江苏行政学院学报》2012年第3期。

[2] 袁缉辉："养老问题浅议"，载《社会科学》1996年第6期。

委会等非正式支持网络的作用，实现社区内各类养老服务资源的连接和不同供给主体的组合。社区照顾服务的具体形态较为多样，如社区居家养老服务、社区养老服务、互助养老、抱团养老、幸福养老院、老人集中居住，等等。社区居家养老服务和社区养老服务主要以社区为依托，以社区服务中心或社区养老服务中心为平台，将养老服务或与老人照料相关的服务嵌入社区服务，使得养老服务成为社区的基本服务之一。实际上，社区居家养老和社区养老服务基本是一致的，有"走进去"和"走出来"两种形式。"走进去"是指服务递送人员为居家老人提供上门服务，"走出来"是指老人走出家门到社区享受养老服务。浙江省宁波市海曙区的居家养老服务就是社区居家养老服务的代表之一。目前，我国部分省市大力推进社区养老服务中心建设，其目的是让老人能在社区中享受到一些基本的养老服务，如日托照料、康复护理、精神慰藉，等等。社区居家养老服务还常常与政府购买或服务外包结合在一起，体现出社区照顾服务与公共养老服务、商业养老服务之间的融合发展，更凸显出社区与政府、市场在养老服务供给中的合作治理。始于1987年的城市社区服务已获得长足发展，为城市老人提供大量的服务，在一定程度上减轻了家庭成员的照料压力。然而，广大农村的社区服务和社区建设滞后，在我国当前大力推进社区建设的背景下，理应将社区照顾服务作为农村社区建设的一个有机组成部分，通过社区建设逐步提升农村社区的养老服务供给能力。

目前，媒体广泛关注的互助养老、抱团养老和老人集中居住等形态的实质都是整合社区内部的资源，通过志愿性力量或老人自发互助形成的集体性或社区性照顾形态。例如，河北省有农村地区通过互助幸福院的形式，鼓励村中留守老人集中居住,其实质是农村集体倡导老人们之间互相帮助、互相服务以实现老有所养。笔者在 A 省的实地调研也发现,A 省 G 县部分农村地区也是通过"集中居住"的形式向本村留守老人提供社区照顾服务。农村集体统一负责提供老人的住房,老人及其家人经过协商后自愿与农村集体签订入住协议,老人就可以入住农村集体集中规划的小区。农村集体给入住老人提供适当的生活照料,并鼓励老人之间相互帮扶,从而减少老人因独居所引发的生活风险,最终帮助农村老人实现"离家不离村、村中享天伦"的愿望。集中居住的老人主要是村中的留守、空巢等老年群体。有关这种社区照顾服务的具体协议和方式,可参见附录 6 的"G 县 D 村社区照顾服务(集中居住)"。

此外,A 省 J 市 Y 村也依托农村集体经济,采取集中居住方式向本村符合年龄要求的老人提供社区照顾服务。具体做法是 Y 村建立了一个包含养老金制度、老人免费住房制度、老年人困难补助制度等在内的集体养老机制,由农村集体出资建成 576 套老年房。只要女性满 50 岁、男性满 60 岁,并缴纳 24 000 元押金后就可以入住老年房。等老人去世之后,房子还给农村集体,押金退给老人子女。笔者在调研中发现,这种依靠农村集体经济,通过"集中居住"方式向本村老人提供社区照顾服务的方式在 A 省其他农村地区也逐渐兴盛起来。

另外,志愿者服务是农村地区社区照顾服务的另一形态。A 省 Y 市 L 村是一个经济落后的村庄。在 2012 年,该村人口老龄化程度就高达 27.4%,而且,村中的空巢老人和独居老人数量偏多。该村由农村集体提供必要的设施和人员(主要是村委会的办公场所和村委会部分干部),经村委会和村中部分热心人士的倡导,组建志愿者活动小组。该活动小组主要从村中低龄老人(主要是退休干部、退休老师和退休工人等)中选拔志愿者为村中部分失能老人、独居老人提供义务性照料服务，实行一对一帮扶，对符合条件的老人提供生活照料、家庭服务、康复护理、医疗保健、精神慰藉等服务。该方式主要依靠农村社区中的志愿者力量，为村组中部分老年弱势群体提供社区照顾服务。有关志愿者服务的具体运作可参见附录7的"Y市L村社区照顾服务（志愿者服务）"。

近年来，我国农村地区频现低龄老人对高龄老人的帮扶、村委会或老人协会对老人的志愿性服务等现象，其本质都是社区照顾服务在不同场域中的具体形态。

3. 公共养老服务的具体形态及其变化

政府开办的敬老院和社会福利院（即人们常说的公办养老服务机构）所提供的机构化服务是最为传统的公共养老服务形态，其目标是保障老年弱势群体的基本生活。尽管公共养老服务主要由政府部门来提供，但并非完全由政府大包大揽，服务的具体生产和递送可以由其他组织来承担，诚如"多中心"理论所说的那样，实现生产者和供给者的分离。例如，政府与民办养老服务机构结成"公私伙伴关系"（Public-Private Partnership，简称PPP），由政府出资购买民办养老服务机构的床位，为符合条件的老人提供专业化的基本养老服务。在这里，民办养老服务机构负责服务的具体生产与递送，政府承担财政责任和监管责任，政府与民办养老服务机构实现养老服务的合作生产，它只是改变了公共养老服务供给的具体机制，服务依然属于公共物品的范畴，是公共养老服务的具体形态表现。

从20世纪80年代末到21世纪初，新公共管理思潮席卷全球，公办养老服务机构民营化、政府向民办养老服务机构购买床位等市场化途径备受政策制定者的青睐。我国几乎在同一时期开始了社会福利社会化改革，其中一个重要方面就是社会福利对象的社会化,即社会福利从传统的"弱者""不能应付基本生活的人"等救助对象拓展到所有有需要的人。在养老服务领域,公办养老服务机构可以对"三无"老人外的其他老人提供自费的养老服务。[1] 这固然能让更多有支付能力的老人有机会享受到机构养老服务,但这导致在社会福利社会化改革的宏观背景下,公共养老服务供给从社会化异变为市场化甚至是产业化。更有部分地区出现过度市场化的现象,公办养老服务机构的经营思路从"社会化"简单地退化为"市场化"或"产业化",更有甚者以追逐利润为基本导向,向具备支付能力的老人开放养老服务,挤占了无能力老年弱势群体的养老服务资源,使得公共养老服务的公共物品属性模糊化。学者罗观翠将这一现象比喻为"'社会福利社会化'的陷阱"。与此同时,公办养老服务机构由政府提供场地、设施、设备等物资条件,享受财政补贴和政策扶持,却直接和民办养老服务机构参与市场竞争,从而导致养老服务市场的失衡。这是未能分清公共养老服务和商业养老服务的物品属性差异所致。

鉴于老人对居家养老的偏好,政府开始采取购买服务的方式为符合条件的老人提供居家养老服务。此时,政府所提供的公共养老服务不再是机构化服务,而是居家服务。在我国,自《关于加快发展养老服务业的意见》《关于政府向社会力量购买服务的指导意见》等政策颁布之后,政府购买居家养老服务越来越成为公共养老服务的主要形态之一。政府所购买的居家养老服务虽由社会主体负责生产和递送,但它只是政府借助市场机制实现生产者和供给者的分离,是"多中心"理论的现实应

---

[1] 罗观翠、雷杰:"'社会福利社会化'的陷阱——以广州老人院舍为例",载《华东理工大学学报(社会科学版)》2008年第1期。

用,仍属于公共养老服务的范畴。可见,政府购买服务只是公共养老服务的实现手段,不管政府购买的是机构化服务,还是居家服务,它们都是公共养老服务的表现形态。

4. 商业养老服务的具体形态

与公共养老服务相似,商业养老服务的形态也可大致地分为机构化服务和居家服务。像老人自费入住养老服务机构就是机构化服务,而老人或其家人自费聘请保姆至家中提供照料就是居家服务。随着合作治理的兴起,各类市场主体和社会力量开始越来越多地承接政府购买服务项目,商业养老服务和公共养老服务、社区照顾服务越来越多地呈现出相互补充、彼此融合的发展态势。现实中,尽管民办养老服务机构通过民办公助等途径获得政府的财政补助,但它依然属于商业养老服务,这是因为老人通过自费购买而获得养老服务,而且服务是由市场主体负责提供。伴随经济社会的快速发展和养老需求的多元化增长,商业养老服务在形态上必然会越来越多样化。

(五)"十字"模型有效性的讨论

目前国内的主流研究没能有效区分养老服务的不同类型及其物品属性,导致概念运用的混乱甚至是错误。笔者基于公共物品理论和社会支持网络理论构建了养老服务的"十字"模型。该模型的主要意义在于:一是在理论上确立了一个养老服务的分类框架,为目前国内有关养老服务的类型划分、属性判定以及相关研究提供一个可资借鉴的框架;二是将原来分属于两个不同学科的两种理论整合到同一个分析框架,打通学科与学科之间、理论与理论之间的隔阂,体现出一定的交叉研究特色。

总体上看,该模型符合公共政策模型构建的一般准则,例如,排列并简化现实、认定重要层面、符合社会现实、提供有意义的沟通、指导调查与研究和提出一定的解释。[1] 该模型将养老服务划分为四种类型，即家庭养老服务、社区照顾服务、公共养老服务和商业养老服务，为当前的养老服务供给研究提供一个分类框架，为辨析养老服务提供一个类型学上的逻辑进路，有助于深入剖析不同类型养老服务的供给需求关系以及相应的政府责任。

"十字"模型以及养老服务分类的有效性如何？按照刘易斯·弗罗曼（Lewis Froman）的观点将分类的评估标准分为包容性、相互排斥性、有效性、可靠性、是否使用恰当的测定层面、操作性、区别对待等七个方面。[2]

综合以上七个标准，本书所构建的"十字"模型基本上可以涵盖目前养老服务的各类形态，与现实情况基本吻合，养老服务的各类具体形态都能够在"十字"模型中进行理论分析。而且，"十字"模型所划分的四类养老服务具有互斥性和学理性，可直接为现实中的养老服务供给政策提供一个逻辑框架。该模型还可以将养老服务类型和政府责任联系在一起，具备一定的理论启发意义，为人们认识养老服务供给中的政府责任提供一个新视角。因此，本书所构建的"十字"模型具备有效性。

本书的"十字"模型是学理性的，主要服务于本书的研究目的。尽管"十字"模型具备有效性，涵盖了现实中的各类养老服务形态，但它毕竟是对现实的模仿，难免存在不足。尤其

---

[1] 当然，学者们关于公共政策模型的构建准则有不同观点。本书主要采用朴贞子和金炯烈关于公共政策模型构建准则的观点。主要考虑到他们的观点比较全面、合理。详细请参见朴贞子、金炯烈：《政策形成论》，山东人民出版社2005年版，第117~119页。

[2] Lewis Froman, "The Categorization of Policy Contents", in Austin Ranney eds., *Political Science and Public Policy*, Chicago: Markham, 1968, pp. 46-48.

是随着政策实践的发展，有可能会出现"十字"模型所不能完全涵盖的养老服务类型。诚然，任何分类都应是相对的。像艾斯平-安德森（Gsta Esping-Andersen）提出的"福利资本主义的三个世界"，即保守主义、自由主义和社会民主主义三种福利国家体制，就难以将韩国、日本等东亚国家的福利模式纳入其中。有学者认为东亚国家的福利体制不属于"福利资本主义的三个世界"的行列，[1] 甚至有西方学者针对东亚福利体制的特点提出"生产主义的福利资本主义"（productivist welfare capitalism）[2] 的概念，这表明艾斯平-安德森关于福利体制的分类也会随着实践的发展而表现出一定的局限性。同理，本书关于养老服务的类型划分在一定程度上也具有相对性和不可避免的局限性，伴随社会现实和政策实践的发展，"十字"模型也可能需要作出相应的修正。

四、养老服务供给与政府责任的相互影响关系

（一）养老服务供给需要必要的政府责任

1. 养老服务的"物品组合"特性要求政府责任的合理定位

一直以来，理论界和实务界都在寻求社会福利供给的良治药方，从斯密的守夜人政府，到凯恩斯的全面干预，再到撒切尔夫人的私有化浪潮，又到新国家干预主义和部分国家的新进

---

[1] 林闽钢、吴小芳："代际分化视角下的东亚福利体制"，载《中国社会科学》2010年第5期。

[2] 西方学者霍利迪（Ian Holliday）提出"生产主义的福利资本主义"的观点，认为东亚福利体制是生产性的，经济发展居于主导地位，社会政策需要服务于经济发展这一目标，从而表现出社会政策对经济发展的从属性。详细请参见：Ian Holliday, "Productivist Welfare Capitalism: Social Policy in East Asia", *Political Studies*, 2000 (48): 706-723.

改革，社会福利供给中的政府干预范围虽几经调整，但究其本质，还是在于探求政府责任的合理定位。从政府职能的角度看，政府一方面要向社会公众提供充足的公共物品，另一方面还要承担宏观调控、市场监管等职能，为私人物品的生产与供给提供良好的制度环境。不论是公共物品还是私人物品的供给，都离不开政府责任的合理定位。更确切地说，各类物品的有效供给都以合理的政府责任定位为前提。即使在政府与市场、社会的合作治理中，政府并非可以"甩包袱"，而是基于合理的责任定位履行相应职责，以增进公共利益，满足公共需求。与传统的治理方式相比，政府责任只是改变了具体形式，而非自行消失。

养老服务作为一种混合型物品，它由四类养老服务组合而成，带有"物品组合"特性。不管是作为公共物品的养老服务还是作为私人物品的养老服务，其有效供给的实现都离不开相应的政府责任，差别只是政府责任的具体形式，而非政府责任的有和无。家庭养老服务、社区照顾服务、公共养老服务和商业养老服务在物品属性和供给主体上存在一定的差异性，这为政府责任的定位提出相应要求。易言之，不同类型养老服务供给中的政府责任是存在差异的。我国农村地区存在公共养老服务供给不足、社区照顾力量薄弱、养老服务市场发育不成熟、家庭养老资源流失等问题，这表明养老服务尚未实现有效供给，而且还存在政府责任缺位问题。在这样的形势下，合理定位政府责任就是一项非常迫切的任务。

2. 政府责任伴随养老服务的需求变迁而适时调整

伴随社会经济背景的总体性变迁，社会公众对公共物品和私人物品的需求均在发生变迁。旧的需求可能会出现下降，而新的需求又会不断产生，或者是需求形式发生变化。英国学者诺曼·巴里（Norman Barry）将社会公众对福利的诉求和愿望称为"福利命令"，而政府可以通过公共政策回应社会公众的福利命令。"公共政策必然是趋向增加人们（个人或集体）的幸福和满足：无论是一种限制市场力量自由运作的消极政策，还是相信交易体系不能生产所有可欲东西的国家积极行动，在伦理上都没有什么区别。"[1] 政府依据社会公众的需求变迁适时调整自身责任，为社会谋求某种幸福状态，最终有助于增进社会公众的福祉。在这一过程中，政府责任不存在完全的恒定不变，而是呈现出动态性特点。在任何物品的供给中，政府责任的"变"与"不变"可以如图2-6所示，并通过公共政策这一有机载体表现出来。从应然的角度看，政府主要依据社会公众的需求来确立自身在福利供给中的责任定位，以顺应社会经济的变化发展。政府责任与社会公众的需求变迁紧密结合在一起，当社会公众的需求发生变迁时，福利供给中的政府责任会随之作出调整，从而推动公共政策的变迁。

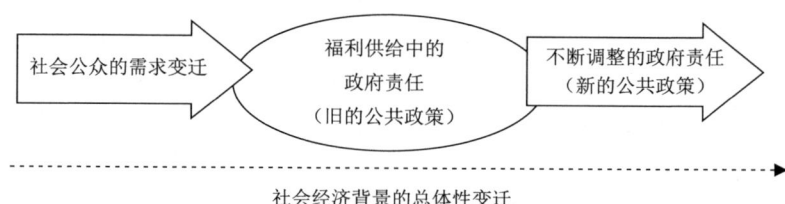

图 2-6　福利供给中的政府责任调整

从新中国建立至今，我国社会经济背景可以大致地分为三

---

[1] [英]诺曼·巴里：《福利》，储建国译，吉林人民出版社2005年版，第12页。

个阶段：1949~1977年、1978~1999年、2000年至今。[1] 在三种不同的社会经济背景下，农村养老服务的供给与需求呈现出相应的阶段性特征。

在1949~1977年这一阶段，限于当时相对落后的经济条件，农村养老服务需求基本集中在解决温饱和维持基本生存的层面上。总体上看，该阶段的养老服务需求主要依靠家庭和农村集体两大主体加以解决，呈现出"家庭养老模式为主、农村集体救济为辅"的特征。这是因为绝大部分农村老人依靠家庭成员就可以满足自身的养老服务需求，而只有鳏寡老人才依靠农村集体的救济。到了1978~1999年这个阶段，农村养老服务需求更多地仍停留在解决温饱和维持基本生存的层面上。大多数农村老人的养老问题依然依靠家庭成员来解决，而鳏寡老人的救济则因农村集体经济的严重下滑而受到相当程度的冲击。到了20世纪末，随着农村人口老龄化的加剧、居住习惯的变化和年轻劳动力迁移的加速，家庭养老功能开始弱化，农村老人在生活照料、精神健康等方面的养老服务问题初露端倪。总体上说，这一阶段的养老服务供给仍以家庭成员为主，辅以一定的农村

---

[1] 该阶段划分主要依据两方面因素：一是我国农村养老服务供给的阶段性特征和相关政策文件的实施状况，二是兼顾新中国成立以来社会、经济、政治和人口发展中的重大事件和重大改革所产生的转型效应。具体来说，主要有以下两个重要节点：其一，肇始于1978年的改革开放是我国社会经济发展的一个分水岭。改革开放后，经济体制的市场化改革对我国各领域的政策过程产生了重大影响。其二，我国于1999年迈入老龄化社会。发达国家是在实现现代化之后再进入老龄化社会的，而我国是在尚未完全实现现代化、人均GDP刚超过1000美元之时进入老龄化社会，诚如学界所说的"未富先老"。除日本之外，发达国家65岁及以上人口占总人口的比例从7%提高到14%，所用的时间都在45年以上，而我国仅用了27年时间。可以说，我国老龄化进程与发达国家有着本质区别。相关数据可参见董红亚："'共担·互补·协调'的新型养老保障体系研究——以浙江省为例"，载《中共浙江省委党校学报》2010年第3期。

集体救济。但在这一阶段,农村养老服务供给逐渐呈现出"家庭养老模式开始弱化、农村集体救济较难持续"的特征。进入21世纪后,我国正式迈入人口老龄化社会,这是我国人口发展的新常态。与此同时,农村年轻劳动力迁移、计划生育政策、城市化进程、家庭观念转变等诸多因素的叠加效应加快了农村家庭规模的萎缩,也催生了规模庞大的农村留守老人群体。传统的家庭养老模式进一步受到侵蚀,越来越难以为老人提供充足的照料服务,亦即农村养老服务需求越来越难以像过去那样依靠家庭成员而获得满足。与前两个阶段相比,农村养老服务需求变化日渐显著,老人的需求重点逐渐从解决温饱和维持基本生存转移到生活照料和日常陪伴上来,就医、护理、心理和精神等方面的需求与日俱增。而且,有学者的研究表明,相关养老需求未能得到满足还诱发了农村老人的自杀行为,[1] 这是非常值得警惕的问题。在传统家庭养老模式日渐弱化的形势下,农村老人为获得充足的养老服务,越来越多地突破家庭边界,对社区照顾服务、公共养老服务、商业养老服务等社会化服务的需求与日俱增,且日趋呈现多样化、多层次的特征。

时至今日,农村养老服务需求伴随社会经济背景而发生前所未有的变迁。这种需求变迁包括两层含义:一是从需求总量上说,农村老人的养老服务需求不断扩大,农村老人从家庭内部难以获得充足的养老服务,单纯依靠目前的家庭养老已无法完全解决农村老人的日常生活照料问题。这需要采取相应途径

---

[1] 刘燕舞、王晓慧:"农村老年人风险管理调查与分析——基于全国八省十一村的实地调研",载《老龄科学研究》2014年第1期;刘燕舞:"农村家庭养老之殇——农村老年人自杀的视角",载《武汉大学学报(人文科学版)》2016年第4期。

以增加农村养老服务的供给总量,回应日益增长的养老服务需求。二是从需求结构上说,农村老人逐渐对不同类型的社会养老服务产生需求。农村老人的生活照料、精神支持等服务可由社会化途径予以满足,而非只是家庭。如果只注重需求总量而忽视需求结构,容易导致养老服务供给与需求之间的不匹配,无法实现养老服务的有效性供给。

从时间纵向的角度看,农村养老服务需求变迁要求政府责任的适时调整。易言之,政府责任需要适应社会转型所带来的养老服务需求变迁,并通过公共政策安排作出积极回应。政府基于农村老人的需求来定位自身责任,可以避免政策资源的浪费和公共政策的无效。否则,政府责任的错位、缺位和越位必然导致养老服务供给与农村老人需求的不匹配,甚至出现矛盾冲突。

3. 农村养老服务供给中政府责任的两个层面

从农村养老服务需求变迁和养老服务的分类来看,农村养老服务供给的政府责任包含以下两个层面:

第一个层面的政府责任是指政府如何定位四类养老服务的地位关系(R_1)。不同类型的养老服务在功能和地位上存在差异,政府责任应该基于农村老人的养老服务需求变迁,科学评估农村老人的需求意愿和偏好,合理定位不同类型养老服务的地位关系。农村老人的养老服务需求偏好在不同的地区和发展阶段呈现出不同特点。国际上一般认为5%~7%的老人会选择入住养老服务机构,剩下的老人主要通过家庭和社区来解决养老服务问题,而非过分依赖养老服务机构。我国在回应日益突出的养老服务需求时,也提出了"9073"等类似目标,即90%的老人依靠家庭养老,7%的老人依靠社区服务,3%的老人入住养老机构。然而,我国农村地区异质性强,加之留守老人规模庞大，很有必要在评估农村老人需求意愿和偏好的基础上，对四类养老服务的地位关系做出合理定位，从而实现四类养老服务的功能互补和协调发展。由此看来，第一个层面的政府责任要以农村老人需求为导向，合理定位四类养老服务的地位关系。

第二个层面的政府责任是四类养老服务供给中的具体政府责任（R_2）。不管是私人物品的养老服务还是公共物品的养老服务，其供给均离不开相应的政府责任。具体来说，政府在四类养老服务供给中分别承担相应责任，如图2-7所示，家庭养老服务、社区照顾服务、公共养老服务和商业养老服务分别对应政府责任Ⅰ、政府责任Ⅱ、政府责任Ⅲ和政府责任Ⅳ。

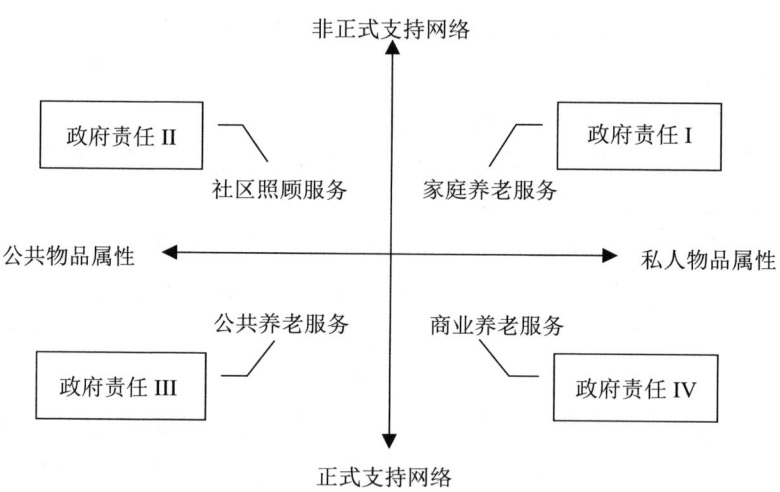

图2-7 四类养老服务供给中的政府责任

在社会经济背景的总体性变迁下，农村老人对每一类养老服务的需求均会发生变化，其中的政府责任自然要伴随需求变迁而适时调整。例如，在新中国建立至改革开放前，家庭内部可以为老人提供充足的生活照料，政府在家庭养老服务供给中就可以少承担责任。然而，随着农村家庭照料功能的日趋弱化，政府需要作出相应的政策干预，以增强家庭的照料能力，这自然涉及政府责任的调整。同理，在其他类型养老服务供给中，政府在回应需求变迁上有着不可推卸的责任，不同类型养老服务供给的政府责任又表现出一定的差异。

因此，农村养老服务供给中的政府责任（R）可用如下公式表示，即 $R = R_1 + R_2$，R_1 是第一个层面的政府责任，指政府如何定位四类养老服务的地位关系；R_2 是第二个层面的政府责任，指四类养老服务供给中的具体政府责任，由政府责任 I、政府责任 II、政府责任 III 和政府责任 IV 四部分构成。

（二）政府责任对养老服务供给的影响作用

政府责任是关于"政府应该做什么"的问题，它是政府行动的基本依据。在公共政策设计环节中，政府责任是一个关键性因素，它涉及公共政策的目标、方向以及实施手段。吕炜和王伟同的研究表明，政府责任对社会经济发展和物品供给有着重要影响作用。[1] 古今中外的很多福利政策实践也表明，政府责任的合理定位是福利制度可持续发展的前提与基础。但必须承认的是，现实中的公共政策有时会达不到预期的效果，甚至会出现"政策失败"或"政府失败"。譬如，戴伊（Dye）对美国福利政策的研究发现，政府的福利政策本身是导致贫困的一个重要原因，是政策放松了享受福利补助的资格要求，在迅速增加福利支出的同时，还削弱了工作激励、鼓励家庭分裂，从而潜在地鼓励了人们逃避工作，对福利救助产生依赖，没有积

---

[1] 吕炜、王伟同："发展失衡、公共服务与政府责任——基于政府偏好和政府效率视角的分析"，载《中国社会科学》2008 年第 4 期。

极性去摆脱贫困。[1] 这表明，政策决策者必须充分重视公共政策制定中的政府责任定位，有效发挥"有形之手"的作用。

总体上看，当政府责任定位合理时，会促进社会经济发展和物品的有效供给；当政府责任定位不合理时，会阻碍社会经济发展和物品的有效供给。同理，养老服务供给也会受到政府责任的影响，而且可以从政府责任的两个层面进行分析。就政府责任的第一个层面来说，当政府合理定位四类养老服务的地位关系时，可以促进养老服务供给；当政府没能合理定位四类养老服务的地位关系时，就会阻碍养老服务供给。从这一层面看，政府责任定位的合理与否会影响到不同类型养老服务之间的协调发展。在现实中，养老服务机构床位大量空置与一床难求并存的现象就是第一层面的政府责任定位不够合理的表现。就政府责任的第二个层面来说，应该合理定位每一类养老服务供给中的政府责任。当政府在某类养老服务供给中的责任定位合理时，就会促进该类养老服务的供给，提升供给的有效性；当政府在某类养老服务供给中的责任定位不够合理时，就会阻碍该类养老服务的供给，降低供给的有效性，甚至会诱发更多的新问题。

政府责任是抽象的，它的实现是以公共政策为有机载体，公共政策承载着政府责任，并干预养老服务各方供给主体的权利义务，进而影响养老服务的供给状况。这一逻辑进路可表示为：政府责任定位—公共政策—养老服务供给状况。一般而言，当政府意识到自己应该采取行动或承担相应责任时，就会形成相应的公共政策输出，而公共政策输出一般通过政策文本的形

---

[1] [美] 戴伊：《理解公共政策》，孙彩红译，北京大学出版社 2008 年版，第 108 页。

式表现出来。这里的政策文本是指各种面向公众发布的正式文本，如法律、纲要、规划、规定、计划、条例、规定、准则、方案、细则，等等。政策文本不仅明确规定了某些意义，还隐含着决策者的价值取向和政策目标，承载着政府责任定位，甚至还显示出公共政策文本背后所隐藏的决策规则以及内在逻辑。易言之，政策文本是政府责任的有机载体，其背后的内涵往往是相当丰富的。具体到养老服务供给领域，政府的责任定位可能在政策文本中就得以明确规定，也可能隐含在政策文本当中，对政策文本内容的解读和分析有助于揭示养老服务供给中的政府责任定位。

（三）养老服务供给与政府责任：一枚铜板的两面

在"十字"模型中，养老服务的"物品组合"特性和需求变迁要求相应的政府责任，不同类型养老服务有着不同的物品属性、供给主体以及地位作用，从而形成两个层面的政府责任，政府既要合理定位四类养老服务的地位关系，又要明确自身在四类养老服务供给中的具体责任，两个层面的政府责任缺一不可。与此同时，政府作为制度的生产者，政府责任反过来又会影响养老服务的供给状况。总体上看，当政府责任定位合理时，会促进养老服务供给，提升供给的有效性；相反，当政府责任定位不够合理时，会阻碍养老服务供给，降低供给的有效性。处于转型期的中国社会，老龄风险加剧，个人、家庭和社区所拥有的养老资源相对有限，政府责任的重要性就被凸显出来。不管是何种类型的养老服务，如果缺乏充足的政府责任支持，往往难以实现有效供给。

综上所述，养老服务供给与政府责任相辅相成，存在相互影响的关系，即养老服务供给需要相应的政府责任，政府责任对养老服务供给存在反作用，简单地说，养老服务供给与政府责任的关系就是"一枚铜板的两面"。不管是理论研究者还是政策实践者，都需要关注养老服务供给和政府责任的相互影响作用，善于发挥政府责任对养老服务供给的促进作用，警惕政府责任对养老服务供给的阻碍作用。

(四) 政府责任与农村养老服务供给的系统分析

美国政治学家戴维·伊斯顿 (David Easton) 认为国家或政府就像生物系统一样运作，并率先将系统论运用于政治学研究，建构了政治系统分析方法。[1] 政治系统分析方法适用于政社互动以及公共政策过程的总体性分析，考察政府与外部环境之间的互动关系，有助于回答外部环境如何影响了政府决策、政府是否回应了外部环境需求等问题。在农村养老服务领域，政府责任源于政策制定过程，这一过程也涉及政府与外部环境之间的互动关系。从政治系统分析的视野看，农村养老服务政策系统由政府内部系统（政治系统）和政府外部系统（政治系统外部环境）两大部分构成。根据戴维·伊斯顿的政治系统分析模式，农村养老服务政策系统的各要素之间会发生相互作用，如图2-8所示。

---

[1] 伊斯顿认为政府或国家作为一种政治系统，具备一般系统所具有的基本性质，包括：①政治系统都有自己的边限；②政治系统都受环境的包围；③任何政治系统都是开放的，它不断地与内部环境和外部环境发生交动，从而表现为政治系统的输入与输出；④政治系统内部的各组成部分之间具有相互依赖性；⑤政治系统是一个动态开放系统；⑥政治系统是一个层级系统。具体可参见俞可平：《权利政治与公益政治》，社会科学文献出版社2005年版，第8~9页。

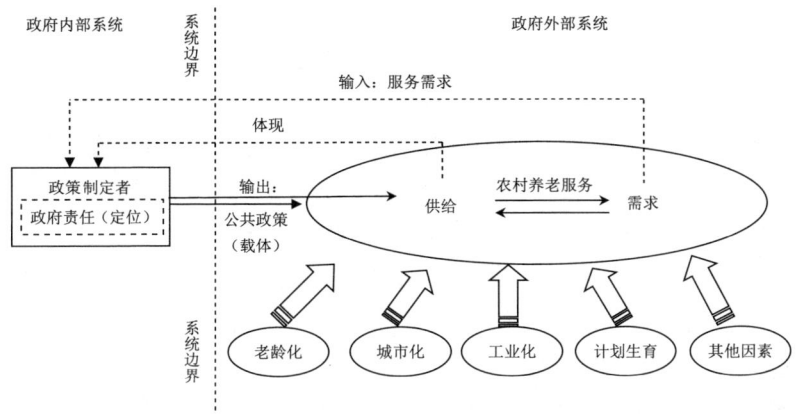

图 2-8 政府责任与农村养老服务供给的系统分析

在政府内部系统中，政策制定者是最为关键的要素。政策制定者在政府内部系统完成农村养老服务的政策制定，而且，政府责任也是在这一过程中达成的。政府内部系统被外在的自然、社会大环境所包围，并在这一环境区域内运行，与外部系统不断地发生交动（transaction），也就是政府内部系统的"输入"和"输出"。"输入"代表着外部系统对农村养老服务的需求，反映出农村老人对养老服务的期待，也是制定政策的重要依据。[1] 当这些"输入"被政策制定者接受并达成共识时，就会形成农村养老服务供给的政府责任定位（即政府应该干什么、不应该干什么）。政策制定者作出政府责任定位的决策后，会通过公共政策这一有机载体向政府外部系统进行"输出"。公共政策不仅是政府责任的有机载体和外在表现，它更是连接政府内外部系统的基本纽带。当农村养老服务供给的政府责任通过公

---

[1] 黄俊辉、李放、赵光："需求评估：构建社会养老服务体系的关键环节"，载《老龄科学研究》2014年第8期。

共政策进行"输出"并作用于家庭、社区、企业、社会组织等各方主体时,养老服务供给与农村老人之间就会发生相互作用,使得家庭养老服务、社区照顾服务、公共养老服务和商业养老服务等各类养老服务表现出相应的供给状况。如果养老服务的供给与需求相适应,就可以实现养老服务的有效性供给;相反,如果供给与需求不相适应,就难以实现养老服务的有效供给。其实,农村养老服务的供给状况凸显出政府在养老服务供给中的责任定位。政府责任就是通过政府内外部系统的"输入"和"输出"进行定位调整。

在政府外部系统中,构成要素主要有农村养老服务的供给与需求、老龄化、城市化、工业化、计划生育以及其他相关因素。而老龄化、城市化、工业化、计划生育以及其他影响因素是政府外部系统的宏观环境变量,它们影响着农村养老服务的供给与需求。家庭养老服务、社区照顾服务、公共养老服务和商业养老服务都有着自身的供给需求关系,而且,它们彼此之间还存在相互影响的关系,这使得养老服务供给需求关系更为复杂。当养老服务的供给需求不匹配时,就会产生养老服务供给需求矛盾。如果这种矛盾积蓄到一定程度,农村老人就会产生一定的利益诉求(图2-8中的"服务需求"),希望政府做点什么事情或者公共政策能发生些调整,以解决养老服务的供给需求矛盾。当这种利益诉求强烈到一定程度时,就会给政府内部系统带来压力。如果这种利益诉求穿过政府内外部系统的边界,传导至政府内部系统,就形成外部系统对内部系统的"输入"。当承载着利益诉求的"输入"被政策制定者采纳时,就有可能推动政府责任的调整。总体而言,政府责任并非空中楼阁,而是来源于政府外部系统的利益诉求。当利益诉求"输入"到政府内部系统时,会为农村养老服务的公共政策过程提供信息和动力，驱动着整个公共政策过程。

从政府责任与养老服务供给的系统分析来看，农村养老服务的公共政策过程不断地发生"输入—输出—再输入—再输出"的循环，在整体上呈现出"刺激—系统—反应—结果"的逻辑理路。在老龄化、城市化、工业化、计划生育等宏观背景下，农村养老服务的供给需求状况均在发生变化，推动着政府责任的适时调整。政府责任通过公共政策作用于各方供给主体，影响着农村养老服务的供给状况，进而影响农村老人对养老服务的获得与使用。可以说，农村养老服务的供给状况是在一定的政府责任定位下形成的。因此，农村养老服务政策设计的一个关键环节就是合理定位政府责任。

五、本章小结

本章先整合了公共物品理论和社会支持网络理论，构建养老服务的分类模型——"十字"模型，将养老服务划分为家庭养老服务、社区照顾服务、公共养老服务和商业养老服务四种类型。然后，分别对四类养老服务的物品属性、供给主体、功能地位、具体形态以及结构关系进行了理论阐释。我国应构建"家庭养老服务为基础，社区照顾服务作支撑，公共养老服务作兜底，商业养老服务为补充"的多层次养老服务供给体系。接着，以"十字"模型作为基本框架，从理论上剖析养老服务供给与政府责任之间的影响关系。一方面，养老服务供给需要相应的政府责任。养老服务的"物品组合"特性要求政府责任的合理定位，政府责任会伴随养老服务的需求变迁而适时调整。农村养老服务供给中的政府责任体现为两个层面：第一个层面是政府如何定位四类养老服务的地位关系，第二个层面是政府在四类养老服务供给中的具体责任。另一方面，政府责任反过来会影响养老服务的供给状况。当政府责任定位合理时，会促进养老服务的供给，提升供给的有效性；当政府责任定位不够合理时，会阻碍养老服务的供给，降低供给的有效性。养老服务供给与政府责任相辅相成，存在相互影响的关系，诚如一枚铜板的正反两面。在老龄化、城市化、工业化、计划生育等宏观背景下，农村养老服务的供给需求状况均在发生变化，推动着政府责任的适时调整。政府责任通过公共政策的输出，作用于各方供给主体，影响着农村养老服务的供给状况，进而影响农村老人对养老服务的获得与使用。

第三章 农村养老服务的供给需求状况及结构性困境

本章按照前文关于养老服务的分类，分别分析四类养老服务的供给需求状况。基于学术研究"让事实说话，用数字证明"的基本准则，本章主要借助实证调查资料和公开性统计数据进行论述。在家庭养老服务方面，主要通过问卷调查和实地访谈的方式，了解当前农村居家老人的养老状况；在社区照顾服务方面，主要通过问卷调查和实地访谈，分析社区照顾服务的供给现状；在公共养老服务方面，主要通过 A 省农村养老服务机构数量、供养标准、财政支出等数据资料，分析公共养老服务的供给现状及其问题；在商业养老服务方面，主要通过部分农村民办养老服务机构负责人的实地访谈，分析农村商业养老服务的发展状况。此外，为反映农村老人的养老服务需求特征，本章将依据 A 省农村的问卷调查数据，从服务类型、服务内容、支付水平等方面开展需求评估，并运用二元 Logistic 回归模型对社会养老服务需求意愿的影响因素进行回归分析。最后，通过农村养老服务供给与需求的匹配性分析，归纳出农村养老服务供给的结构性困境及其表征。

一、数据来源和样本特征

(一) 数据来源与抽样设计

本章所使用的数据来源于 2012 年 7~10 月所组织的"A 省农村社会保障问卷调查"。调查对象为 A 省下辖的 49 个县(县级市)的农村老人(年龄为 60 周岁或以上)。问卷调查由调查员入户访问完成(如遇到有两个以上老人的家庭只调查其中一位老人)。调查内容包括农村老人的个人信息、家庭状况、养老服务需求等方面。本次调查采取分层抽样的方式展开。按照社会经济状况自南向北的阶梯状特征,A 省可分为南部、中部和北部三大区域。[1] 首先,以县(县级市)作为初级抽样单位,根据每个县(县级市)经济发展水平和人口老龄化程度的高低,从南部、中部和北部三个区域中分别抽取 7 个县(县级市)。其次,在抽取出来的每一个县(县级市)中各抽取 2 个乡镇,在抽取出来的每一个乡镇当中分别抽取 2 个村。乡镇和村的抽样方式与县类似。最后,在每一个被抽取出来的村中按照随机抽样的方式选择调查对象。在 A 省的南部、中部和北部分别发放 400 份问卷,共计发放 1200 份问卷,回收 1182 份,有效问卷 1051 份,合格率为 87.58%。其中,南部地区 362 份(占 34.4%)、中部地区 353 份(占 33.6%)、北部地区 336 份(占 32.0%),1051 份问卷分布在 A 省的 21 个县、55 个乡镇、112 个村。

(二) 样本数据的人口社会学特征

在有效的 1051 份问卷中,男女性别比例近乎 1:1,具体如表 3-1 所示。样本数据的平均年龄为 69.58 岁,受访者的最大

---

[1] A 省共有 49 个县(县级市),其中南部有 14 个县(县级市),中部有 12 个县(县级市),北部有 23 个县(县级市)。

年龄为96岁，70~79岁的老人所占比例为34.8%，超过80岁的高龄者达11.0%。这表明，经过二十多年的人口老龄化进程，A省农村地区已进入重度老龄化阶段。农村老人的文化程度总体偏低，没上过学的比例高达44.0%，小学的占37.5%，初中的占14.4%，高中及以上的比例较低，仅占4.1%。农村老人受教育程度普遍较低与他们成长的年代有关，接受本次调查的农村老人出生于20世纪50年代或之前，当时我国的义务教育还未普及，加上长时间的战争，多数人难以获得受教育的机会。在经济收入方面，受访者的个人年收入平均水平为7176.1元，远低于A省农村居民家庭人均收入10 805元[1]的水平。在个人收入来源方面，约有10%的受访者表示"基本上没有任何经济收入，衣食住行完全依赖于子女或家庭成员的供给"。与此同时，在拥有经济收入的受访者当中，其经济收入主要来源于养老金/养老补贴（60.2%）、农业收入（43.4%）、家庭成员赡养费（26.1%）和打工（11.6%）。这表明，养老金开始成为农村老人的主要经济来源之一，这在某种程度上意味着我国农村社会养老保险制度的建设成效开始凸显，部分农村地区甚至实现社会养老保险制度的全覆盖。然而，当前农村养老金的总体水平仍不高，农村老人单纯依靠养老金难以维持基本生活，还需要通过农业生产、打工等方式或者从家庭成员那里获取一定的经济收入。这表明，农村社会养老保险制度建设的一个努力方向是逐步提升养老金的待遇水平。有38.8%的受访者表示自己"身体好"，39.7%的受访者认为自己"身体一般"，觉得自己"身体差"的受访者也占21.5%，38.7%的受访者还表示自己患有高血压、糖尿病、关节炎等慢性病。

---

[1] 数据来源：《A省统计年鉴2012》。

在婚姻方面，大部分受访者的婚姻状况是完整的，比例高达76.2%，同时丧偶的比例也占21.9%，未婚和离异的农村老人所占比例很低，合计不到2%。为方便婚姻状况的比较，本书将丧偶、离异和未婚三项合并为"婚姻不完整"。调查发现，受访者平均有2.36个儿子和2.26个女儿，最多的是育有9个孩子。在原先没有计划生育政策的年代，农村居民都倾向于多生育子女。因为按照"养儿防老"的逻辑，子女数量越多，老人从子女那里获得养老支持的可能性就越大。

表3-1 受访者的基本状况

受访者基本状况		频数（人）	百分比（%）
性别	男	524	49.9
	女	527	50.1
年龄	60~69岁	570	54.2
	70~79岁	366	34.8
	80岁及以上	115	11.0
文化程度	没上过学	460	44.0
	小学	392	37.5
	初中	151	14.4
	高中及以上	43	4.1
个人年收入	0~2000元	405	39.2
	2001~4000元	149	14.5
	4001~6000元	135	13.1
	6001~8000元	39	3.8
	8001元及以上	303	29.4

续表

受访者基本状况		频数（人）	百分比（%）
个人年收入来源	养老金/养老补贴	633	60.2
	农业收入	456	43.4
	家庭成员赡养费	274	26.1
	打工	122	11.6
	最低生活保障金	52	4.9
	经营工商业	30	2.9
	其他	67	6.3
健康状况	差	211	21.5
	一般	390	39.7
	好	381	38.8
婚姻状况	婚姻不完整	248	23.8
	已婚完整	796	76.2
儿子数	0个	130	12.5
	1个	522	50.1
	2个	275	26.4
	3个及以上	114	11.0
女儿数	0个	258	24.9
	1个	382	36.8
	2个	262	25.3
	3个及以上	135	13.0

续表

受访者基本状况		频数（人）	百分比（%）
地　区	南部	362	34.4
	中部	353	33.6
	北部	336	32.0

二、农村养老服务的供给现状

（一）家庭养老服务

1. 不同老年群体的家庭养老服务供给状况

家庭是养老资源的重要来源，它对老人的支持状况在很大程度上影响着老人的社会养老服务需求。A 省的调查数据显示，有近 40% 的农村老人处于空巢居住状态。与非空巢老人相比，空巢老人在日常生活中得到子女照料的频率偏低，往往需要其他主体在照料服务上给予适当的补充，以弥补子女不在身边所造成的照料资源不足（尤其是自理能力有问题的老人），这种照料服务既包括物质生活，又包括精神支持。老人空巢居住或独自居住在一定程度上受到计划生育政策"推力"和城市化"拉力"的双重作用。20 世纪 70 年代开始推行的计划生育政策有效控制了人口规模的膨胀，但也直接引致生育率的急剧下降。2010 年，我国总和生育率已降到 1.18，远低于世代稳定更替所需要的生育率水平，北京、上海、天津、辽宁、吉林和黑龙江等省市总和生育率甚至低于 1，也就是说一对夫妻平均生育不到一个子女。[1] 生育率的下降又在很大程度上推动家庭人口规模

---

[1] 杨翠迎主编：《国际社会保障动态：社会养老服务体系建设》，上海人民出版社 2014 年版，第 216 页。

的缩小。1990年，A省平均每户家庭人数为3.75人，2000年下降到3.30人，2011年进一步下降到3.07人，在20年的时间里减少了0.68人，而且A省农村平均家庭户规模更低，为3.03人。与此同时，城市化进程加速推进，农村年轻劳动力流动到城市就业和生活的情况变得越来越普遍，客观上也加快了农村家庭的"分离"。在城市化和市场经济的浪潮中，人们对居住方式、孝道文化等方面的认知也在发生变迁，一定程度上也导致了老人的空巢或独自居住，进而导致传统的家庭照料越来越难以持续。以生病照料为例，调查结果表明，有15.5%的受访者表示"身体不适时，家人没有给予照料"，具体如表3-2所示。另外，广州社情民意研究中心于2012年7月开展了"留守老人问题——广东农村村民看法"的民意调查，调查结果表明，有52%的受访者认为"生病无人照料"是最大顾虑，其次是"生活自理困难"，具体如图3-1所示。在实地访谈中，受访老人也表示出同样的忧虑。

农村老人L01，65岁，两个女儿都嫁出去了，目前只与老伴一起住：

女儿都嫁出去了，我没有儿子。现在还好，与老头一起（住），他比我大5岁。以后就我一个人的话，哪天在家不行了，没人知道呐。平时很多事情也要有人帮下忙啊，特别是现在年纪大了，身体容易出问题，病了总得有人陪着好，哪个医院好，怎么坐车，有自己人带着才行，（医疗）报销程序我又不是特别懂。（**访谈资料，编号：TX20120720L01**）

表 3-2　当身体不适时，家人是否给予照料

	频数（人）	百分比（%）	累积百分比（%）
是	881	84.5	84.5
否	161	15.5	100.0
合　计	1042	100.0	

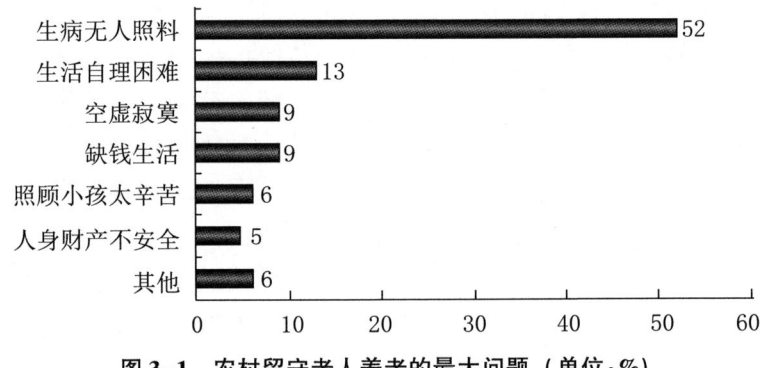

图 3-1　农村留守老人养老的最大问题（单位:%）

资料来源：广州社情民意研究中心 2012 年 7 月的"留守老人问题——广东农村村民看法"的民意调查。

除了日常生活照料和生病没人照顾之外，部分农村老人还面临着精神空虚的问题。调研中发现，除了部分农村老人尤其是低龄老人（60~70 岁）仍在从事劳动生产之外，有相当部分的老人表示自己的晚年生活比较寂寞，基本没有参加太多的老年活动，往往在家门口坐一个下午。在实地访谈中，部分农村老人表示了同样的忧虑和担心。

农村老人 L02，63 岁，一个女儿，一个儿子，目前独居：

我一个女儿，一个儿子。大女儿嫁出去了，主要过年的时候回来看看，儿子现在在城里上班，就放假有时候回来下，平时就我自己一个人（在家里）。有时候不舒服也不好意思找儿子，他工作忙呀，他一个人在外面很辛苦哟，又经常加班……平时就看看电视，有时候出去溜达溜达，没事得找点事干，一个人无聊。隔段时间给女儿、儿子他们通个电话，心里就感到欣慰点。（访谈资料，编号：TX20120720L02）

农村老人L03，70岁，老伴三年前去世，两个儿子，目前独居：

孩子在外面上班，村里就我们这些老人多，我孙子也上初中了，不用我带，他们一些人也有的在家带小孩。我吃过午饭就睡个觉，起来就在家门口和几个老家伙聊聊天，他们一些人跟我一样都是自个住。年纪大了，孩子又不在身边，老伴三年前去世了，（因为）心肌梗阻呀，自己一个人住有些时候心里很是感到孤独。不像以前了，大家（家人）都住在一起或者住得很近，平时照应很多。（访谈资料，编号：NT20120507L03）

农村老人L04，68岁，两个女儿，一个儿子，目前只与老伴一起住：

女儿和儿子他们早成家了，现在我们二老住一起。平时我们二老身体还行，儿子回来看我们比较少，当然了，他要工作，又有自己的家庭。两个女儿比较经常来看我们，平时都有电话联系我们，过年还给我们点钱，我不要她的，她们都不容易。我自己有（钱），年纪大了，吃不了多少。

平时和老伴找点农活干，种了些菜，有时候和其他老人坐一块聊聊，我又不打牌，很多时候的确感到清闲过头了。（访谈资料，编号：TX20120722L04）

农村老人L07，男，72岁，目前与配偶住一起：

年纪大的、还能活动的，要么是在家附近走走、干点家务，要么是到邻居家中"串门"。平时的娱乐活动基本上可以说是没有。最盼望的就是过年过节，因为到了那时候，他们（子女）会回来过节，就好很多（感受到家庭和节日的气氛）。（访谈资料，编号：Y20120508L07）

当然，并非所有农村老人都感到生活空虚和无聊。一部分农村老人在家庭内部能得到日常生活、精神慰藉等方面的照料。比如：

农村老人L05，65岁，三个儿子，一个女儿，目前与老伴、大儿子、大媳妇、孙子一起住：

我们家五口人，我、老头、儿子、媳妇和孙子。我们二老感情不错，媳妇很好，对我们二人照顾还是周到的。二儿子和小儿子也常回家吃饭，他们三兄弟感情很好。吃穿不愁，我们家又有男孙，做老人盼的就是有（男）孙子……我现在还能动，还种菜卖，平时没闲的。（访谈资料，编号：TX20120722L05）

农村老人L06，60岁，一个儿子，一个女儿，目前与老伴、儿子、媳妇、孙子住一起：

村里这几年在老人活动室上投了些钱，里面装修过，也增加了桌椅麻将、棋牌、电视，去的人挺多的。里面很多人打牌,我平时都有去(打牌),基本上天天去,那里人多,打牌啊,聊聊天,还提供开水,村里老人都评价不错……人多聊天,打牌呀,自然就(感觉)不厌闷。(**访谈资料,编号:TZH20120722L06**)

与非空巢老人相比,空巢老人在日常生活上缺乏家人的养老支持,这种支持既包括物质层面,也包括精神层面。从以上访谈材料来看,空巢老人没能获得足够的家庭照料,对生活表现出一定的忧虑和精神空虚。特别是在目前农村年轻劳动力大规模流向城市的背景下,部分农村老人已明显感受到家庭照料的不足,并给日常生活造成负面影响。

2. 老人照料给家庭成员带来的压力

除了农村老人对自己的日常生活照料和精神生活感到忧虑之外,部分农村家庭成员也对老人照料表现出忧虑和无奈,甚至对老人照料表现出一定的压力,既包括经济压力,也包括精神压力。

农村留守妇女F02,31岁,没有参加工作,爱人在城里工作,她与5岁的女儿和公公住一起:

我在家就主要照顾着小孩,她上幼儿园中班,每天接她上学放学,我公公年纪大,68岁,我平时也要看着他,如果病了还要带他看病,他脚走路不是太好,去看病很是麻烦,小毛病就让医生上门来看。今年过年时,他说心口疼厉害,还好那时我老公在家,就找个车子送他到医院去。平时,小的、老的都我一个看着,也挺累的,事情很繁琐。每个人都有老的一天,走不动,就要人看着,其实跟小孩也没太大区别。(**访谈资料,编号:TX20120722F02**)

农村男性 F03，59 岁，在自己村里开小商店，家中五口人，包括自己 89 岁的父亲：

我父亲今年 89 岁，都快 90（岁）了。年纪大了，有老人痴呆，记性不好。基本上每天都说不见了钥匙，每天都跟我说让我帮他找。其实呢，是他放在房间衣柜下面的抽屉里。我帮他找嘛，基本上都是在那里找到的，有时候找不到了索性就给他配一把，都配过好多次了，人都烦啊，你说对不对？我不可能天天都围着你这点事转呀，我有时候还要忙进货的事情。他又老喜欢出去外面走，每天下午睡过午觉都要出去，有一次还走出去没有回来吃晚饭，我们家人都出去找，后来被派出所的人送回来，才知道他走到其他村去了，不认识路回来。我叫他平时不要出去走，他死活都不肯，还跟我吵过好几次呢。（访谈资料，编号：H20120722F03）

农村妇女 F04，58 岁，两个女儿都已外嫁，目前与 61 岁中风的老伴住一起：

他三年前中过风，现在不能行走，都要坐轮椅，有时候女儿她们会回来看我和他爸，平时就我一个人看着他，他不能动，我如果走远了，没人看着他。早上出去买点肉和菜回来做饭，主要就是看着他，哪有时间去干其他的，请个人要花很多钱，我们家没那个条件，没办法，就自己看着他了。（访谈资料，编号：J20120722F04）

外出就业的农村男性 F05，42 岁，已婚，与配偶、女儿住在 XX 市，父母住在农村：

我在 XX 市工作，自己又有家庭和小孩，有时候回去看下父母，有时候接他们到我那住一下……不是我不愿意照顾他们老人家，他们到了城市里又不习惯，我又不可能老往他们那里去，他们现在身体还好，假如以后身体不行了，那要么给他雇个人。我要工作没办法照顾他们，住养老院的话，可能要花不少钱，这也是个问题。另外，也担心养老院的人照顾不好，服务、伙食各方面肯定比不上自己家的。（访谈资料，编号：TX20120722F05）

农村留守妇女F07，49岁，已婚，目前与丈夫、公公住在一起：

我的女儿早成家，儿子也上三年级了。大儿子在其他镇里工作，今年刚结婚，小儿子还在读博士。平时就我和我老公和老头子三人，我老公现在还是村干部，平时杂事也多，家务这些事情都我一个人干……老头年纪大，以前中过风，手脚不好使，一天三餐都要喂他吃。还要帮他擦身、洗衣服什么的，很烦的，很多事情都不能做。如果要去医院的话，那就更麻烦了。如果不是他的话，我也打算出去找点活干，我们家经济条件也不是特别好，以后自己老了，什么都要钱。可以的话，趁自己还有能力，多赚点钱才好。（访谈资料，编号：TZH20120722F07）

从以上访谈材料来看，传统的家庭照料在人口老龄化和城市化快速发展的背景下已表现出显著的不适。在当下中国，老人长期照护体系还没有完全建立起来，更未给予照料老人的家庭成员提供充足的援助，家庭中照料老人者在经济和精神上表现出双重压力，传统的家庭照料难以持续发展，在实际的老人照料中愈发窘困。

（二）社区照顾服务

1. 社区照顾服务的主要形态

在最近的十余年时间里，A省的社区照顾服务得到较快发展，一方面是因为A省在财政和政策上给予大力扶持，另一方面是因为A省各地方的积极探索和政策创新。最典型的案例就是N市L区的养老服务网、S市C区的政府购买养老服务。而在农村地区，A省也有不少典型做法，譬如G县倡导的农村老人集中居住模式就得到民政部的推崇，并作为典型案例在全国范围进行推广。中央电视台新闻联播还曾以"落实全会精神，推动科学发展"为主题，报道A省大力加快养老服务体系建设的情况。总体来说，A省农村地区的社区照顾服务主要有集中居住、志愿者服务、社区中心服务等具体形态。

（1）集中居住形式。集中居住形式的社区照顾服务主要依托农村集体，发挥村组内老人之间、村民之间的互助作用。例如，G县的D村依托集体经济和已有土地，兴建社区老年公寓，并成立养老服务中心进行管理，本村符合条件的老人均可以办理入住。村中的老人（尤其是独居老人、空巢老人）入住社区公寓后，发挥公寓中低龄老人照顾高龄老人的作用，发挥老人之间的相互帮扶作用，从而实现老人之间的互助帮扶。在G县D村的老人集中居住点中，当地农村老人还自发组织了一帮一、二帮一、三帮一等多种形式的互助行动。详细可参见附录6的G县D村社区照顾服务（集中居住）。近年来，集中居住形式的社区照顾服务在经济发达地区（如J县Y村、H县B村等）和经济欠发达地区（G县D村等）逐步发展起来。随着农村老年人口的增加，单纯依靠农村集体经济的集中居住开始遭遇资金瓶颈。农村集体经济相对薄弱的Y市XC村的村干部W01就谈到农村老人集中居住场所的资金来源问题：

是有这么一回事（老人集中居住），人口老龄化嘛，我知道的。但是我们村经济不发达，很多事情没办法做。你说建养老服务中心，你要活动场所啊，设备啊，还有就是要雇人，需要很多经费的。你说都要村里解决，能行吗？你收费嘛，不见得有人会来。单纯依靠村集体怎么行呢？我们这里不算是发达地区，后面肯定会遇到很多资金问题的。如果村里经济条件本身就很好的话，那就不存在这个问题了。（访谈资料，编号：Y20120508W01）

（2）志愿者服务形式。志愿者服务形式的社区照顾服务主要依靠农村中的志愿者力量为本村空巢老人和独居老人提供义务性上门服务。例如，Y县L村是一个经济欠发达村庄，社区照顾服务主要由村委会负责牵头，通过志愿者活动来推动本村社区照顾服务的发展，为本村符合条件的独居老人、空巢老人以及生活无法自理的老人提供上门照顾和探望服务。有关志愿者服务的详细内容可参见附录7的Y县L村社区照顾服务（志愿者服务）。对于志愿者服务的发展情况，Y县L村的养老服务小组负责人S01就说：

应该说我们在2001年和2003年分别成立了老年活动中心、老年人体育协会。当中的主要成员是农村退休工人、退休干部和对活动有兴趣的农民……为什么要办居家养老呢？在整个镇中，我们村是老龄化很严重的村，有空巢老人病了没人理，村委会就在2007年成立养老服务站。居家养老委员会加强宣传，强调志愿活动，在党员和村干部大会中进行宣传。我们是经济薄弱村，村里又拿不出钱，就提倡志愿者服务，一开始就有20多人报名，纯粹是义务性的，由村的干部担任小组组长，分成8个小组。细化服务内容，说实话，我们以前没有搞过，也没有经验。出去外面也学习过，网上看过，学习人家的经验。把服务内容罗列好以后，经过梳理，服务内容包括生活照料、家庭服务、康复护理、医疗保健、精神慰藉……现在有68个服务对象，分为空巢、三无、独居（老人）。我们根据他们的服务需求，再分为重点服务对象和一般服务对象。分好后，按照居住地来安排，强调志愿者三个一，即要求志愿者每天寻看服务对象一次；养老服务站每个月15号志愿者集中起来交流，看有什么问题需要进一步改进；每个季度对服务对象评估一次，设立健康档案。（**访谈资料，编号：Y20120507S01**）

志愿者服务形式的社区照顾服务虽然在农村地区逐渐普遍起来，但这一服务形态也面临服务人员和资金来源的难题。Y县L村的养老服务小组负责人S01说：

现在我们遇到的问题主要有两方面：一是人员的问题，因为我们是志愿者活动，靠大家志愿报名参加的，而且活动者都是退休工人、退休干部，他们自己都是老人，也会遇到身体不好的时候，同样会出现人手不足的情况；二是资金的问题，村里给我们很多支持，最开始的时候，村里一些干部比较支持我们的工作，投资了七八千（块钱）来建立老年人活动中心，让我们能够有个场所。但是服务站运转了五年，很多方面要深入下去，比如要照顾的老人越来越多，相应的设施条件都需要增加，资金方面问题还是很大的。我们服务小组本身又没有收益。（**访谈资料，编**

号：Y20120507S01）

（3）社区中心服务形式。社区中心服务形式的社区照顾服务主要是指农村老人到本村的社区养老服务中心、老人活动场所（中心）使用各种设施，接受各种养老服务。虽然社区养老服务中心在最近几年才开始发展起来，但在夕阳红工程和社区老年福利服务星光计划等政策的扶持和带动下，社区养老服务中心、老人活动场所（中心）在农村地区获得了一定的发展，并逐步成为农村老人获取养老服务的重要场所。然而，从调查结果来看，有超过一半的受访者回答"自己所在的村没有老人活动场所"。选择回答"本村有老人活动场所"的比例仅有27.8%，还不到30%。同时，还有17%的受访者表示"不清楚本村是否有老人活动场所"。这在一定程度上表明，大多数村组和农村社区还没有为老人提供活动场所。

表3-3 本村是否有老人活动场所（老人活动中心、社区养老服务中心等）

	频数（人）	百分比（%）	累积百分比（%）
没 有	543	55.2	55.2
有	274	27.8	83.0
不清楚	167	17.0	100.0
合 计	984	100.0	

在回答"本村有老人活动场所"的受访者表示，活动设施主要有棋牌室（26.7%）、图书室（14.6%）、聊天室（6.1%）和日间照料室（0.9%）。而且，在受访老人眼里，村中的老人活动场就是一个打牌下棋的场所，并没有提供太多的活动设施。

部分经济条件稍好的村组,尤其是 A 省南部地区的部分农村集体为老人提供了阅览室和谈话室,有的村甚至提供健身设备和电影放映室。表 3-4 对 A 省南部、中部和北部三大区域的老人活动场所的发展状况进行了比较分析。结果表明,三大区域的受访老人在回答"本村组是否有老人活动场所"这一问题上具有显著差异（P<0.01）,这意味着社区中心服务的发展状况在 A 省南部、中部、北部这三大区域中心存在显著差异。这一差异可能与三大区域的经济社会发展水平有关。

表 3-4 老人活动场所的区域比较

		本村是否有老人活动场所（人）			合 计
		没 有	有	不清楚	
区 域	南 部	101	152	46	299
	中 部	211	57	82	350
	北 部	231	65	39	335
合 计		543	274	167	984

$X^2 = 138.631$　df = 8　Sig. = 0.000

2. 社区照顾服务的具体内容

在本次调查当中,共有 566 位受访者表示曾使用过本村所提供的养老服务,占样本总量的 53.9%。从表 3-5 可以看到,使用频率最高的养老服务内容主要是医疗护理和文化娱乐这两项,比例分别为 42.6%、30.9%,均超过 30%。生活照料和精神慰藉也占一定的比例。这部分群体基本上都是高龄、独居或者生活无法自理的老年弱势群体,身体健康状况相对较差,对医疗护理的需求较大,从而使得农村集体更注重这部分老年群体的医疗护理需求。文化娱乐主要就是广场舞、戏剧、棋牌活动等广受老人欢迎的活动。

表 3-5 农村社区照顾服务的内容与分布

服务内容	频数（人）	百分比（%）	累计百分比（%）
生活照料	64	11.3	11.3
医疗护理	241	42.6	53.9
精神慰藉	54	9.5	63.4
文化娱乐	175	30.9	94.3
法律援助	26	4.6	98.9
其　　他	6	1.1	100.0
合　　计	566	100.0	

社区照顾服务主要由农村集体负责具体的生产与递送，作为服务接受者的农村老人，他们对农村集体在社区照顾服务供给中的评价如何？调查结果如表 3-6 所示，大约 55% 的受访者认为"农村集体在社区照顾服务供给中发挥了一些作用"。与此同时，认为"没有任何作用"的比例高达 40.8%，仅有 3.4% 的受访者认为"农村集体在社区照顾服务供给中发挥了非常大的作用"。这表明，作为政策目标群体的农村老人对农村集体在社区照顾服务供给中的评价不高。另外，这也暗示着农村老人对农村集体在照料老人方面的满意度较低，存在一定的改善空间，与沈苏燕（2011）的研究结论相一致。[1]

---

[1] 沈苏燕："农民养老保障的政策优化研究——以人的需要为视角"，南京农业大学 2011 年博士学位论文。

表 3-6　农村老人对农村集体在社区照顾服务供给中的评价

	频数（人）	百分比（%）	累积百分比（%）
没有任何作用	426	40.8	40.8
有一些作用	582	55.8	96.6
非常大的作用	35	3.4	100.0
合　计	1043	100.0	

（三）公共养老服务

与城镇地区相比，农村地区的社会养老服务体系建设相对滞后，个别养老服务形态发展缓慢。截至调研时，A省农村地区还未普遍开展政府购买居家养老服务的政策实践。因此，农村地区的公共养老服务基本上就是指公办养老服务机构（主要是敬老院）为五保老人或社会老人提供的照料服务。

农村五保供养对象是指由政府提供吃、穿、住、医、葬五方面保障的一类群体。农村五保供养政策工作肇始于20世纪50年代，后经多次调整，以2006年重新修订的《农村五保供养工作条例》为标志，国家开始承担起农村社会救助中的财政责任，这主要表现在修订后的《农村五保供养工作条例》将"五保供养所需经费和实物应当从村提留或者乡统筹费中列支"修改为"农村五保供养资金，在地方人民政府财政预算中安排"。政府的财政资源投入在很大程度上决定着农村公办养老服务机构的发展水平。从实际情况来看，五保老人在五保供养群体中占据相当大的比重，以2012年A省农村五保集中供养为例，当中的五保老人所占比例高达93.5%。[1] 这样，就可以运用农村五保

---

〔1〕 笔者根据民政部网站统计数据计算而得。

集中供养的财政支出和供养标准大致衡量出农村老人的公共养老服务供养水平。

下面就对A省农村公办养老服务机构的发展现状进行分析，具体包括财政支出、供养标准、养老服务机构数、床位数、收养人数等方面。

1. 农村五保集中供养的财政支出

在最近十年时间里，A省出台了一系列关于社会养老服务体系建设的政策文件和建设项目。例如，A省老龄工作委员会于2001年制定的《A省老龄事业发展"十五"计划纲要（2001~2005年）》就把构建老人社会服务网络作为主要目标之一；A省"十一五"规划将农村敬老院和省老年公寓作为重点建设项目；A省财政连续多年共投入7.38亿元，市县财政投入20多亿元，实施"关爱工程"，新建和改扩建敬老院床位达到10万张以上。另外，A省财政还投资3.2亿元建设了省老年公寓。2009年，A省省委和省政府确定了2010~2012年养老服务体系建设的发展目标，把市、县（市、区）政府主办的养老服务机构、居家养老服务网络、民办养老服务机构建设作为重点项目，省财政每年再分别投入8000万元、4000万元和2000万元。A省政府同时将这些项目纳入年度50项重点工作和改善民生十件实事当中。最近五年，A省省级财政在社会养老服务体系建设方面的投入增长近3倍，2012年达到4亿元。

如图3-2所示，A省农村五保集中供养支出从2008年的27 368万元增加到2012年的63 626.5万元，年均增长23.7%。可以说，在"十一五"期间，A省农村五保集中供养的财政支出呈现出稳步增长的势头，这是政府责任在农村公共养老服务供给中的体现。

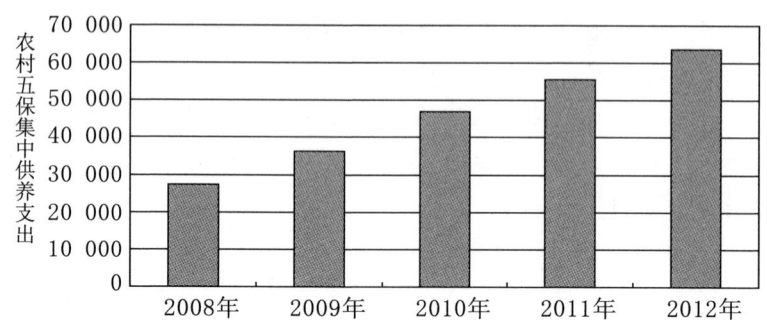

图3-2　2008~2012年A省农村五保集中供养的财政支出（单位：万元）

数据来源：2008~2012年各省民政事业统计数据。

与此同时，可以将A省与全国其他省份进行横向比较，以更好地衡量出A省在农村五保集中供养中的财政支出状况。从图3-3可以看到，2012年A省农村五保集中供养支出总额为63 626.5万元，远远超过全国同期19 950.1万元的平均水平，高居全国第3位。另外，从图3-4的供养标准可以看到，A省

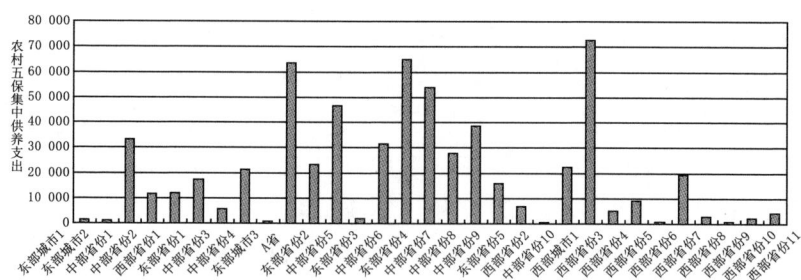

图3-3　2012年31个省份农村五保集中供养的财政支出总额[1]（单位：万元）

数据来源：2012年全国各省社会服务统计数据。

---

[1]　出于对部分政府官员的隐私保护，本书不仅对A省政府官员进行匿名处理，也对A省和全国其他省份名作了匿名处理，但不影响省份之间的比较。下同。

农村五保集中供养标准是6100.4元/年,位居全国第5位,也远超全国4316元/年的平均水平。从财政支出和供养标准的横向比较来看,A省政府在农村五保集中供养中已承担起相应的财政责任,并在全国范围内处于较高水平。

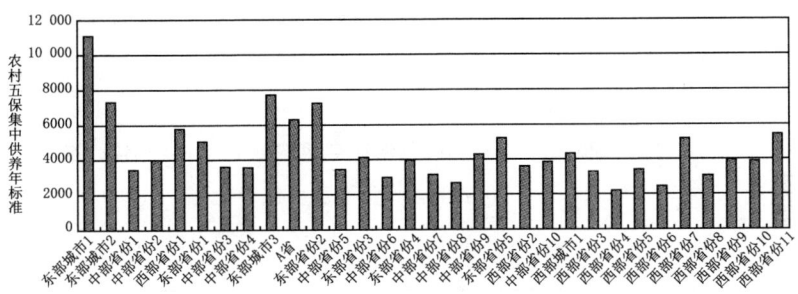

图3-4　2012年31个省份农村五保集中供养年标准(单位:元)

数据来源:2012年各省社会服务统计数据。

2. 公办养老服务机构的数量

图3-5的数据显示,2007~2009年,A省农村公办养老服务机构有大幅度增长,而2009~2011年,A省农村公办养老服务机构数量基本维持在1300~1350家。这说明A省政府在这段时期内不断加快社会养老服务体系建设,取得一定的政策成效。譬如,A省在2008年就把"全面启动示范性养老服务机构建设""60%的县(市)建有一所示范性养老服务机构"等项目列为2008年改善民生的十件实事之一。政策的出台和政府责任的回归直接推动财政资金的投入,财政资金的投入带来农村公办养老服务机构数量增加的政策效果。

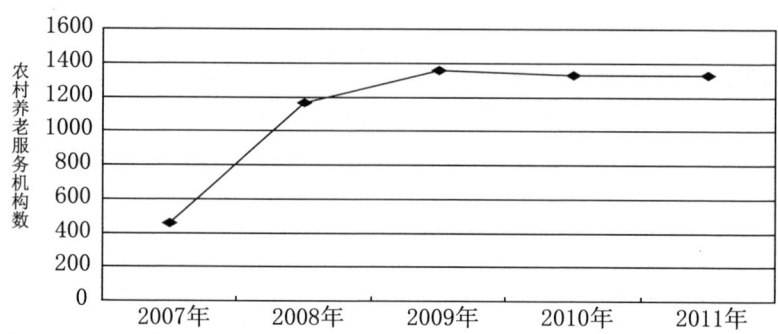

图 3-5　2007~2011 年 A 省农村养老服务机构数量[1]　（单位：家）

数据来源：2012 年各省社会服务统计数据。

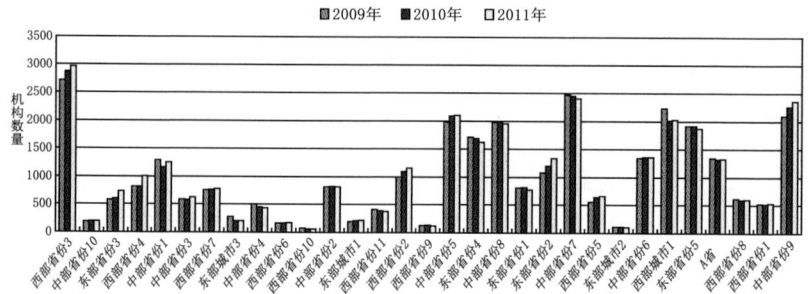

图 3-6　2009~2011 年 31 个省份农村养老服务机构数量（单位：家）

数据来源：2010~2012 年《中国民政统计年鉴》。

为了更好地衡量出 A 省农村公办养老服务机构的发展状况，在此将全国 31 个省份的农村公办养老服务机构数量进行横向比较，结果如图 3-6 所示。从统计数据结果可以看到，从 2009 年至 2011 年，A 省农村公办养老服务机构数量在全国 31 个省份中

---

[1]　由于 2012 年的数据在统计口径上与之前年份不一样，为保证研究的准确性，故不将 2012 年的数据纳入考查范围。

大致排第十位，但这与 A 省人口老龄化水平（高居全国第三位）并不匹配。同时，在 A 省强调养老服务供给方式创新的同时，农村公办养老服务机构数量不仅落后于西部部分人口老龄化严重的省份，而且还落后于经济发展水平偏低且人口老龄化水平低于 A 省的部分省份，更明显落后于人口老龄化水平低于 A 省而经济发展水平与 A 省相当的省份。尽管 A 省农村公办养老服务机构总量偏少，可能会影响到公共养老服务资源的可及性，但这与财政投入方向、机构养老服务需求等方面有很大关系。在调研当中，有关政府部门官员也对公办养老服务机构的建设表达了自己的看法：

> A 省民政厅副处长：
> 在机构数量上我们与其他省还是有差距，这几年啊，五保户和五保老人这个工作，我们还是比较重视的，省里（省政府）也很重视，每年都拨不少钱，我们不仅在财政投入和供养标准上走在全国的前面，机构的覆盖率、床位数、人员配置等多方面也要加强的……养老服务机构重点还是放在城市，农村的支持就少了。而且很多地方都重视示范性养老服务机构，建得很气派，设备真的很齐全，很高级，但很多时候钱没有用在关键地方，你建得这么气派，一般都变成是家里经济条件很好的老人去的，一些实际上很需要政府救助的老人就得不到应有的基本照顾。而且，也不见得很多老人都愿意住进去。不否认的是我们（省）还有很多敬老院的条件是很差的，这样一来，怎么可能合理？这不仅要省里的政策调控一下，而且要管住下面（地方政府的做法）。（访谈资料，编号：MZT20120507G05）

3. 供养老人数量

从图3-7可以看到，从2007年至2011年，A省农村五保集中供养人数和收养老人数在总体上都呈现出递增态势。这表明，越来越多的农村老年弱势群体开始得到公共政策的"人文关怀"，国家在农村老年贫困人口和公共养老服务供给中承担起更多的责任。《农村五保供养条例》在2006年修订后，政府开始承担起农村五保老人的基本照料责任，这在一定程度上使得农村五保集中供养老人的规模在2007年后出现显著的增长。而从2009年至2011年，收养人数基本维持在每年12~13万人的水平。

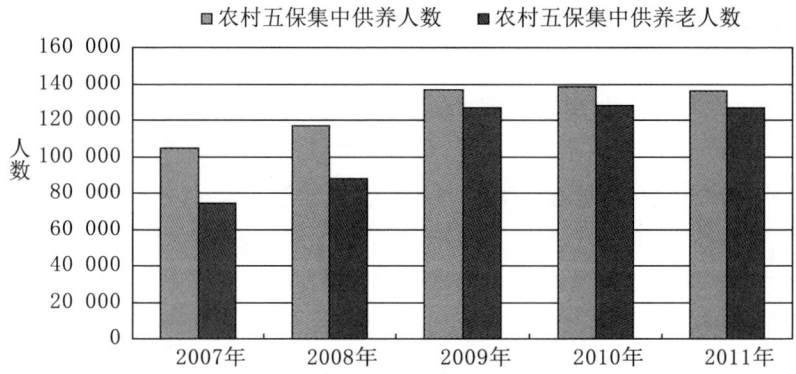

图3-7　2007~2011年A省农村五保集中供养老人数量（单位：人）

数据来源：2008~2012年《中国统计年鉴》。

4. 公办养老服务机构的床位数

在A省相关政策和财政支持的推动下，农村公办养老服务机构的床位数从2007年的3万多增加到2011年的16万多，尤其是在2007~2008年的一年时间里，床位数增长了3倍多，这无疑为农村老人的机构养老服务提供了基础性保障。为进一步了解农村养老服务机构的入住率，本书将2007~2011年A省农村公办养老服务机构床位数和收养老人数这两项数据进行了比较，具体如图3-8所示。结果显示，从2007年至2011年，农村公办养老服务机构收养的老人数一直低于床位数，空余床位数持续存在，且呈逐年增加的趋势，如果折算为空床率，A省农村公办养老服务机构从2007~2011年一直存在20%左右的空床率。A省一方面在积极发展社会养老服务体系建设，另一方面却出现持续的空床率问题，这俨然成了一个相互矛盾的现象。

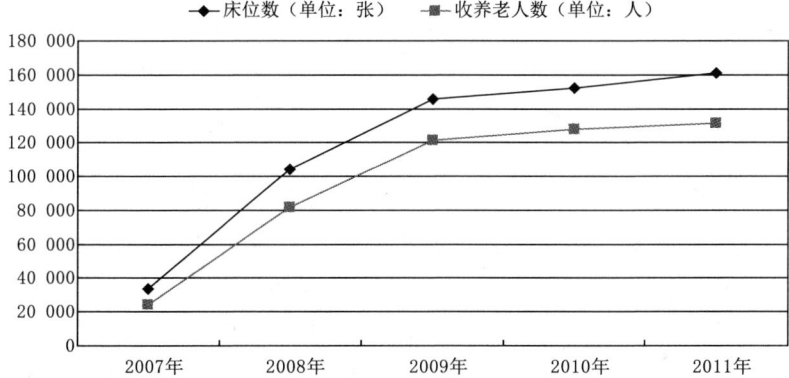

图3-8　2007~2011年A省农村公办养老服务机构床位数和收养老人数
数据来源：2007~2011年各省社会服务统计数据。

对此，一些负责养老服务工作的政府官员和养老服务机构负责人也表示出无奈：

> TZH市民政局社会福利与慈善事业促进科科长：
> 我们省的人口老龄化水平是很高的，省里都说强调覆盖率和床位数，将主要精力都放在养老院和床位数量上，追求统计数据，这很可能会出现空床率，但你得跟着上面政策走，我们主要把它执行好就行。(访谈资料，编号：TZHMZJ20120507G06)

TX 市一家敬老院的负责人：

很多地方都集中主要力量办好一所示范性养老机构，大多数资源都调到那（示范性养老机构）去了，很多像我们这样的（敬老院），本来自己地方经济不算太发达，资助不多，（敬老院）条件没能改善，除了（收养）一些五保户之外，社会老人在我们这不是太多。我们也希望有社会老人住进来，可以通过他们（向他们收费）缓解下敬老院的日常开支、增加人员，像我们这一共有 120 个床位，还空出接近 40 个床位，你不住人的话，摆那里也是资源的浪费唷。当然，我们敬老院各方面设备也不齐全，人家不一定愿意住进来，有一些人来问过（收费），看了下环境觉得不好，就走了。如果我们有资金改善一下条件，增加人员配备的呀，人家愿意住进来，不就可以把床位利用起来了嘛！所以，我觉得在补贴和财政（投入）上应该要平等，不要搞示范性的养老院，好的养老院可以让私人去办，所有由政府办的养老院都应该要平等的投入。（访谈资料，编号：TX20120508Y01）

诚然，这与导言部分提出的疑惑如出一辙。在农村人口老龄化日益加剧和养老服务资源日趋紧张的背景下，农村公办养老服务机构却长年出现空床率。这表明，当前的养老服务供给没能很好地契合农村老人的需求。

以上的数据和访谈更说明，农村养老服务机构的建设需要科学、准确地测量出政策目标群体即农村老人的养老服务需求意愿。首先，从西方国家社会养老服务体系的发展历程可以发现，养老服务机构并不是所有老人的最优选择。西方国家在 20

世纪 50 年代开始提出"在合适环境中养老"等理论，从单纯的"机构化照顾"逐步转向"社区照顾为主、机构化照顾为辅"，强调正式支持网络与非正式支持网络的相互支持。人口老龄化虽然催生了庞大的社会养老服务需求，但在养老服务机构建设上仍需慎重，应在尊重老人需求意愿的基础上探索多种养老服务供给途径。其次，从中国人的传统观念来看，入住养老服务机构是一种有失脸面的事情，这在农村地区可能会表现得更加突出。理论研究者和政策实践者务必关注养老服务机构的需求评估。否则，缺乏政策目标群体需求评估而一味追求养老床位数量，很可能会造成公共财政和养老资源的浪费。这也为后文的养老服务需求评估提供了现实依据。

（四）商业养老服务

在农村地区，除了公办养老服务机构之外，还存在部分民办养老服务机构。目前的官方数据和统计年鉴并没有明确统计过民办养老服务机构的具体数量及其发展状况，这给研究带来极大的不便。笔者主要通过对部分机构管理人员和负责人的访谈，以了解 A 省农村民办养老服务机构的发展现状。

商业养老服务包括民办养老服务机构和自雇家庭保姆所提供的老人照料服务。然而，农村地区的家政服务业不如城镇地区发达，受此影响，农村地区的商业养老服务更多是指民办养老服务机构为入住老人所提供的照料服务。伴随乡村振兴战略的实施以及城乡一体化进程的加快，农村商业养老服务也会得到稳步发展。

1. 民办养老服务机构的服务内容

养老服务的具体内容包括生活照料、医疗护理、精神慰藉、文化娱乐等多方面内容。然而，调查发现，农村地区规模较小的民办养老服务机构一般只提供日常生活照料服务，看电视则成为入住老人最主要的娱乐消遣活动，基本上没有其他形式的娱乐活动，可以说，民办养老服务机构所提供的照料服务仅解决入住老人的生存和看管问题。同时，护理人员的整体专业性水平严重偏低，基本上没有接受过专业化训练，大部分都是"非专业化"或没有接受过任何培训的。

一家规模较小的民办养老服务机构负责人说：

> 一般来说，农村中的小规模养老院都没有那个能力（专业化水准），也没有那些好的医疗设备，就收收那些日常生活行动不是很方便，但身体还是蛮好的老人。没有自理能力，需要医疗护理的老人，（我们）还是不行的，也不敢收。一些大的养老院就可以提供多种服务，形式多样，除了一般的日常照顾，还有很多的服务项目和设备，特别是医疗服务方面啊，规模大的养老院才能买得起。（访谈资料，编号：J20120506Y02）

H县民政局一位分管养老服务工作的副局长说：

> 这些民办的养老机构，床位多的有近百张，少的也有30张左右。农村的养老机构主要是私人住房改造成的，像我知道的就有一对夫妇两人就在自己家办养老院，住的老人有二十个。他们（夫妇两人）只能看着里面的老人，不让（老人）出问题就行，就负责老人的日常照料、吃住，他们（夫妇两人）本来就是农民，没有接受过什么培训，哪里谈什么护理服务、医疗保健这些东西。说实话，我们基层对这些民办养老院也不知道怎么处理才好，严格说，他们自身的确存在很多问题，像消防安全方面，很多小养

老院就达不到消防安全标准的,但是这些小养老院又的确解决了农村老人照顾的问题,因为很多老人的子女都是外出工作,把父母放在这(民办养老院)有人看着,还放心点。如果你把它都关掉,这些老人又住不起好的养老院,住在家里又容易出问题,你说怎么办?(访谈资料,编号:HMZJ20120507G07)

通过对 A 省南部、中部和北部部分民办养老服务机构的调查,一些规模较大的民办养老服务机构尤其是示范性养老服务机构在服务内容上相对多样化,部分民办养老服务机构会提供医疗护理、精神慰藉、文化娱乐等方面的服务。

一家规模较大且为当地示范性养老服务机构的负责人就说:

> 我们这里一般都覆盖了生活照料、精神慰藉和医疗护理等方面的服务项目。具体来说,提供个人生活照料服务、居家生活照料服务、购物服务、安全保护服务、协助医疗护理服务,送餐服务人员由养老护理员担任。提供老年护理服务的人员也由养老护理员或护士担任。心理与精神支持服务的人员由社会工作者、医护人员或高级养老护理员担任。休闲娱乐服务人员由社会工作者、职业治疗师、康复护士、养老护理员担任。医疗保健服务人员由医师担任,辅以医师、护士等专业医护人员。膳食服务人员由持有健康证的营养师、厨师和其他服务人员担任。(访谈资料,编号:J20120506Y03)

尽管规模不同的民办养老服务机构所提供的服务内容不尽相同,但基本上涵盖以下服务内容:①生活照料。为入住老人提供托老、购物、配餐、送餐、家政服务等一般照料和陪护等特殊照料的服务。②健康服务。为入住老人提供疾病防治、康复护理、心理卫生、临终关怀、健康教育、建立健康档案、开设家庭病床等服务。③法律维权类。为入住老人提供法律咨询、法律援助、司法维权及维护老人赡养、财产、婚姻等合法权利的服务。④文化教育。为入住老人提供老年学习、知识讲座、书法绘画、图书阅览等服务。⑤体育健身。为入住老人提供活动场所、体育健身设施和健身活动等服务。

2. 民办养老服务机构的财政补贴

在促进民办养老服务机构发展上面，A 省政府更多是运用行政管制和财政补贴等政策手段。然而，财政补贴更多是要求各地方按照当地实际情况做进一步补贴。以运营补贴为例，A 省政府并没有对民办养老服务机构给予运营补贴，只对新建民办养老服务机构给予一次性的建设性补贴，机构运营只能享受部分税收优惠政策。部分经济较发达的县市在机构运营补贴上做了探索，视机构类型或床位情况给予一定的运营补贴，如 J 市根据床位类型给予 100 元、150 元和 180 元三种不同类别的运营补贴。而经济欠发达地区的民办养老服务机构则较难享受到相应的运营补贴，运营资金的不足使得经济欠发达地区的民办养老服务机构较难持续发展。也就是说，目前的财政补贴过多地依赖各地方的经济实力，部分经济欠发达地区因为经济实力不足，难以给予民办养老服务机构充足的财政支持。另外，民办养老服务机构与公办养老服务机构存在地位上的不平等，公办养老服务机构有更多政策优惠和财政资源，民办养老服务机构较难获得足够的政策支持和财政补贴。实际上，A 省政府应该对经济欠发达的地区给予更多的财政支持或专项补助。另外，在财政补贴的享受资格上，应该平等对待不同性质的养老服务机构。

三、农村养老服务的需求评估

一般而言,养老服务的需求量与老年人口规模、老人身体状况等因素直接相关。上一节的访谈资料和调查数据表明,在人口老龄化加剧、年轻劳动力乡城转移和计划生育政策等因素的综合作用下,传统的家庭养老模式已越来越难以持续,在维系、提升家庭养老服务供给能力的同时,大力发展社会养老服务是一种现实和必然的选择。为深入了解农村老人的照料需求,完善养老服务体系建设,很有必要通过需求评估去揭示农村老人的需求意愿和偏好。需求意愿和偏好反映出农村老人对养老服务的期待,同时也是制定农村养老服务供给政策的重要依据。在公共政策领域,依据政策目标群体的需求偏好来改进公共政策及其绩效是一项颇具吸引力的改革举措。该举措不仅在学术研究中大放光彩,而且还受到很多政策实践者的青睐。譬如,2005~2007年,在美国至少有1200个城市曾实施过600次以上的市民调查(citizen survey)。伴随新公共管理思潮的兴盛,针对政策目标群体所开展的需求评估越来越受西方国家的重用。遗憾的是,我国公共服务供给和政策制定过程还缺乏科学的需求评估环节,因此会存在公共服务资源配置不均、供给需求矛盾等问题。与此同时,财政资源具有有限性,而非无限性,这使得需求评估尤具现实性和必要性。如果政策设计缺乏针对政策目标群体的需求评估,往往难以达到预期效果。譬如,入住养老服务机构和住在家中由家人照料就不仅仅是照料服务地点的不同,更关系到公共政策设计和财政资源投入方向的问题。近年来,部分地方政府投入大量财政资金建设豪华型养老院或养老服务机构,并认为是推进了养老服务体系的建设,却连年遭遇空床率偏高的困境,这在很大程度上是地方政府没有充分评估老人的养老服务需求意愿和偏好所致。所以，政府有责任根据农村老年群体的需求意愿和偏好，合理安排养老服务资源。

（一）不同类型养老服务的需求意愿

前文已经运用"十字"模型将养老服务划分为四种类型，并阐述了四类养老服务的相互关系。养老服务体系由家庭养老服务和社会养老服务两部分构成，结合调研地区的实际，此处的社会养老服务主要指居家养老服务、社区养老服务和机构养老服务三种形态。那么，农村老人对不同类型养老服务的需求意愿和偏好又是如何的？认知、判断、意愿等显示态度倾向的变量往往在很大程度上影响行为的发生或行动的实施，有学者还专门讨论过态度对农民培训行为的影响。[1] 受此启发，本书主要采用表述偏好法对农村老人的养老服务需求意愿和偏好进行测量。尽管表述偏好法是基于人的主观表述，与人们的实际需求行为有一定偏差，但它也在一定程度上揭示出人的主观需求意愿。特别是一些经济困难群体，他们可能对某项服务存有需求意愿，但缺乏支付能力而只能成为潜在需求群体。表述偏好法以人的主观表述为分析基础，有助于发掘这部分特殊群体的潜在需求，很好地弥补了仅从支付能力角度测量服务需求的不足，并可以预测服务需求趋势。下面就通过实地调查数据对农村老人的需求意愿进行评估。

在1051名受访者当中，有818位受访者选择"在家中由家人照料"（即家庭养老服务），占样本总量的77.8%，这表明大部分农村老人还是希望与子女居住在一起并得到子女的照料。

---

[1] D. Jolliffe, "The Impact of Education in Rural Ghana: Examining Household Labor Allocation and Returns on and off the Farm", *Journal of Agricultural Economics*, 2003, 12 (9): 24-27.

在很大程度上说,这是中国传统养老观念"养儿防老"的最终归宿。

虽然大多数受访者倾向于"在家中由家人照料",但仍然有22.2%的受访者对社会养老服务存有需求意愿。国外的相关研究也表明,老人在得不到家庭、亲属、邻居的照顾和帮助时,对社会养老服务产生需求就在所难免了。[1] 其实,农村劳动力外流和计划生育政策已引发家庭规模萎缩和家庭养老功能弱化,这不可避免地需要其他社会主体对老人照料进行介入和补充。在对社会养老服务存有需求意愿的233位受访者当中,有123位受访者选择"机构养老服务",占样本总量的11.7%。调研还发现,样本总量中有59.9%的受访者并不认为"入住养老服务机构是一件没面子的事情",具体如表3-8所示。伴随城镇化进程的推进和家庭规模的萎缩,农村老人并不完全排斥养老服务机构,对机构养老服务的看法也在发生变化。在居家养老服务方面,则有84位受访者表示有需求意愿,占样本总量的8%,比机构养老服务的需求意愿稍低。另外,还有26位受访者表示对社区养老服务存有需求意愿,占样本总量的2.5%。由此,可以得到农村老人的养老服务需求结构为:家庭养老服务、机构养老服务、居家养老服务和社区养老服务。调查同时还发现,样本总量中有75.9%的受访者对社区养老服务表示"不了解",这可能与农村地区的社区养老服务建设还处于起步阶段有关,它对大多数农村老人来说还是一个新鲜事物,从而导致社区养老服务需求意愿偏低。

---

[1] Hendy, S., et al., "Critical Shortfalls in the Supply of Residential Care: A Western Metropolitan Region Perspective", *Health Issues*, 2004, 8 (4): 14-18.

表 3-7　农村老人对不同养老服务的需求意愿

养老服务类型		频数（人）	百分比（%）	累积百分比（%）
社会养老服务	机构养老服务	123	11.7	11.7
	社区养老服务	26	2.5	14.2
	居家养老服务	84	8.0	22.2
家人照料		818	77.8	100.0
合　计		1051	100.0	

表 3-8　农村老人是否认同"入住养老服务机构是一件没面子的事情"的说法

	频数（人）	百分比（%）	累积百分比（%）
不同意	420	40.1	40.1
同　意	629	59.9	100.0
合　计	1049	100.0	

总体来说，农村老人的养老观念在发生变化，养老服务需求已出现分化，农村老人希望得到家庭之外的照料支持。在国家大力推进社会养老服务体系建设的大背景下，这是一种积极的信号。从人口老龄化的长期发展和日渐庞大的老年人口规模来看，社会养老服务的市场潜力是巨大的。但相比家庭照料，社会养老服务的总体需求意愿还不高，而且家庭照料者在可信度、成本和责任上均比社会化服务有优势，社会养老服务还不能完全替代家庭照料。[1]

---

〔1〕 夏传玲："老年人日常照料的角色介入模型"，载《社会》2007 年第 3 期。

(二) 社会养老服务需求的具体内容

在养老服务类型的需求评估基础上，还要进一步评估社会养老服务需求的具体内容。前文从积极老龄化的角度对养老服务的内涵和外延作出过界定，并指出养老服务主要包括生活照料、医疗护理、文化娱乐、精神慰藉、法律援助等内容。农村老人会根据自身情况对具体服务内容的需求程度作出偏好显示和排序，从而形成一个需求内容的位序结构。

根据调查，社会养老服务需求的具体内容如表3-9所示。在机构养老服务内容中，农村老人对生活照料、医疗护理和精神慰藉的需求程度最为强烈。这很可能是老人在得不到家人、邻居和亲人的社会支持时，难以应对各种生活风险，从而产生改变当前生活状况的想法，入住养老服务机构就是其中的一种途径。入住养老服务机构后，老人可以获得养老服务机构工作人员在衣、食、住、行等多方面的日常照料。当身体感到不适时，老人可以获得相应的医疗护理服务。和其他老人居住在一起，老人容易获得更多的同龄倾诉对象，并得到适当的心理慰藉和精神支持，从而提升生活质量。

表3-9 社会养老服务需求的具体内容（单位：人）

社会养老服务形式	生活照料	医疗护理	精神慰藉	文化娱乐	法律援助	其他
机构养老服务	123	123	103	20	9	3
社区养老服务	21	14	21	26	8	2
居家养老服务	79	85	77	10	6	6

在对社区养老服务存有需求意愿的26位受访者当中，他们对文化娱乐、生活照料和精神慰藉三项内容的需求最为强烈。

与机构养老服务不同的是，农村老人对社区养老服务中的文化娱乐需求最为强烈。随着城镇化进程的加快推进，在部分农村地区尤其是经济发达的农村地区，农村老人日渐注重文化娱乐活动。诚如马斯洛需要层次理论所说的那样，当生存等基本层次的需要得到满足后，人会追求更高层次的需要。这意味着农民养老已不再是简单地停留在温饱阶段，农村老人对身心健康、文化娱乐和社会交往都有着更高的追求，这也暗示着农村养老服务和老龄工作应该积极关注农村老人的精神生活。另外，子女的异地就业和居住方式的改变导致农村出现大量的留守老人和空巢老人，这些老人更容易出现精神空虚的问题，自然会对文化、精神等方面的服务产生需求。

在居家养老服务内容方面，受访者对医疗护理、生活照料和精神慰藉三项内容的需求程度最为强烈，这与机构养老服务的需求内容相似，但突出医疗护理的需求。这些需求的产生往往也是缺乏充足的家庭照料所引发的，不过这部分老人可能比较留恋自己的家庭环境，或者对养老服务机构存有不好的印象，倾向于居住在家中而不是养老服务机构。所以，即使需要他人提供养老支持和帮助，这部分老人也是通过居家养老服务这种形式加以实现的。

(三) 社会养老服务的支付水平

支付水平是消费行为得以发生的关键因素，商品或服务的消费需求可以分为潜在需求与有效需求。具有需求意愿而缺乏支付能力的需求只是潜在需求，既具有需求意愿又具有支付能力的需求为有效需求。那么，对社会养老服务存有需求意愿的农村老人，其支付能力和水平又如何呢？

如表 3-10 所示，在对机构养老服务存有需求意愿的 123 位受访者当中，超过一半的受访者的支付水平低于 500 元/月，最高为 1500 元/月，平均支付水平为 371 元/月。可见，受访者对机构养老服务的支付水平不高。在居家养老服务方面，有 65.2% 的受访者的支付水平在 0~400 元/月，支付水平在 801 元及以上的仅占 4.5%，平均支付水平为 260 元/月，这表明农村老人对居家养老服务的支付水平同样不高，而且比机构养老服务的支付水平更低。首先，经济收入水平偏低影响了农村老人的社会养老服务支付水平。前面的数据已表明，农村老人的年收入水平并不高，平均为 7176.1 元，低于 A 省农村家庭收入的平均水平。在缺乏充足、稳定的经济来源时，农村老人还不敢轻易在社会养老服务方面有过多支出，经济收入水平偏低制约了农村老人的支付水平。其次，医疗费用、晚年生活等方面的顾虑和担忧使得农村老人在社会养老服务支付意愿上偏向保守。农村老人认为自己在医疗支出、日常生活等方面存在诸多不确定性，为预防未来各种风险，农村老人不敢轻易支出太多。此外，本次调查的农村老人是在 20 世纪 50 年代或之前出生的，他们在年轻时都经历过战争和自然灾害，养成了节俭的生活习惯，尽管这部分老人的养老观念有所转变，但其消费意愿依然总体偏低。

在社区养老服务方面，农村老人的支付水平基本集中在 100 元以下，这一比例竟高达 92.3%，受访者的平均支付水平仅为 39 元/月，这远远低于机构养老服务和居家养老服务的支付水平。除了经济收入、消费偏好等因素之外，农村老人认为社区养老服务属于乡村社区或村组的公共事业，理应由农村集体或村组出资建设并向当地老人低偿甚至无偿提供，从而使得受访者的支付水平偏低。

表 3-10　农村老人对社会养老服务的支付水平

	支付水平（元/月）	0~499	500~999	1000 及以上
机构养老服务	频数（人）	68	46	9
	百分比（%）	55.3	37.4	7.3
	支付水平（元/月）	0~400	401~800	801 及以上
居家养老服务	频数（人）	54	26	4
	百分比（%）	65.2	30.3	4.5
	支付水平（元/月）	0~50	51~100	101 及以上
社区养老服务	频数（人）	11	13	2
	百分比（%）	42.3	50	7.7

从以上数据来看，农村老人对社会养老服务的支付水平总体偏低，这说明农村老人的社会养老服务需求更多停留在潜在需求，还难以转化为有效需求。在很多情况下，人们往往关注人口老龄化所带来的社会养老服务潜在需求，却忽略了社会养老服务的有效需求，因此导致我国出现社会养老服务领域的"怪圈"：一方面，庞大的社会养老服务潜在需求使得相关政府部门大力推进社会养老服务供给，但却导致了盲目建设示范性社区养老服务中心、过度追求养老服务机构的数量和床位；另一方面，农村老人对社会养老服务的有效需求不足导致社会养老服务资源没被充分利用等问题。从农村老人的角度看，社会养老服务的潜在需求要转化为有效需求，必须要有充足的需求意愿和支付能力。这也暗示着农村社会养老服务目前更多还是一个潜在的市场需求，还没有转化为有效需求，这个转化将是一个渐进的、长期的过程。

(四) 社会养老服务需求意愿的影响因素分析

从以上调查数据的统计分析可以发现,农村老人的养老服务需求意愿出现一定程度的差异和分化。那么,为什么会呈现出这种差异和分化?它受到哪些因素的影响?下面将对这些问题给予解答。

1. 计量模型选择与变量设置

这里主要关注不同因素对社会养老服务需求意愿的影响关系,社会养老服务包括机构养老服务、居家养老服务和社区养老服务三种类型,它是与家庭养老服务(家庭照料)直接相对的。这样,就可以将养老服务分为家庭养老服务(家庭照料)和社会养老服务。对社会养老服务"是否存有意愿"可以被视作一个二分变量,设定"没有需求意愿=0""有需求意愿=1",运用二元 Logistic 回归模型分析社会养老服务需求意愿的影响因素。计量模型为:

$$p = \frac{1}{1 + e^{-z}} \qquad (1)$$

(1) 式中,p 表示社会养老服务的需求意愿情况;z 表示影响需求意愿的因素。

从社会支持网络的角度看,社会支持是人的一种需要(包括情感、自尊、评价、归属、身份以及安全等需要),是通过与他者之间的互动而得到满足的程度,个体需要从其他社会成员那里获取资源来解决生活困难并维持日常生活。[1] 农村老人对社会养老服务的需求意愿是基于自身健康、经济收入、家庭状况等多方面的考虑,自然受到个人因素的影响。如果农村老人

---

[1] 王毅杰、童星:"流动农民社会支持网探析",载《社会学研究》2004 年第 2 期。

可以应对生活中的各种问题，做到自我照顾，那他一般不会向他人求助。但如果农村老人无法照顾自己，一般先向其家庭成员求助，假如家庭成员无法给予足够的帮助，老人就会进一步向其他社会主体寻求帮助，这时就会产生社会养老服务需求。与此同时，农村老人是环境中的行动者，被嵌入当地环境之中，环境对其行动的影响是深刻的，它既为行动者提供资源，又对行动产生制约。[1] 所以，农村地区的社会经济环境（如当地老人对养老质量的追求、乡村舆论等）可能会对社会养老服务需求意愿产生影响。这样，以农村老人为中心，可以构成一个"个人-家庭-社会"逐步外扩的养老服务援助系统。

综上，可以将农村社会养老服务需求意愿的影响因素总结为个人因素、家庭因素和地区因素。其中，x 表示个人因素，f 表示家庭因素，r 表示地区因素，则 z 可以表示为：

$$z = \alpha + \sum_{i=1}^{k} \beta_i x_i + \sum_{i=1}^{m} \gamma_i f_i + \sum_{i=1}^{n} \lambda_i r_i \qquad (2)$$

将 z 代入概率模型进行 Logit 变化，可得：

$$Ln\left(\frac{p}{1-p}\right)^* = \alpha + \sum_{i=1}^{k} \beta_i x_i + \sum_{i=1}^{m} \gamma_i f_i + \sum_{i=1}^{n} \lambda_i r_i + e \qquad (3)$$

在（3）式中，p 表示"农村老人对社会养老服务有需求意愿的概率"；$1-p$ 表示"农村老人对社会养老服务没有需求意愿的概率"。x 表示个人因素，f 表示家庭因素，r 表示地区因素，e 表示模型残差，服从 Logit 分布。根据前面的分析，可对各自变量与因变量的影响关系作出如下假设：

影响农村社会养老服务需求意愿的个人因素包括性别、年

---

[1] [美] W. 理查德·斯科特：《制度与组织——思想观念与物质利益》，姚伟、王黎芳译，中国人民大学出版社 2010 年版，第 66 页。

龄、文化程度、健康状况和个人年收入。一般而言，农村女性的思想比男性更保守，女性在经济、心理和情感方面对家庭的依赖性更强。[1] 所以，农村女性更希望在家中安度晚年，其社会养老服务需求意愿偏低。由此可以假设，与男性相比，女性的社会养老服务需求意愿更低。

老人的年龄越大，越容易患上各类疾病，这就需要更多的医疗护理和陪伴照顾，但该服务只有专业机构和专业人员才能提供，这会激发老人产生更高的社会养老服务需求意愿。另外，伴随年龄的增长，老人会逐渐丧失劳动能力，闲暇时间会随之增多，老人的孤独感也会随之上升，老人对精神关爱和情感交流的需求会更加强烈。由此可以假设，年龄与社会养老服务需求意愿呈正相关关系。

相比文化程度低的老人，文化程度越高的老人在拥有更高经济收入的同时，思想更开放，对养老风险的防范意识会更强。当遇到个人照料问题时，他们不会完全拘泥于传统观念，出于对风险的规避，更容易接受社会养老服务这一新事物，对社会养老服务的需求意愿相对更高。由此可以假设，文化程度与社会养老服务需求意愿呈正相关关系。

充足的支付能力是社会养老服务有效需求的必要条件。个人年收入越高，代表老人的支付能力越强，越有经济能力去追求更好的日常照料和医疗护理。在面对个人照料问题时，年收入高的老人拥有更强的支付能力，可以通过市场交易获得自己所需的照料服务。相反，年收入较低的老人缺乏必要的支付能力，其社会养老服务需求意愿往往较低，即使有，也更多是一

---

[1] 吴海盛、江巍："中青年农民养老模式选择意愿的实证分析——以江苏省为例"，载《中国农村经济》2008年第11期。

种潜在的需求。所以可以假设，相对于年收入低的老人，年收入高的老人对社会养老服务的需求意愿更高。

老人的身体健康状况越好，说明其自理能力越强，老人自己可以应对各种生活问题，对日常照料、医疗护理等社会化服务的依赖性相对较低，其社会养老服务需求意愿自然偏低。可以假设，老人身体健康状况与社会养老服务需求意愿呈负相关关系。

当老人无法照顾自己时，就会向家庭成员寻求支持和援助。家庭因素包括婚姻、儿子数量和女儿数量等变量。婚姻完整与否会影响老人的养老选择，如果老年夫妇二人可以在日常生活中相互为伴，会降低老人的社会养老服务需求意愿。如果老人在晚年生活中缺乏伴侣，就容易产生孤独感和失落感。为了充实自己的晚年生活，达到精神层面的满足，老人就会希望到社区服务机构或养老院认识更多的同龄人，从而产生社会养老服务需求意愿。因此可以假设，婚姻状况的完整性与社会养老服务需求意愿呈负相关关系。

从"养儿防老"的角度看，老人一般会与儿子居住在一起，儿子需要承担老人的照料责任。一般来说，儿子数量越多，老人从儿子那里获得物质支持、日常照料和情感交流等养老资源的可能性就越大，老人在家庭内部就可以解决照料问题，从而减少社会养老服务的需求意愿。反之，就会提升老人的社会养老服务需求意愿。女儿也可以成为养老支持的来源，女儿数量越多，老人获得养老支持的机会也越多，但是与儿子的多方面支持不同，女儿对老人的养老支持更多集中在感情交流和精神关爱方面。这让老人对家庭产生更多的留恋之情，从而降低社会养老服务需求意愿。[1] 这样看来,儿子数量和女儿数量对社会养老服务需求意愿有负向影响关系。

此外,考虑到南部、中部、北部三大区域的社会经济发展水平和社会福利事业发展状况存在差异,当地农村老人的社会养老服务需求意愿可能存在地区差异。一般而言,如果当地政府更重视社会养老服务设施建设,那么社会养老服务设施建设就会相对完善,有助于提高社会养老服务的可及性与便利性,这可降低农村老人获取社会养老服务的成本,从而对农村老人的社会养老服务需求产生影响。当地对社会养老服务的政策宣传也可能会影响老人的社会养老服务需求意愿。如果老人所在的农村地区对社会养老服务的政策宣传越多,农村老人对社会养老服务的了解程度可能越高,就会对社会养老服务怀有更大的包容度。在这样的政策宣传环境下,农村老人更容易接受社会养老服务。因此,地区社会经济发展水平和社会福利事业发展状况不同,农村老人对社会养老服务的需求意愿可能会表现出一定的地区差异,不过这种差异性和影响关系还需要进一步的计量分析。在此,可将地区变量设定为虚拟变量,以反映区域差异。自变量的具体定义及其对因变量的影响关系如表 3-11 所示。

---

[1] Crimmins, E. M. and Ingegneri, D. G., "Interaction and Living Arrangements of Older Parents and Their Children: Past Trends, Present Determinants, Future Implications", *Research on Aging*, 1990, 12 (1): 3-35.

表 3-11 社会养老服务需求意愿的影响因素

变　量	变量解释与赋值
因变量	
Y 社会养老服务的需求意愿	虚拟变量：没有意愿＝0；有意愿＝1
自变量	
（一）个人特征	
X_1 性别（−）	虚拟变量：男性＝0；女性＝1
X_2 年龄（＋）	定序变量：60~69 岁＝1；70~79 岁＝2；80 岁及以上＝3
X_3 文化程度（＋）	定序变量：没有上过学＝1；小学＝2；初中＝3；高中及以上＝4
X_4 个人年收入（＋）	定序变量：0~2000 元＝1；2001~4000 元＝2；4001~6000 元＝3；6001~8000 元＝4；8001 元及以上＝5
X_5 健康状况（−）	定序变量：差＝1；一般＝2；好＝3
（二）家庭特征	
X_6 婚姻状况（−）	虚拟变量：婚姻不完整（未婚、离异、丧偶）＝0；已婚完整＝1
X_7 儿子数量（−）	定类变量：0 个＝1；1 个＝2；2 个＝3；3 个及以上＝4
X_8 女儿数量（−）	定类变量：0 个＝1；1 个＝2；2 个＝3；3 个及以上＝4
（三）区域	
X_9 地区（＋/−）	虚拟变量：南部＝0，其他＝1

注：（＋）表示假设该自变量与因变量呈正相关，（−）表示假设该自

变量与因变量呈负相关，（+/-）表示该自变量与因变量的影响关系不确定。

2. 计量分析结果

选择表3-11的变量作为社会养老服务需求意愿的影响因素，使用统计软件SPSS17.0对式（1）进行估计，运用发生比率（odds ratio）解释模型中自变量一个单位的变化，或者是相对于参照类而言，发生比的变化。估计结果见表3-12。总体模型卡方值的Sig.为0.000，达到模型要求的显著性水平，Hosmer和Lemeshow检验的Sig.为0.221，未达到显著性水平。另外，最大似然对数值、Cox & Snell R^2和Nagelkerke R^2等方面表明模型的拟合效果较好。

表3-12 社会养老服务需求意愿影响因素的 Logistic 回归结果

自变量	系　数	标准误	发生比
性别（女性）			
男性	0.091	0.181	1.096
年龄（60~69岁）			
70~79岁	0.360*	0.190	1.433
80岁及以上	0.215	0.305	1.240
文化程度（没上过学）			
小学	0.119	0.198	1.126
初中	0.375	0.257	1.456
高中及以上	0.174	0.407	1.190
个人年收入（0~2000元）			
2001~4000元	0.181	0.281	1.199

续表

自变量	系　数	标准误	发生比
4001~6000 元	0.551**	0.277	1.735
6001~8000 元	0.226	0.479	1.253
8001 元及以上	1.046***	0.218	2.846
身体状况（差）			
一般	-0.481**	0.203	0.618
好	-0.995***	0.218	0.370
婚姻状况（婚姻不完整）			
已婚完整	-0.038	0.207	0.963
儿子数（0 个）			
1 个	-0.840***	0.234	0.432
2 个	-0.833***	0.263	0.435
3 个及以上	-0.665**	0.329	0.515
女儿数（0 个）			
1 个	-0.337	0.206	0.714
2 个	-0.342	0.231	0.710
3 个及以上	-0.393	0.290	0.675
区域（南部）			
中部	0.190	0.203	1.209
北部	0.321	0.213	1.378
常量	-0.856**	0.356	0.425
模型总卡方		69.854	
Sig.		0.000	

续表

自变量	系数	标准误	发生比
最大似然对数值		969.976	
Nagelkerke R^2		0.103	
Cox & Snell R^2		0.065	

注：双尾检验统计显著度：***、**和*分别表示在1%、5%和10%的水平上统计显著。

在个人特征方面，性别与社会养老服务需求意愿存在正相关关系，但这种影响关系并不显著，不具有统计学意义。在年龄当中，以"60~69岁的老人"为参照组，70~79岁的老人对社会养老服务的需求意愿更高，并通过显著性检验。相对而言，60~69岁的低龄老人一般还具备劳动能力，这部分老人一方面希望通过劳动生产获得一定的经济收入，另一方面希望通过劳动生产来打发时间，这样就降低了他们对社会养老服务的需求意愿。但随着年龄的增大，老人的身体往往会随之变差，需要更多专业的医疗护理服务，但这不是家庭成员能够轻易掌握的，而是需要借助一定的社会养老服务设施。另外，伴随年龄的增大，老人逐渐放弃劳动生产，从而产生大量的闲暇时间，为打发闲暇时间，农村老人一般会到当地的老人活动室参加各类娱乐消遣活动，自然会对社会养老服务产生需求意愿。文化程度与社会养老服务需求意愿呈正相关关系，但这种影响关系没有通过显著性检验，这可能与农村老人的文化程度普遍偏低有关。因为调查结果表明，没上过学的农村老人高达44%。在经济收入方面，以年收入为0~2000元的老人为参照组，年收入高的农村老人对社会养老服务的需求意愿更高，因为经济收入高的老人拥有更强的支付能力，为追求更好的照料条件和护理设施，他们对社会养老服务有更高的需求意愿。这同时也表明，农村社会养老服务的发展必须建立在农村老人具备一定支付能力的基础之上。对于那些无法自理而又缺乏支付能力的农村老人，政府应该给予一定的养老补贴，将这部分潜在需求转化为有效需求。这里的启示意义就是，将我国目前的社会养老服务补贴政策导向由"注重供方补贴"调整为"供方和需方双重补贴"。身体健康状况与社会养老服务需求意愿存在负相关关系，并通过显著性检验。相比身体较差的农村老人，身体较好的农村老人对社会养老服务的需求意愿较低。因为身体较差的老人容易患病，对医疗护理服务有更大的需求，一般家庭成员难以胜任，只有养老服务机构或专业人员才能提供。部分身体较差的老人在日常生活中甚至无法照顾自己，而是需要他人的陪伴和帮助，他们容易对社会养老服务产生需求意愿。这暗示着农村社会养老服务的建设需要综合考虑老人的身体状况，并据此配置相应的人员和设施，尤其是要对身体较差和丧失自理能力的老人提供医护型和养护型设施及相应服务，使得服务供给更有针对性和实用性。

在家庭特征方面，婚姻状况与社会养老服务的需求意愿呈负相关关系，但该影响关系没有通过显著性检验。儿子数量与社会养老服务需求意愿存在负相关关系，并且通过显著性检验，言外之意就是，家中没有儿子的老人对社会养老服务存有更高的需求意愿。"男娶女嫁"是中国的传统习俗，老人跟随儿子生活，并由儿子承担赡养老人的责任，[1] 老人可以从儿子那里得

---

[1] Yang, H. Q., "The Distributive Norm of Monetary Support to Older Parents: A Look at a Township in China", *Journal of Marriage and the Family*, 1996, 58 (2): 404-415.

到诸如经济收入、日常照料、情感关怀等多方面的支持，从而有助于降低老人的社会养老服务需求意愿；而没有儿子的老人在生活中往往需要克服更多的困难，他们在日常生活中缺少稳定的依靠，希望得到外界的支持和帮助，从而对社会养老服务产生更高的需求意愿。这与中国"养儿防老"的传统相吻合。另外，"拥有女儿的老人"相比"没有女儿的老人"，其对社会养老服务的需求意愿更低，但这一影响关系没有通过显著性检验，不具统计学意义。这可能是女儿的养老支持被儿子的养老支持所替代。因为女儿出嫁后，由于地理距离的原因，其对老年父母的日常生活照顾会明显减少。如果女儿嫁得远，回娘家的机会和次数就更少，老年父母的照料责任更多是落在儿子身上。即使女儿可以通过电话与父母保持联系，但那更多是集中在感情交流和精神关爱层面。来自女儿的情感支持还难以与儿子的养老支持相提并论，在儿子与女儿的养老支持选择上，老人更倾向于儿子，女儿的养老支持更难以抵消老人的社会养老服务需求。

在地区特征方面，以南部地区为参照组，中部地区和北部地区的农村老人对社会养老服务的需求意愿更高，但这种影响关系没有显著差异性，不具统计学意义，分析结果不支持前面所提出的研究假设。可见，农村老人的社会养老服务需求意愿没有显著的地区特征，在社会经济发展程度不一的农村地区，老人的社会养老服务需求意愿没有显著差异。

上述分析结果表明，农村老人对社会养老服务的需求意愿主要受年龄、个人年收入、身体状况和儿子数量四个变量的影响。其中年龄和个人年收入对社会养老服务需求意愿具有显著的正向影响关系，即农村老人的年龄越大，其对社会养老服务的需求意愿越高；农村老人的年收入越高，其对社会养老服务的需求意愿越高。身体状况和儿子数量对社会养老服务的需求意愿具有显著的负向影响关系，即农村老人的身体状况越差，其对社会养老服务的需求意愿越高；农村老人拥有的儿子数量越多，其对社会养老服务的需求意愿越低。

（五）养老服务需求评估结果

农村老人的养老服务需求评估结果如下：首先，从服务类型上看，农村老人的养老服务需求意愿呈现一定的分化。家庭养老服务仍是农村老人的主流需求意愿，所占比重达77.8%，但在人口老龄化、家庭结构核心化和农村"空心化"的背景下，农村老人的养老观念出现变化，有22.2%的农村老人对社会养老服务存有需求意愿。与家庭养老服务相比，社会养老服务的需求意愿依然偏低，而且社会养老服务还难以完全替代家庭照料。其次，就服务内容而言，农村老人对社会养老服务的具体内容存有不同偏好。在机构养老服务内容上，需求程度最强烈的是生活照料、医疗护理和精神慰藉三项。在社区养老服务内容上，需求程度最强烈的是生活照料、精神慰藉和文化娱乐三项。在居家养老服务内容上，医疗护理、生活照料和精神慰藉是需求程度最强烈的三项内容。再次，按支付水平来看，农村老人对社会养老服务的支付水平不高。农村老人对机构养老服务的平均支付水平为371元/月，居家养老服务的平均支付水平为260元/月，社区养老服务支付水平最低，仅有39元/月。这表明农村社会养老服务需求更多停留在潜在需求层面，还难以转化为有效需求。最后，农村老人的社会养老服务需求意愿主要受年龄、个人年收入、身体状况和儿子数量四个变量的影响。

四、农村养老服务供给的结构性困境及其表征

养老服务需求评估的结果表明，在经济、社会、人口加快

转型的背景下,农村老人的养老服务需求开始出现一定的分化,少部分农村老人对社会养老服务(机构养老服务、社区养老服务、居家养老服务)存有需求意愿,但农村老人的主流需求意愿仍是家庭养老服务。养老服务供给现状则表明,一方面是家庭照料功能萎缩,导致家庭养老服务供给不能满足农村老人的养老需求;另一方面是地方政府没能充分正视农村老人的需求意愿和偏好,较片面追求养老服务机构床位数的增加,引发农村养老服务机构的空床率问题,导致机构养老服务供给过剩。可见,单纯增加养老服务机构数量或床位数并不能有效解决农村老人照料问题。片面发展机构养老服务而忽视其他类型养老服务的思路,引发养老服务供给与需求存在不匹配现象,而且各类养老服务的供给与需求之间相互影响,最终导致养老服务供给的结构性困境。提升农村养老服务供给的有效性,除了要考虑养老服务供给的总量问题,更要注重养老服务供给的结构性问题。在我国"未富先老"的宏观背景下,这具有很强的现实意义。笔者主张在需求评估的基础上,根据农村老人的养老服务需求意愿和偏好,调整政府责任的定位,将政策资源在不同类型养老服务中进行优化配置,协调好家庭养老服务、社区照顾服务、公共养老服务和商业养老服务的地位关系,而非简单地用机构养老服务替代家庭养老服务和其他类型的养老服务。从当前 A 省的调研情况来看,农村养老服务供给的结构性困境主要有以下方面的表征:

(一)家庭养老服务供给不足

新加坡前总理李光耀曾明确指出家庭养老的重要作用,"我们必须不惜任何代价加以避免的,就是决不能让三代同堂的家庭分裂。"[1] 家庭是老人生活的重要场所，是其情感和精神的重要依托，赡养老人是子女和家庭成员应尽的义务，家庭成员给予老人全方位的悉心照料是任何其他个人和机构所难以替代的。与社会化养老相比，家庭养老有着不可替代的特殊优势。从前文对农村老人及其家庭成员的访谈情况来看，家庭的养老服务供给能力被大大弱化，并且产生了相应的负面效应：其一，部分农村老人（特别是空巢老人、独居老人）的精神生活贫乏，空虚感、孤独感强烈，他们对晚年生活表现出一定的忧虑，特别是生病无人照料方面。其二，部分无法自理的老人或高龄老人的生活照料给其家庭成员带来一定的经济和精神压力。生育政策、异地就业、居住方式、家庭观念等众多因素的叠加效应，使得"养儿防老"逐步成为一种"美好的幻觉"。第一代独生子女开始进入婚育年龄，"4-2-1"的家庭模式越来越普遍。年轻夫妻2人上养4个老人，下育1个子女，在工作生活忙碌而难以承担照料事务的情况下，传统的家庭养老模式已难以持续。而且，不少成年子女是"欲孝而无其力"，被动地处于无奈的境地，诚如有学者总结的那样，流动到城镇的子女无法照护老人、分居的子女不便照护老人、工作的子女无暇照护老人。[2]

简单地说，在工业化和城市化的浪潮之下，家庭养老功能的弱化使得家庭原本具备的老人照料功能难以甚至无法实现，进而导致农村老人在日常生活照料、精神慰藉、陪同看病等方面的需求得不到满足。家庭养老服务供给不足的现象已在农村

---

[1] [新加坡] 李光耀：《李光耀40年政论选》，现代出版社1994年版，第408页。

[2] 董红亚："农村养老，家庭不可缺位"，载《中国社会报》2009年3月2日，第3版。

地区具有普遍性和风险性。虽然我国目前的政策表述依然强调家庭养老的作用，但系统性、全面地支持家庭发展和援助家庭成员照料老人的政策体系仍未出台，老人长期照护服务体系依然处于缺失状态。家庭的养老服务供给能力难以在短期内快速提升，家庭养老服务供给不足的问题依旧持续。

（二）社区照顾服务难以持续发展

目前，农村地区的社区照顾服务还处于起步阶段，总体发展滞后，很多地方尤其是经济欠发达地区还没有普及。部分农村地区已经在探索社区照顾服务供给，却普遍遭遇人员、资金等难题，服务供给难以持续发展。不管是何种社区照顾服务形态，目前主要依赖农村集体或村组提供的有限资金，缺少来自政府的资金、人员、设施、设备、技术等方面的支持。部分农村集体还没能在社区照顾服务供给中发挥应有作用，进一步制约了社区照顾服务的可持续发展。在已经开展社区照顾服务的农村地区，其服务对象主要是空巢、独居和生活不能自理等老年弱势群体，所提供的服务偏重于救济性和互助性，总体上还停留在低水平发展阶段。加之资金、人员等方面的不足，不论是服务可持续性还是服务质量，都难以获得保障。对于大多数农村老人而言，目前还难以通过社区照顾服务提升晚年生活质量。如何整合政府、农村集体、志愿者等各种力量，以实现社区照顾服务的持续发展，是社会养老服务体系建设的一个重要议题。

（三）公办养老服务机构持续多年存在空床率

目前，A省政府将发展公办养老服务机构作为社会养老服务体系建设的一个重要政策目标，这直接推动了农村地区养老服务机构的快速发展。在人口老龄化和高龄化加剧的宏观背景下，这对提升机构养老服务的可及性具有积极作用。与此同时，公办养老服务机构的空床率问题理应得到足够的重视（参见前文的图3-8）。持续多年的空床率表明，当前的养老服务供给政策没能瞄准农村老人的实际需求，公办养老服务机构的床位供给相对过剩。单纯追求养老服务机构床位数的做法进一步衍生出两个亟待解决的问题：一是政策资源的浪费问题。公办养老服务机构数量和床位数的增加，并没有解决农村老人的照料难题，农村老人照料问题依然存在。从供给侧上看，长年存在20%左右的空床率意味着政策资源未获得有效运用，造成资源浪费，而在需求侧上，农村老人的养老需求并没有得到有效满足，政策资源的投入并没有解决相应的政策问题。二是服务质量的提升问题。前文的需求评估表明，机构养老服务需求程度最强烈的内容是生活照料、医疗护理和精神慰藉。然而，当前的政策将主要的财政资源用于扩建、新建养老服务机构，忽视服务质量的提升，当前的养老服务机构普遍难以满足老人在医疗护理和精神慰藉等方面需求，服务质量总体偏低。当然，笔者在此认为公办养老服务机构的床位供给相对过剩，并非说农村养老服务机构的床位总量已经很充足，而是主张依据农村老人的需求意愿和偏好对机构养老服务和养老床位数进行科学规划。

（四）民办养老服务机构发展较难

虽然A省将促进民办养老服务机构发展作为社会养老服务体系建设的一个重要方面，但从调研情况来看，农村民办养老服务机构面临一些亟待解决的问题：一是民办养老服务机构难以适应人口老龄化发展的需求，普遍存在设施简陋、功能单一等问题。当前的农村民办养老服务机构基本上只能提供低水平的、粗放的服务内容，无法满足入住老人多方面的需求。二是民办养老服务机构较难获得足够的财政补贴，这在经济欠发达地区表现尤甚。在很多地方，政策优惠或财政补贴的享受必须达到当地政策规定的门槛要求，但部分要求对很多农村民办养老服务机构来说是难以达到的，从而导致这部分养老服务机构无缘很多政策优惠，只能在"夹缝中生存"。三是民办养老服务机构难以获得平等的市场地位。一方面，在财政资金和政策资源的获取上，民办养老服务机构与公办养老服务机构存在地位不平等的问题，从而导致部分民办养老服务机构无法获得充足的财政补贴和政策支持。另一方面，公办养老服务机构依靠政府在土地、设施、设备等硬件上的财政投入，其服务价格相对较低，而民办养老服务则要将土地、设施、设备等因素纳入服务成本当中，服务价格相对较高，这样就导致民办养老服务机构在服务价格中处于不利地位，难以平等地参与市场竞争，形成公办养老服务机构对民办养老服务机构的"挤出效应"。

尽管国家在近年鼓励、引导市场资本和社会力量进入养老服务市场，但农村民办养老服务机构所遭遇的种种问题表明，民办养老服务机构在农村地区发展并不尽如人意，这也意味着当前的养老服务供给政策在促进农村民办养老服务机构发展上还有较大改进空间。

五、本章小结

本章以 A 省为例，首先通过调查数据、访谈资料和统计年鉴数据对家庭养老服务、社区照顾服务、公共养老服务和市场化服务的供给现状进行了介绍。其次，通过实地调研对农村老人进行了养老服务需求评估。需求评估结果表明，家庭养老服务仍然是农村老人的主流需求意愿，比例高达 77.8%，与此同时，少数农村老人开始对机构养老服务、社区养老服务和居家养老服务等社会养老服务存有需求意愿，所占比例为 22.2%。

不同类型社会养老服务的需求内容表现出一定差异性。在机构养老服务内容上，需求程度最强烈的是生活照料、医疗护理和精神慰藉；在社区养老服务内容上，需求程度最强烈的是文化娱乐、生活照料和精神慰藉；在居家养老服务内容上，需求程度最强烈的是医疗护理、生活照料和精神慰藉。然而，农村老人的社会养老服务支付水平不高。农村老人的社会养老服务需求意愿主要受年龄、个人年收入、身体状况和儿子数量四个变量的影响。其中年龄、个人年收入对社会养老服务需求意愿具有显著的正向影响关系；身体状况和儿子数量对社会养老服务的需求意愿具有显著的负向影响关系。最后，通过农村养老服务供给现状与需求评估的比较分析发现，农村养老服务存在供给结构性困境，这主要表现在家庭养老服务供给不足、社区照顾服务难以持续发展、公办养老服务机构持续多年存在空床率、民办养老服务机构发展较难等方面。

第四章 农村养老服务供给结构性困境的政府责任根源

上一章介绍了农村养老服务供给需求状况，并发现养老服务供给出现结构性困境，这是由什么原因导致的？这需要从现实中寻找答案。本章收集 A 省的相关政策文本，借助公共政策内容分析法对当前农村养老服务供给中的政府责任进行考察，揭示农村养老服务供给结构性困境的政府责任根源，即政府责任是否以及如何影响了养老服务供给。虽然内容分析法在传播学和教育学等领域中得到广泛运用，但在国内公共政策研究中还不多见。为推进该方法在公共政策研究中的运用，笔者将结合本书的研究问题作出尝试，具备一定的探索性。此外，在农村养老服务供给领域中，也尚未有学者运用内容分析法开展相关研究，该方法的引入有可能为这一领域带来新动向。

一、政府责任的分析路径

要探寻农村养老服务供给结构性困境的政府责任根源，首先就要描述出政府责任的基本现状。政府责任通过公共政策文本呈现出来，但公共政策文本的哪些方面才能很好地衡量出政府责任？根据哈罗德·拉斯韦尔（Harold Lasswell）和亚伯拉罕·卡普兰（Abraham Kaplan）的观点，公共政策是"关于目标、价值和实践的可预测的计划"。[1] 政府是在一定价值导向下依据具体的政策问题，选择相应政策工具以实现政策目标，从而将自身责任凸显出来。在建构主义看来，对政府责任的不同理解建构着不同的政策价值、政策目标以及政策工具。加拿大华裔学者梁鹤年教授也持相似的观点，并构建了政策制定与评估的 S-CAD 框架。他认为政策规划和评估主要包括四个步骤：一是确定事项，确立价值；二是将价值转化为政策目标；三是制定手段并调动资源以实现目标；四是按照政策目标去评估政策实施的结果。[2] 在该分析框架中，价值、目标、工具和结果四者被有效地整合成"价值—目标—工具—结果"的逻辑分析理路。政策价值反映出政府责任的理念；政策目标呈现出政府责任的方向和重点，也就是政府责任集中于哪些具体项目；政策工具体现出政府责任的实现手段，也就是政府干预程度的高低。将政府责任放置在这一逻辑进路中有助于解答以下问题：政府在制定政策时秉持什么样的政策价值？强调更多的政府干预还是更少的政府干预？政府责任的着力点放在什么地方？政府通过哪些政策工具承担相应责任？按照以上逻辑，可以认为政策价值是政府责任的价值基础，政策目标是政府责任的定位取向，政策工具是政府责任的实现手段。这样，就可以从"政策价值—政策目标—政策工具"的逻辑进路对政府责任作出分析与评价。

---

[1] Lasswell, H. D. and Kaplan, A., *Power and Society: A Framework for Political Inquiry*, New Haven: Yale University Press, 1950.

[2] [加] 梁鹤年：《政策规划与评估方法》，丁进锋译，中国人民大学出版社 2009 年版，第 27 页。

(一) 政策价值

德博拉·斯通（Doborah Stone）说过："理念是政治的组成材料。人们为理念而奋斗，支持一些理念，反对一些理念。政治冲突绝不只是为了物质条件和物质选择，而是为了关于什么是合法的问题而斗争。"[1] 政策的背后实际上是一系列关于价值观和行为准则的假定，政策跟价值挂钩，价值最终演绎为政策，或者说政策就是价值的具体表达，[2] 而且，价值观念对政策过程起到潜移默化的影响。政府改革无不受到理念的驱动，像盖伊·彼得斯（B. Guy Peters）所总结的市场式政府、参与式政府、弹性化政府和解制式政府四种模式，其基本思路也是建立在一套价值理念的基础之上。[3] 此外，公共政策过程也受到价值理念的深刻影响。以美国的医改为例，一般而言，共和党的价值观念偏向更少的政府干预，坚持发挥市场在医疗保险中的主导作用，而民主党则崇尚国家的作用，主张更多的政府干预。事实上，美国医疗改革的纷争在很大程度上源于两个党派的意识形态和价值分歧。价值观念对公共政策的影响作用是不容置疑的，所以，戴维·伊斯顿（David Easton）还索性将公共政策界定为"对社会价值的权威性分配"。在很多情形下，政策方案的博弈、冲突就是不同政策价值之间矛盾的外在化，所以有学者把价值理念看作政策最本质的规定性，[4] 甚至可以说，

---

[1] [美] 德博拉·斯通：《政策悖论：政治决策中的艺术》，顾建光译，中国人民大学出版社 2006 年版，第 33 页。

[2] [加] 梁鹤年：《政策规划与评估方法》，丁进锋译，中国人民大学出版社 2009 年版，第 30~33 页。

[3] [美] 彼得斯：《政府未来的治理模式》，吴爱明、夏宏图译，中国人民大学出版社 2001 年版，序言。

[4] 朴贞子、金炯烈：《政策形成论》，山东人民出版社 2005 年版，第 29 页。

价值无处不在，只要牵涉人类的选择就会涉及价值理念。按照政策范式的理解，政策价值处于政策范式的顶层，政府责任是在政策价值的基础上引申出来的，从政策价值到政策目标、政策工具，再到最后的政策结果，都凸显出政策价值在政府责任中的基础性地位。如果政策价值出现调整甚至变迁，就很可能带来政策的范式转换。

当前，国内外学者关于政府在福利供给中的责任定位已形成三种典型的价值理念，即自由主义、国家干预主义和第三条道路。自由主义强调市场的作用，崇尚市场在资源配置中的决定性作用，秉承"管得越少的政府就是最好的政府"的理念，全能的市场会自动实现人们的"自由选择和福利"。国家干预主义与自由主义持相反的观点，它主张政府对经济社会事务的全面干预，政府在经济社会事务治理中承担"低位责任"的同时，还要承担起足够的"高位责任"。国家干预主义发挥到极致的现实结果就是福利国家的产生。第三条道路既不过分崇尚市场的力量，也不完全依赖政府的全面干预，它试图在自由主义和国家干预主义之间取得一种平衡状态，在经济社会事务治理中充分发挥市场机制和国家干预两种工具的作用。在以上三种流派思想当中，政府在经济社会事务治理中的地位与角色存在很大差异，相应地，政府在经济社会事务治理中的责任定位也存在显著差异。所以，不管政府最终以哪一种政策价值作为政策制定的总体导向，都会对政府责任产生深刻影响，政策价值导向反映出政府在经济社会事务治理中责任的多与少、轻与重，可以说，政策价值凸显出政府责任的意识形态根源。在农村养老服务供给领域，如果政府的政策价值强调个人和家庭自身的责任，那么农村老人就要更多地依靠自己或家庭来解决养老服务供给问题；如果政策价值主张政府在养老服务供给中承担更多责任，那么农村老人将可能从政府那里获得更多的养老服务资源。政府秉持何种政策价值，在很大程度上影响着农村老人对养老服务资源的获取。

养老服务供给的政策价值通过政策文本体现出来，这可以借助内容分析法加以归纳。因为在养老服务供给政策文本当中，政府在家庭养老服务、社区照顾服务、公共养老服务和商业养老服务供给中的价值取向往往混合在一起，所以在内容分析中不再逐一讨论每种类型养老服务的政策价值，而是综合归纳养老服务供给中的政策价值。这样就可以依据社会支持网络理论的基本思路，把农村养老服务供给的政策价值具体分为个人导向、家庭导向、农村集体导向、市场导向、社会导向和国家导向。

(二) 政策目标

如果说政策价值略显抽象的话，政策目标就可以视为政策价值的具体化。政策目标反映着决策者通过一定手段想要达成的目标，一般情况下，政策目标是政策执行者最为明确的方向。"我们想要这个东西（目标），并且我们采取必要的步骤（手段）去得到它。我们想要这个东西，因为它满足、提升或保护我们的价值。"[1] 根据公共政策评估理论，政策目标评估是要尽量检验政策目标对社会系统运行过程的规范意义及其产生的后果，特别是政策目标是否有助于制度运作和社会系统的价值体现。[2] 政策目标是反映政府责任的一个重要维度，它告诉人

---

[1] [加] 梁鹤年：《政策规划与评估方法》，丁进锋译，中国人民大学出版社2009年版，第25页。

[2] [美] 弗兰克·费希尔：《公共政策评估》，吴爱明、李平等译，中国人民大学出版社2003年版，第118页。

们公共政策的方向和目的，政府设定了哪些政策目标就意味着政府将要在哪些方面承担起相应责任，凸显出政府责任的着力点。

不管是哪项公共政策，其中都会明确交代政策目标。可以形象地说，政策目标就是政府责任的指示牌，标示着政府责任的基本方向。例如，政策目标是要实现基本公共卫生服务均等化，那么政府就会将责任重点放在服务均等化上面，而不是其他方面。这样，与基本公共卫生服务均等化相关的一系列政府责任就会得到厘定，包括立法责任、财政责任、监管责任等。另外，政府在决策过程中需要面对经济、政治、社会等众多政策问题，而且政策资源是有限的，自然会涉及不同政策及其政策目标的排序问题。如果某一政策目标比其他政策目标获得了更高的排序，就意味着该政策目标得到决策者的更多关注，那么，政策资源就会更多地被投入其中，从而凸显出政府责任。即使在同一政策中，政策目标组合及其排序也反映出政府责任的重点和方向。因此，政策目标指引着政府责任的走向，没有目标的政府责任必然是"无头苍蝇"，不仅分散和浪费政策资源，还无法解决相应的政策问题。反过来看，政策目标也离不开相应的政府责任，如果政府只设置政策目标而不承担相应责任的话，政策目标不可能转变为现实，政策目标只能沦为"空中楼阁"，甚至被认为是"口惠而实不至"。所以说，政策目标和政府责任相互依存，政策目标指引着政府责任的方向，政府责任是政策目标的现实转化。

农村养老服务供给作为一项社会政策，政府设定了什么样的政策目标？本书结合"十字"模型，将养老服务供给的政策目标细分为促进家庭养老服务发展与供给、促进社区照顾服务发展与供给、促进公共养老服务发展与供给以及促进商业养老服务发展与供给四种类型。

(三) 政策工具

政策需要通过一系列的决定和行动以达到特定的目标。这些行动的实现又离不开必要的政策工具。政策工具是政府所拥有的、用于执行政策、达到政策目标的实际手段或工具,[1] 在某种程度上,政策可以被视为由一系列工具的组合,并反映了决策者的政策价值与目标。陈振明认为,任何一种政府管理模式的转变和管理方式的改进都依赖于一定的政策工具或现代化的政策手段来实现。[2] 不同的政策工具不仅对政策目标的达成有不同影响,而且还会对政策价值的实现产生不同程度的影响,按照这一逻辑思路,不同政策工具对政府责任的实现也存在差别。从这个意义上说,政策工具承载着将政策价值和政策目标转化为政策结果的功能。政策工具可以被视为一种客体,也可以被视为一种活动。在本书中,如果把政策工具视为一种活动,就会显得过于宽泛,不利于政策文本的内容分析与比较。因此,本书倾向于把政策工具视为一种实现政策目标的客体,即政府在设定和贯彻政策目标时所运用的实际方法或手段。不同学者习惯于通过自己的知识角度来观察现实问题,就好比那些手里只有锤子作为工具的人一样,在他们眼里,所有问题都酷似钉子。这就是为什么所有政策问题在经济学家眼里都像经济问题,而在法学家那里都成了法律问题的缘由。可以说,政策工具的

---

[1] Lester M. Salamon and Michael S. Lund, *Beyond Privatization: The Tools of Government Action*, Washington, DC: Urban Institute Press, 1989. Michael Howlett & M. Ramesh, *Studying Public Policy: Policy Cycles and Policy Subsystems*, Boston: Oxford University Press, 2003, p. 87.

[2] 陈振明:"政府治理工具研究与政府管理方式改进——论作为公共管理学新分支的政府工具研究的兴起、主题和意义",载《中国行政管理》2004年第6期。

选择是政策设计的基本内容，[1] "政府行为的不同工具有其自身与众不同的动力，有其自身影响政府行为环境的'政治经济'。"[2] 所以，政策工具的选择与运用关系到政策目标的实现，更关系到政府责任能否以及在多大程度上转化为预期的政策效果。

因为每一种政策工具都有其自身的特点和适用性，所以政策工具的分类就成为政策科学的一个重要研究方向。许多研究者为之进行过孜孜不倦的探索，诚如狄龙（Van der Doelen）说的那样，"为了发展出一套严密的工具分类，人们已经花费了太多的时间。"[3] 最早对政策工具作出分类尝试的是德国经济学家基尔申（Kirschen, E. S.）等人，他们在20世纪60年代早期就总结出64种政策工具类型，[4] 但他们并没有系统阐述这些政策工具，更没有建立起相关的理论体系。后来，越来越多的学者开始尝试对政策工具的类型划分作出尝试。罗威（Lowi）、达尔（Dahl）和林德布罗姆（Lindblom）等人按照强制性的标准把政策工具分为强制性工具（coercive tools）和非强制性工具（non-coercive tools）。胡德（Hood）则将政策工具分为中心地位、财富、权威符号、组织、信息、金钱、处置等八种类型。麦克唐纳尔和艾尔莫尔（McDonell and Elmore）根据工具所要获得的最终目的，将政策工具分为命令（mandate）、劝导（inducement）、能力构建（capacity-building）、制度改革（system-

---

[1] 岳经纶、温卓毅："专项资金与农村义务教育：政策工具的视角"，载《深圳大学学报（人文社会科学版）》2008年第4期。

[2] Lester M. Salamon and Michael S. Lund, *Beyond Privatization: The Tools of Government Action*, Washington, DC: Urban Institute Press, 1989.

[3] 陈振明、和经纬："政府工具研究的新进展"，载《东南学术》2006第6期。

[4] Kirschen E. S., et al., *Economic Policy in Our Time*, Chicago: Rand McNally, 1964.

changing）四种类型。施耐德和英格拉姆（Schneider and Ingram）也持类似的分类标准，将政策工具分为激励、提高能力、象征和劝告、学习这四种类型。萨拉蒙（Lester M. Salamon）根据政府支出状况将政策工具分为支出性工具（expenditure tools）和非支出性工具（non-expenditure tools）。狄龙以工具特性为标准，将政策工具分为强制性工具（regulatory tools）、财政激励工具（financial stimulating tools）和信息提供工具（information transferring tools）三种类型。乔丹（Andrew Jordan）等人也以工具特性为标准，把政策工具分为强制性工具（regulatory tools）、市场工具（market tools）、信息装置（information devices）、志愿协议（voluntary agreements）四种类型。其实，政策工具的分类在公共行政和公共政策学界是存在争论的，已有的分类要么过于抽象，要么过于详尽地描述特定工具的个别特征，甚至不符合互斥性的原则，存在偏离现实的倾向和危险。

相比较而言，豪利特（Michael Howlett）和拉米什（Ramesh）的政策工具分类获得广泛的关注与认可，他们以政府在物品和服务供给中的干预程度（强制性）为标准，将各种政策工具放在"自愿—强制"的轴线上进行分类，强制性在这里被用来判断政策工具限制个人和组织行为的程度。绝对自愿的政策工具几乎是不存在的，完全强制的工具则没有给私人部门留下任何回旋余地。在这两种极端情况之间，按照政府或公众参与程度的高低，可以依次排列出十种政策工具，总体上可归纳为自愿性工具（voluntary tools）、混合型工具（mixed tools）和强制性工具（compulsory tools），[1] 具体如图 4-1 所示。这一分类方式

---

[1] ［美］豪利特等：《公共政策研究：政策循环与政策子系统》，庞诗等译，生活·读书·新知三联书店 2006 年版，第 144 页。

可以涵盖现实中的大多数政策工具类型，具备很强的包容性和开放性，富有很强的启发性，政策工具之间又相对互斥，在国内外有关政策工具的研究中已得到广泛运用，而且，该分类方式还具有进一步探索的空间。[1] 农村养老服务供给同样存在不同程度的政府干预，可参照豪利特和拉米什关于政策工具分类的三分法，将农村养老服务供给政策工具分为自愿性工具、混合型工具和强制性工具三种类型。当然，后文还会根据农村养老服务供给政策领域的实际情况，在政策工具图谱的基础上进一步细分出更多的工具种类，这在后文的论述中会给予介绍。

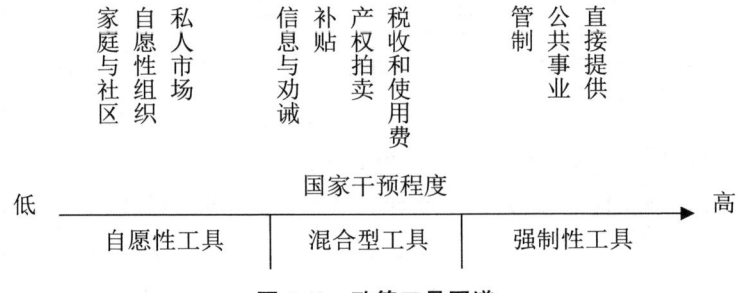

图4-1　政策工具图谱

资料来源：[美] 豪利特等：《公共政策研究：政策循环与政策子系统》，庞诗等译，生活·读书·新知三联书店2006年版，第144页。

自愿性工具是强制性程度最低的工具，其对政府的资源依赖程度最低，在降低政府监管成本和政策运行成本方面具有很大优势。自愿性工具主要包括"家庭与社区""自愿性组织"和"市场"三种类型的工具。在现实当中，政府可能意识到某种政

---

〔1〕 陈振明等：《政府工具导论》，北京大学出版社2009年版，第41页。赵德余：《公共政策：共同体、工具与过程》，上海人民出版社2011年版，第77页。

策问题的存在，认为有采取政策行动的必要，但由于种种原因（包括价值理念、政策资源、利益博弈等）而难以运用强制性程度较高的政策工具，自愿性工具在这个时候往往容易受到决策者的青睐。尽管政府运用自愿性工具对政策问题做出了回应，但自愿性工具的运用效果在很大程度上依赖于作为工具本身的行动者的行动能力。例如，传统地看，家庭中的成年女性是家庭照料和护理服务的主要提供者，但随着越来越多的成年女性参加劳动就业，家庭在未成年子女和老人照料上越来越乏力，甚至出现照料方式的变迁。这不仅在西方发达国家变得非常普遍，而且越来越多的发展中国家也开始出现这一势头，例如中国就是一个典型代表。假如在未成年子女和老人照护上还拘泥于自愿性工具，往往难以达到预期的政策效果甚至会产生新的政策问题，这一结论已被很多国家的经验所证实。在农村养老服务供给领域，假如政府单纯地使用"家庭"这一工具，那么老人照料的好坏在很大程度上依赖于老人所在的家庭，具体包括家庭收入、家庭规模与结构、居住方式、家庭关系，等等。如果一个农村家庭的主要成员都外出就业并与老人长期分居，或者是家庭成员与老人关系不和睦，就很有可能导致"家庭"这一自愿性工具的效果不佳甚至失效。

自愿性组织是指"既不是（政府）强迫成立也不是以营利为目的的行为组织"[1]，其实，它与非政府组织、非营利组织、第三部门等概念类似，基本内涵大体相同，只是侧重点不一。本书在此不对以上概念作条分缕析的辨别，而是将它们均视作

---

[1] Robert Wuthnow, "The Voluntary Sector: Legacy of the Past, Hope for the Future", in Robert Wuthnow eds., *Between States and Markets: The Voluntary Sector in Comparative Perspective*, Princeton: Princeton Unversity Press, 1991, p. 7.

自愿性组织，具有自治性、民间性、非营利性等特征。在西方国家，自愿性组织被视为社会服务供给的一种有效工具，同时，它的存在与发展还可以在社区精神、社会和谐等方面发挥积极作用。当然，社会问题越来越多地呈现出复杂性、系统性、风险性等特点，而且自愿性组织自身也可能因为趋利性等原因而发生"失灵"，单独依靠自愿性组织不一定能完全解决所有社会问题。

"市场"这一政策工具备受自由主义经济学家的推崇，它在私人物品供给方面很具效率优势。自20世纪80年代以来，在新公共管理浪潮的影响下，"市场"这一政策工具在政府职能转变和公共服务供给领域中盛行，效率的基因被重新植入政府部门当中。与此同时，"市场"这一政策工具所带来的过度市场化是很多学者所诟病的，很多原本属于政府职责范围内的公共服务被过度地推向市场。"过度市场化"的主要负面效应就是导致社会不平等，拉大贫富差距，比方说，在一个纯粹依赖市场工具的制度下，一个富人可以用钱雇佣外科医生做整容手术，而穷人却遭受肾坏死的痛苦也有可能得不到必要的治疗。在这种情况下，一个依靠单一的市场工具的社会很可能出现政治对立。[1]而且，"市场"这一政策工具的有效运行离不开一系列严格甚至苛刻的前提假设，包括理性经济人、无外部性、零交易费用、信息对称，等等，而未能满足这些前提假设所衍生出来的负面效应是市场自身所难以消除的。"市场"这一政策工具的负面效应存在于我国不同社会政策领域，如基本医疗卫生服务、学前教育、保障性住房，等等。

---

[1]〔美〕豪利特等：《公共政策研究：政策循环与政策子系统》，庞诗等译，生活·读书·新知三联书店2006年版，第150~151页。

强制性工具是指"强制或直接作用于目标个人或公司，后者在响应措施时只有很小的或没有自由裁量的余地"。[1] 按照强制性从低到高的顺序，强制性工具主要包括"管制""公共企业"和"直接提供"三种类型。管制是"由政府制定的，并且所指对象必须贯彻执行法规，如果贯彻失败则往往要受到处罚……一些管制措施本身就是法律，其执行包含了警察和司法系统。然而，多数规制是由立法机关制定的管理型法令，并且由政府部门或特定的政府机构监督管理，该机构是拥有自主权的日常政府管理机构规制，规制有多种形式，包括规则、标准、特许、禁令、法令和执行令等"。[2] 欧文·E.休斯（Owen E. Hughes）认为"管制"可以分为"经济管制"和"社会管制"两种类型，前者旨在鼓励企业和其他经济个体从事某些行为或避免从事某些行为；后者通常表现为力图保障公民和消费者的利益，尤其是有关质量标准、安全水平及污染控制等方面。[3] 当政策遇到根本性和系统性阻碍时，一种有效的解决方式就是通过完善法律制度来推动政策的执行，因为法制化是国家运用的最重要的权威性工具之一。例如，在《社会保险法》正式实施之前，我国主要运用行政命令或规范性文件去推动各地方社会保险的发展，尽管取得一些成效，但依然存在地方政府落实效果不佳的困局，较难保障公民的参保权。当《社会保险法》颁布之后，参加社会保险成为每一位公民的合法权利，而且《社会保险法》强制

---

[1] [美]豪利特等：《公共政策研究：政策循环与政策子系统》，庞诗等译，生活·读书·新知三联书店2006年版，第151页。

[2] [美]豪利特等：《公共政策研究：政策循环与政策子系统》，庞诗等译，生活·读书·新知三联书店2006年版，第152~153页。

[3] [澳]欧文·E.休斯：《公共管理导论》（第3版），张成福等译，中国人民大学出版社2007年版，第81~83页。

推动各地方政府建立健全社会保险政策体系,使得社会保险的相关政策执行获得法律保障。

当"管制"这一工具还不足以解决政策问题时,政府还可以通过"公共企业"加以应对,即政府建立公共性的组织和机构专门提供公共物品和服务。公共企业一般具有三个方面的特征:涉及一定的公共所有权或国有产权;受到政府不同程度的控制和管理;可以生产在市场上进行销售的物品和服务,而不是像国防和路灯那样不能直接向消费者收费的公共物品。[1] 常见的公共企业如社会福利院,它专门收养残疾人、精神病患者、"三无"老人、孤儿等弱势群体。在农村养老服务供给领域,由政府投资建设的农村养老院或敬老院就带有公共企业的属性,它们专门为农村五保老人提供养老服务。公共企业的一个重要特征就是公共性和非营利性,当生产成本过高或收益过低时,私人企业往往不愿意提供该类物品和服务,而这部分物品和服务又是社会正常运行所必需的,"公共企业"在这时就会成为决策者的常用工具。如果政府干预的强制性得到进一步加强,政府可以采取"直接提供"的方式,即"政府直接履行职能,解决问题,比如动用公共财政资金,通过政府雇员直接向社会提供物品与服务而不是等待私人部门去做政府希望他们做的事。"[2] 在豪利特(Michael Howlett)等人的观点中,"直接提供"是强制性程度最高的政策工具。不过需要注意的是,"公共企业"和"直接提供"两种强制性工具往往不是很容易区分出来。对此,

---

[1] Michael Howlett & M. Ramesh, *Studying Public Policy: Policy Cycles and Policy Subsystems*, Oxford: Oxford Press, 1995, p. 163.

[2] [美] 豪利特等:《公共政策研究:政策循环与政策子系统》,庞诗等译,生活·读书·新知三联书店 2006 年版,第 157 页。

本书选择的判断标准是：公共物品或服务的提供是否由政府职能部门及其公务人员提供，例如国防、外交等服务一般都是由政府职能部门直接提供；公共交通、城市饮用水等服务则未必是由政府职能部门及其公务人员直接提供，更多是通过公共企业或事业单位来提供。在承担公共责任和履行必要职责时，政府可以视具体情况而选择相应的强制性工具。

混合型工具介于自愿性工具和强制性工具之间，它"允许政府将最终决定权留给私人部门的同时，又可以不同程度地介入非政府部门的决策形成过程"。[1] 相比较而言，它较具灵活性，具体包括"信息与规劝""补贴""产权拍卖"和"税收和使用费"四种类型。"信息发布"是指政府向社会传递信息，希望社会成员能够按照政府的意愿做出选择或改变行为，其目的是增进社会成员的知识以遵从政府意愿。譬如，政府发布各种因吸烟而引起的疾病危害信息和广告，它能够帮助社会公众更好地认识吸烟对自己及其家人所带来的危害，从而引导人们少吸烟或者戒烟。当然，"信息发布"这一政策工具的效果有时候并不明显。假如政府在"信息发布"的基础上采取"规劝"，其强制性比单纯的"信息发布"要更强一些，因为"规劝"不再仅仅停留在告知的层面，而是劝诫、鼓励人们按照政府所期望的方式改变偏好或行为，如劝诫人们节约用电、不要猎杀珍稀动物、关心和照顾家中的老人，等等。如果"信息与规劝"能够发挥应有作用，政府就可以花费较少的成本解决政策问题。但实际上，这一政策工具的效果在很大程度上依赖于社会公众的道德水平和个人责任感，它往往收效甚微，诚如有学者戏称

---

[1] [美]豪利特等：《公共政策研究：政策循环与政策子系统》，庞诗等译，生活·读书·新知三联书店2006年版，第158页。

的那样，如果人人都是天使，那成立政府就是一件多余和无聊的事情了。"补贴"是指"政府主导下的由政府、私人、公司或组织向其他私人、公司或组织提供的各种形式的财政转移，包括赠款、税收激励、票证等"。[1] 在我国养老服务供给领域中，"补贴"是一项重要的政策工具，政府一般会给养老服务机构的建设和运营提供不同程度的财政补贴，具体的补贴数额要视各地方经济条件而定。"产权拍卖"是指通过设置一定数量的可转让消费的权证，创建一个关于某种物品的产权市场，发挥价格机制和市场交易的作用，从而实现该物品产权在市场的自由流动。这一政策工具在排污权交易上已显示出强大作用，通过设定可排放污染物的数量，运用拍卖的方式来分配这些限额资源，此外，"产权拍卖"这一工具逐渐在私家车牌照、桥梁运营权等多个领域发挥作用。在新公共管理的浪潮之下，"产权拍卖"越来越受到政府决策者的青睐，并被广泛应用于多个国家的福利制度改革和公共企业改革当中。"征税和用户收费"这一政策工具可以增加政府的财政收入，以满足更多的公共需求，同时该工具可以约束部分需求或行为，特别是部分不受欢迎甚至是有害的需求和行为。比方说，向生产和售卖香烟的企业和个人征收高税，从而提高香烟的市场价格，通过价格机制来抑制香烟的消费。"用户收费"主要用于控制外部性，通过对某种物品或服务进行收费，要求行为者必须为自己的行为进行付费，从而引导社会公众按照政府意愿作出行为选择。最典型的例子就是部分国家在解决城市交通拥堵问题上，对在上下班高峰时间段进入城区的私家车收取费用，使得人们在驾车进城与乘坐公共

---

[1] [美]豪利特等：《公共政策研究：政策循环与政策子系统》，庞诗等译，生活·读书·新知三联书店2006年版，第160页。

交通之间作出成本比较，从而减缓上下班高峰时间段的城区交通拥堵。

从图4-1的政策工具图谱来看，十种政策工具的国家干预程度是有所区别的。如果政策工具的国家干预程度低，就意味着政府在该社会事务中承担较少的责任；相反，如果政策工具的国家干预程度高，就意味着政府在该社会事务中承担较多的责任。这样看来，政策工具及其属性也能够反映出政府责任的多与少。与此同时，在解决类似的政策问题或达到相同的政策目标时，政府可能会选择相似的政策工具，也可能会选择不同的政策工具，这里面除了有政策工具选择的政治经济学原因之外，还涉及政府在该政策问题中的责任定位。所以，在图4-1当中，国家干预程度呈现出从低到高的过渡，也体现出政府责任从少到多的过渡。

（四）政府责任的"政策价值—政策目标—政策工具"分析路径

总体上看，政策价值体现出政府决策者的意识形态基础，政策目标凸显出政府责任的方向与重点，政策工具反映了政府责任的实现手段。换句话说，政府责任在"政策价值—政策目标—政策工具"这一逻辑进路中表现为，政府在制定政策时秉持"更多的政府干预"还是"更少的政府干预"？政府责任的着力点放在什么地方？政府责任又是通过何种政策工具得以履行？事实上，政策价值、政策目标和政策工具三者之间层层相依。政府是在一定的价值导向下根据政策问题来设置相应政策目标，并在政策执行中选择合适的政策工具以履行自身责任。如果结果不能追溯到手段，手段追溯不到目标，目标追溯不到价值，这种政策就是无的放矢。[1]

这样说来，政策价值是政策目标和政策工具的前提和依据，政策价值在很大程度上决定着政府责任的路向，对政策目标和政策工具起着引导作用；在政策价值引导下所设定的政策目标标示着公共政策的基本方向；政策目标的实现离不开合适的政策工具，政策工具的选择以政策目标为依据；政策目标和政策工具反过来又体现出相应的政策价值。从一个较长的历史时期来看，随着时间的推移和社会经济环境的变化，政府决策者的政策价值会发生变化，政策目标随之作出调整，为实现政策目标的政策工具也会发生变化，就是说，上一层次的变化会引发下一层次的调整，这一过程就表现为政府责任的总体性变迁。如果从政策范式变迁的角度看，政策价值的更替一般会引发政策目标的转移，政策目标的转移往往会导致政策工具的变换，进而带来政策范式的"格式塔"转换。这意味着政府责任的具体形式会伴随"政策价值—政策目标—政策工具"的路径发生变迁甚至范式转移，诚如有学者说的那样，产生政策变迁的"情境性"。[2] 政策价值、政策目标和政策工具的有机组合便构成了政府责任的分析路径，如图4-2所示。

---

[1] 吴合文：《高等教育政策工具分析》，北京师范大学出版社2011年版，第56页。

[2] 黄俊辉、李放："农村养老保障政策取向——基于情境认知的视角"，载《中国农业大学学报（社会科学版）》2011年第3期。

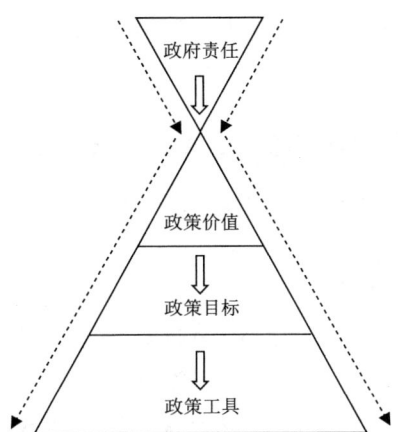

图 4-2 政府责任的"政策价值—政策目标—政策工具"分析路径

在"政策价值—政策目标—政策工具"这一政府责任分析路径当中，政策价值凸显了政府责任的意识形态，政策目标标示着政府责任的方向选择，政策工具是政府责任的实现手段。政策价值、政策目标和政策工具之间层层相依，政策价值是政策目标和政策工具的前提和依据，政策目标的实现离不开合适的政策工具，政策目标和政策工具反过来又体现出相应的政策价值。

在"政策价值—政策目标—政策工具"这一分析路径中对政府责任进行研究，有助于突破原来仅从内容维度、偏重静态视角的做法。这是政府责任分析的一个新尝试，该分析路径可能对政府责任的分析更具优势。因为这不仅可以从共时性角度分析政府责任概况，还可以从历时性角度对政府责任的嬗变历程作出一个动态性的分析。在不同的历史时期，决策者选择的政策工具、政策目标甚至政策价值都会有所不同，从而体现出政府责任的动态性。这一分析路径适用于分析较长时期内的公共政策变迁以及政府责任变化，有助于探讨政府责任与政策范式变迁的关联。

二、养老服务供给政策文本的汇总及其特征

(一) 政策文本的收集汇总

1. 政策文本选择的依据和缘由

在进行公共政策内容分析之前，收集相关政策文本是一项必不可少的基础性工作。那应该收集哪些政策文本？收集哪一层级政府部门的政策文本？其实第一个问题已经很明确，因为本书是以农村养老服务供给为研究对象，所收集的政策文本必然是与农村养老服务供给相关的政策文本。这里需要交代的是，截至笔者收集政策文本之时，养老服务供给政策并没有作城乡区分，关于农村养老服务供给的内容都是分散在与养老服务有关的政策文本当中，专门针对农村养老服务供给的政策文本偏少。另外，本书主要收集国家层面和A省省级政府部门的养老服务供给政策文本，这主要出于以下几方面的考虑：

（1）确保与调查数据的匹配性。由于本书是以A省为例，并且是在A省农村地区开展调研工作，调查数据反映的是A省农村老人养老服务需求意愿和偏好，自然要以A省省级政府部门出台的养老服务供给政策为依据。一般来说，省级政府会根据自身的实际情况出台地方性法律和政策，而且在大多数时候，省级政府的政策文件都是参照国家层面的政策文件，并结合当地实际情况制定出来的，有时候就是直接执行国家政策。因此，本书也收集了中共中央、国务院及其相关部委的政策文本并作适当梳理。所收集的政策文本均处于有效期，已经废止和不再具有法律效力的政策文本不在收集范围之内。

（2）省级政府这一层级比较中观，更适合开展研究。由于

行政级别的不同，政府部门所制定的政策在效力上自然会呈现出一定的层次性，或者说公共政策会伴随政府部门行政级别的降低而形成政策效力递减的规律。我国法律规定，国务院有权制定行政法规，各部委有权制定规章，省、自治区、直辖市人民政府及省、自治区政府所在地市的政府有权制定地方性规章。政策效力一般与行政级别相对应，行政级别高的政府部门所发布的政策文件在政策效力上具有优先性。从我国行政权力体系划分来看，公共政策可以分为五个层次：中央政府政策、省政府（包括自治区、直辖市）政策、市政府政策、县（区）政府政策、乡镇政府政策。从宏观—中观—微观的层次划分，中央政府和省政府的政策一般包括战略型、立法型、项目型和操作型四种类型。市、县（区）和乡镇政府更多是执行上级政府部门的政策，政策类型主要包括项目型政策和操作型政策，当然，也有少量的战略型政策。省级政府是中央政府和基层政府之间的桥梁，其政策与国家政策相比，稍显微观，且具备操作性。与此同时，省级政府是最高层级的地方政府，相比市、县（区）和乡镇政府的政策又更为全面。总体而言，省级政府的政策显得比较中观，更有利于研究的深入开展。

（3）政府机构设置的"职责同构"使得省级政府的责任定位更为重要。从纵向上看，我国每一级政府的行政职能部门设置与上一级政府相对应。例如，中央政府有专门负责财政收支的行政部门即财政部，省政府就会设置财政厅，市（县）政府会设置财政局，乡镇政府也会随之设置财政所（或财政分局）。在财政这一系统中，上级财政部门与下级财政部门是业务指导关系，保持沟通协调，下级行政职能部门执行上级行政职能部门的决策，完成下派任务。不同层级政府在纵向上的职能、职责和机构设置高度统一,可谓之"职责同构",[1]受政府机构设置和职能配置方式的影响,不同层级公共政策随之呈现出层级性、层次性和趋同性。

由此可以推断,在地方政府中,省级政府在养老服务供给政策中的责任定位很大程度上影响着下级政府的政策制定与执行,从而凸显出省级政府责任定位的重要性,而且现实中的情况也是如此。当省级政府的政策发生调整时,下级政府的政策也会随之作出调整,类似于"多米诺骨牌效应",当第一张牌被推倒了,第二张牌会随之被推倒,然后一直传递下去,直到最后一张牌也被推倒。所以,选择省级政府作为切入点,更能体现出某一个省份农村养老服务供给中的政府责任定位。而且,在实际的公共政策过程中,省级政府也是处于"把方向"的位置,这可以从 A 省相关政府部门的访谈中得到证实。

> A 省人力资源社会保障厅法规处副处长:
> 一般来说,省里是把握大的方向,确保与中央保持一致啊,省里执行政策也有的,但比较少,执行大多由市和县(政府)去做。一般来说,省政府的部门是发挥上传下达的作用。(访谈资料,编号:RBT20130120G01)

综合以上三方面原因,笔者选择分别从国家和 A 省两个层面收集养老服务供给的政策文本。

2. 政策文本收集和筛选的原则

政策文本的全面收集是开展政策文本内容分析的关键环节。农村养老服务供给作为养老服务政策的一部分,分散在各个政

---

[1] 朱光磊、张志红:"'职责同构'批判",载《北京大学学报(哲学社会科学版)》2005 年第 1 期。

府部门的相关政策当中。换言之,农村养老服务供给的政策内容是由多项不同政策所构成的系统,为确保政策文本选取的代表性和准确性,本书按照以下原则进行收集和整理。

(1) 在政策文本来源上,综合 A 省政府和中央政府发布的养老服务供给政策。本书所指的养老服务供给政策由以下两类政策构成:一类是 A 省政府根据国家要求直接执行的政策,另一类是 A 省政府根据本省实际自主制定的地方性政策。在政策文本的获取上,一方面是从 A 省相关政府部门(如民政厅、老龄办、人力资源与社会保障厅、财政厅等)查找相关政策文本;另一方面是登陆国务院及其相关部委和 A 省人民政府及其相关职能部门的网站进行政策文本的查阅和下载,并借助万方数据库知识服务平台的"法律法规搜索"功能作进一步检索。此外,还会咨询从事养老服务研究的相关专家,尽可能全面地收集政策文本。

(2) 在政策文本发布时间上,将发布时间控制在 2000~2012 年。本书的目标之一是考察我国进入老龄化社会以来农村养老服务的供给状况。我国自 1999 年进入老龄化社会以来,实施了一系列与养老服务供给相关的公共政策,这些公共政策给当下的农村养老服务供给带来重要影响。此外,由于 2000 年以前的政策文本距离本研究开展之时已有相当长的时间,部分政策文本难以获取,而且有的政策已经失效,为保证研究信度,姑且将政策文本的发布时间限定在 2000~2012 年。

(3) 在政策文本遴选上,必须是政府部门发布的正式政策文本。一是发文单位必须是政府部门,这里的政府取广义政府的概念,包括立法、司法和行政三大部门,分别从国家和 A 省两个层面收集相关政策文本;二是政策必须与养老服务供给相关,包括各项法律、法规条例、规划纲要、意见、办法、通知、公告以及为解决养老服务供给和老人照料问题的政策项目。

3. 养老服务供给政策文本的汇总

经过笔者的收集与筛选，一共收集到 72 项政策文本，具体如表 4-1 所示。

表 4-1 养老服务供给政策汇总

序号	政策文本	发布年份	制定部门	政策属性
1	关于加快实现社会福利社会化的意见	2000 年	民政部、国家计委等 11 部门	参照执行
2	中共 A 省委、A 省人民政府关于贯彻《中共中央、国务院关于加强老龄工作的决定》的意见	2000 年	中共省委、省政府	参照制定
3	省财政厅、国家税务局、省地方税务局转发《财政部、国家税务总局关于对老年服务机构有关税收政策问题的通知》的通知	2000 年	省财政厅、省国家税务局、省地方税务局	参照执行
4	关于转发民政部办公厅《转发财政部、国家税务总局关于对老年服务机构有关税收政策问题的通知》的通知	2001 年	省老龄办	参照执行
5	"社区老年福利服务星光计划"实施方案	2001 年	民政部	参照执行
6	省政府关于批转省老龄事业发展"十五"计划纲要的通知	2001 年	省人民政府	参照制定

续表

序号	政策文本	发布年份	制定部门	政策属性
7	在全国实施社区老年福利服务星光计划报告的通知	2001年	民政部	参照执行
8	A省人民政府批转省民政厅等部门关于对发展社会福利事业实行政策扶持意见的通知	2002年	省人民政府	自主制定
9	共青团中央、全国老龄工作委员会办公室关于实施"志愿者为老服务金晖行动"的意见	2002年	共青团中央、全国老龄办	参照执行
10	A省财政厅关于转发《国家税务总局关于"星光计划"项目建设占地免征耕地占用税的批复》的通知	2003年	省财政厅	参照执行
11	关于加强维护老年人合法权益工作的意见	2003年	全国老龄办、司法部、公安部	参照执行
12	A省人民政府关于进一步加强民政工作的意见	2004年	省人民政府	自主制定
13	关于加强基层老年人协会规范化建设的意见	2004年	省老龄办	自主制定
14	A省民政厅等部门关于转发民政部、财政部、国家发展和改革委员会《关于进一步做好农村五保供养工作的通知》的通知	2004年	省民政厅	参照执行

续表

序号	政策文本	发布年份	制定部门	政策属性
15	关于开展养老服务社会化示范活动的通知	2005年	民政部	参照执行
16	民政部等九部委关于进一步做好新形势下社区志愿服务工作的意见	2005年	民政部、全国总工会、全国老龄办等9个部门	参照执行
17	关于支持社会力量兴办社会福利机构的意见	2005年	民政部	参照执行
18	关于加强老年人优待工作的意见	2005年	全国老龄办、科技部、司法部、财政部等21部门	参照执行
19	中共A省委、A省人民政府关于加快发展现代服务业的实施纲要	2005年	中共省委、省人民政府	自主制定
20	省地方税务局贯彻《省委、省政府〈关于加快发展现代服务业的实施纲要〉〈关于加快现代服务业发展的若干政策〉》的实施意见	2005年	省地方税务局	自主制定
21	省委、省政府关于加快发展现代服务业的若干政策	2005年	省委、省政府	自主制定
22	关于加快发展民政服务业的意见	2006年	省民政厅办公室	自主制定
23	省政府办公厅关于贯彻实施《农村五保供养工作条例》的通知	2006年	省政府办公厅	参照制定

续表

序号	政策文本	发布年份	制定部门	政策属性
24	国务院办公厅转发全国老龄委办公室国家发展改革委等部门关于加快发展养老服务业意见的通知	2006 年	国务院办公厅	参照执行
25	关于农村五保供养服务机构建设的指导意见	2006 年	民政部	参照执行
26	关于在农村基层广泛开展志愿者服务的意见	2006 年	民政部、司法部、文化部、卫生部等 13 个部门	参照执行
27	关于加快发展养老服务业的意见	2006 年	全国老龄办、国家发展改革委、民政部等 10 个部门	参照执行
28	国务院关于加强和改进社区服务工作的意见	2006 年	国务院	参照执行
29	老年人社会福利机构基本规范	2006 年	民政部	参照执行
30	民政部关于贯彻落实《国务院关于加强和改进社区服务工作的意见》的通知	2006 年	民政部	参照执行
31	社会工作者职业水平评价暂行规定	2006 年	人事部、民政部	参照执行
32	"农村五保供养服务设施建设霞光计划"实施方案	2006 年	民政部	参照执行

续表

序号	政策文本	发布年份	制定部门	政策属性
33	助理社会工作师、社会工作师职业水平考试实施办法	2006年	人事部、民政部	参照执行
34	民政部关于开展"全国养老服务社会化示范单位"创建活动的通知	2006年	民政部	参照执行
35	民政部办公厅关于印发《"蓝天图书室"和"夕阳红图书室"援建活动实施方案》的通知	2007年	民政部办公厅	参照执行
36	关于开展农村最低生活保障制度落实情况、《农村五保供养工作条例》执行情况等督促检查的通知	2007年	民政部	参照执行
37	A省人民政府关于加强社区服务促进和谐社区建设的意见	2007年	省人民政府	自主制定
38	省政府办公厅关于进一步做好老年人优待和服务工作的通知	2007年	省政府办公厅	自主制定
39	省物价局关于明确养老服务机构水电气价格的有关问题的通知	2007年	省物价局	自主制定
40	A省实施《中华人民共和国耕地占用税暂行条例》办法	2008年	省政府	参照制定
41	关于全面推进居家养老服务工作的意见	2008年	全国老龄办、民政部、财政部、建设部等11个部门	参照执行

续表

序号	政策文本	发布年份	制定部门	政策属性
42	营业税优惠政策（暂行条例）	2009年	省地方税务局	参照制定
43	A省社区居家养老服务中心（站）评估指标体系	2009年	省老龄办	自主制定
44	中共省委、省人民政府关于加快我省老龄事业发展的意见	2009年	中共省委、省人民政府	自主制定
45	民政部办公厅关于印发第二、第三期"夕阳红图书室"援建活动实施方案的通知	2009年	民政部	参照执行
46	关于开展老年宜居社区和老年友好城市（城区）试点工作的通知	2009年	全国老龄办	参照执行
47	A省居家养老服务规范	2010年	省质量技术监督局	自主制定
48	省政府关于印发进一步加快发展现代服务业若干政策的通知	2010年	省政府	自主制定
49	全国老龄工作委员会办公室关于加强基层老年协会建设的意见	2010年	全国老龄办	参照执行
50	A省老龄事业发展"十一五"规划	2010年	省老龄委	参照制定
51	光荣院管理办法	2010年	民政部	参照执行

续表

序 号	政策文本	发布年份	制定部门	政策属性
52	A省老年人权益保障条例	2011年	省人民代表大会常务委员会	参照制定
53	关于印发民政部《农村五保供养服务机构管理办法》的通知	2011年	省民政厅	参照执行
54	省发展家庭服务业联席会议制度	2011年	省人力资源社会保障厅	自主制定
55	中共A省委、A省人民政府关于大力推进民生幸福工程的意见	2011年	中共省委、省政府	自主制定
56	省政府办公厅印发省政府关于加快构建社会养老服务体系实施意见责任分解方案的通知	2011年	省政府办公厅	自主制定
57	省政府关于印发A省"十二五"老龄事业发展规划的通知	2011年	省人民政府	参照制定
58	A省人民政府办公厅关于加快发展家庭服务业的实施意见	2011年	省人民政府办公厅	参照制定
59	关于员工制家政服务免征营业税的通知	2011年	财政部、国家税务总局	参照执行
60	关于印发养老护理员等四个国家职业技能标准的通知	2011年	人力资源和社会保障部办公厅	参照执行

续表

序号	政策文本	发布年份	制定部门	政策属性
61	省政府关于加快构建社会养老服务体系的实施意见	2011年	省政府	参照制定
62	"农村五保供养服务设施建设霞光计划"实施方案（2011—2015年）	2011年	民政部	参照执行
63	养老护理员国家职业标准（2011年修订）	2012年	民政部	参照执行
64	民政部关于鼓励和引导民间资本进入养老服务领域的实施意见	2012年	民政部	参照执行
65	民政部、国家开发银行关于贯彻落实《支持社会养老服务体系建设规划合作协议》共同推进社会养老服务体系建设的意见	2012年	民政部、国家开发银行	参照执行
66	关于政府购买社会工作服务的指导意见	2012年	民政部、财政部	参照执行
67	省政府关于印发A省"十二五"人口发展规划的通知	2012年	省人民政府	参照制定
68	城镇土地使用税优惠政策	2012年	省地方税务局	参照制定
69	房产税优惠政策	2012年	省地方税务局	参照制定

续表

序　号	政策文本	发布年份	制定部门	政策属性
70	A省社区居家养老服务中心（站）省级"以奖代补"专项资金补助办法	2012年	省财政厅、民政厅和省老龄办	自主制定
71	关于推进老年精神关爱工作的指导意见	2012年	省民政厅、省老龄办、省卫生厅等11个部门	自主制定
72	中华人民共和国老年人权益保障法	2012年	全国人民代表大会常务委员会	参照制定

表4-1从发布年份、制定部门和政策属性三个方面对养老服务供给政策文本进行了汇总。其中，政策属性主要是指地方政府制定政策的具体情形，共有参照执行、参照制定和自主制定三种情形。

第一种情形是参照执行。参照执行就是下级政府直接以上级政府的政策文本作为政策执行的依据，当应对某一政策问题时，下级政府参照上级政府的政策来执行。在现实中，经常出现省级政府直接将国家层面的政策文本转发给下级政府的情形。此时，地方政府就是在传达国家意志。在这种情形下，各级政府在政策目标上具有一致性，政策成本最低且行政效率最高。

第二种情形是参照制定。在该种情形下，下级政府对上级政府的政策进行"再制定"，即下级政府参照上级政府的要求，结合本辖区实际情况进一步制定政策。一般来说，国家层面的公共政策往往只对指导思想、总体要求、保障措施等内容作出总体性、原则性规定，而各地方政府还要结合自身实际情况再制定实施细则，让政策更具针对性和可操作性。地方政府根据国家政策制定本辖区政策时，都是在法定的制度规范和体制结构中进行。从法律的角度看，地方性的法律法规都不得与国家制度和中央政策相抵触，但地方政府仍会有自身的利益偏好。典型的例子就是房地产市场调控，中央政府出于社会整体利益的考虑，采取多项政策措施对房地产市场进行宏观调控，然而有的地方政府囿于地方经济增长、土地财政、城市扩张等利益追求，而采取某些与中央不同步的政策。又譬如，中央政府要求各地方妥善解决外来人口子女的义务教育问题，但有的地方政府不仅加大教育经费投入，而且增加相应学位。也有的地方政府表示会妥善解决外来人口子女的义务教育问题，却没能作出实质性的政策安排。尽管地方政府会采取与中央不同步的政策，但无论如何都不可能越过中央政府的制度规范和体制结构。中央政府的制度规范和体制结构往往构成地方政府制定政策的制度空间，换句话说，中央政府的制度规范和体制结构会对地方政府的政策制定构成结构性影响。

第三种情形是自主制定。也就是说，国家还没有明确某一政策领域的态度时，地方政府为解决政策问题而自主、主动地制定政策。如果说第二种情形是地方政府根据国家政策进一步制定具体政策的话，那么这里就是地方政府根据实际政策问题开展自主探索，而非为达到上级政府的要求所作出的被动回应。譬如，部分省份在早些年实施的"土地换社保"政策，就是地方政府为解决失地农民的社会保障问题而自主做出的政策探索。当时中央政府在失地农民社会保障问题上还没有做出明确的制度设计，部分地方依据当地实际，自主探索出"土地换社保"政策。当然，"土地换社保"政策已广受诟病，其取向也值得商榷。

从理论上看，有可能存在下级政府"不理睬"上级政府政策的情形，但这一情形在现实中一般不会出现。而且，这得到A省相关厅级单位官员的认同。

> A省人力资源社会保障厅法规处副处长：
> 首先，我们与部里是业务指导关系，他们是我们业务上的上级，（业务上）得听他们的，同时我们也要根据省政府里头的要求办事。上面部里下达一个通知或文件的话，我们都是要把这个文件转发到下面市一级负责这方面工作的部门。这是一个情况。另外呢，假如我们觉得这个事情还需要进一步结合我们省的具体情况，提出一些具体的要求或做法，我们可以根据部里的精神、部署、要求等方面制定一个可以贯彻执行的具体文件……有时候牵涉的部门比较多，还要上报省里，通过省政府来发文。（**访谈资料，编号：RBT20121211G01**）

> A省民政厅负责法规政策的科长：
> ……比方说啊，像省里可能很早就为解决某一问题专门发布了文件，但后来部里或者国务院又出了新文件，这样肯定要以国家或部里的政策为准呀，你省里不能与上面（国家或上级部委）冲突，这是不允许的，要和我们对口的部委保持一致……总的来说下面都会贯彻（上级部门的政策），这是省里对他们的要求啊！我们是上级，他们是下级，下级肯定要贯彻执行上级的文件和精神。后面还有考核的呢……差别可能就是贯彻执行的力度吧。（**访谈资料，编号：MZT20120506G02**）

A 省财政厅一科员：

部里制定了相关文件就是要对相关问题提出要求和解决思路，要得到执行的话，(部里的文件) 是必须要转发到省里来，不然的话制定这个玩意还干吗呢?!（部里的文件）下发到省之后，省再转发到地级市，地级市再转发到县、乡镇，一层一层往下传达，这是我们国家行政体制所决定的呀。(访谈资料，编号：CZT20130108G03)

(二) 政策文本的基本特征

在全面收集养老服务供给领域的政策文本之后，还需要对这些政策文本的基本情况进行分析，分析前的一项工作就是要对这些政策文本作出分类，选择标准就成了首要性和基础性的任务。分类标准的重要性，笔者在前文关于养老服务分类的内容中已进行过详细阐述，在此不再赘述。对于政策文本的分类与分析，已有的研究虽不算太多，但也是有的。例如，刘小年从类型、层次、内容和数量四个方面对中国农民工政策进行了详细阐述。[1] 张恺悌借鉴西方学者韦斯特修斯（Westhues）关于政策结构的分类方式，从内容、行政和部门三个维度对中国农村老龄政策的文本结构进行了分析。[2] 结合已有研究成果，本书从年份分布、政策属性、政策类型、制定主体和政策内容五个维度对养老服务供给政策文本的总体情况进行介绍。

---

[1] 刘小年：《中国农民工政策研究》，湖南人民出版社 2007 年版，第 27~38 页。

[2] 张恺悌主编：《中国农村老龄政策研究》，中国社会出版社 2009 年版，第 36~38 页。

1. 年份分布

从表4-1可以知道,从2000~2012年,A省养老服务供给领域的政策文本共有72项。经验地看,政策文本数量在一定程度上显示出政府对该政策问题的重视程度。政府针对某个政策问题所制定的政策文本数量较多,一方面表明政府对该政策问题作出持续介入,是政府责任的表现;另一方面则意味着该政策问题还没有得到有效解决,政府不得不继续制定更多的政策。从政策文本的发布时间来看,其分布如表4-2和图4-3所示。

表4-2 A省养老服务供给政策文本的年度分布

年 份	2000	2001	2002	2003	2004	2005	2006	2007	2008	2009	2010	2011	2012
政策文本(项)	3	4	2	2	3	7	13	5	2	5	5	11	10

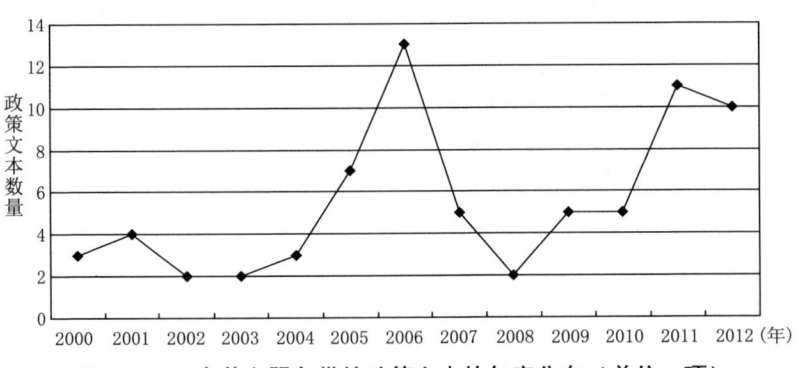

图4-3 A省养老服务供给政策文本的年度分布(单位:项)

从图4-3可以看到,从2000年到2004年,A省每年发布养老服务供给的政策文本在2~4项之间。随后,政策文本数量在2005年和2006年出现快速增长,并在2006年迎来一个峰值,

2006年发布的政策文本就达到13项。政策文本数量在随后四年开始回落，后于2011年迎来一个政策文本数量的次峰值，2011年共发布了11项政策文本。自21世纪以来，党和国家开始强调"民生"问题的重要性，于2004年提出"构建社会主义和谐社会"的战略部署。伴随人口老龄化形势的日益严峻，养老服务体系建设作为构建和谐社会的一个重要内容，自然容易得到中央和地方的重视。

2. 政策属性

在72项养老服务供给政策文本中，参照执行、参照制定和自主制定这三种政策属性所占比重如图4-4所示。

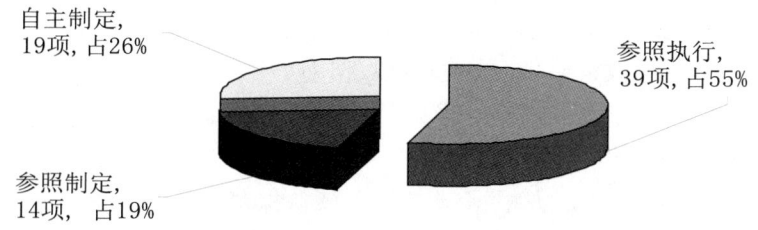

图4-4 养老服务供给政策属性的数量和比例

从图4-4可以看到，"参照执行"的政策最多，共有39项，所占比例超过总体的一半，达55%；"参照制定"的政策有14项，所占比例为19%。"参照执行"和"参照制定"这两项所占比例合计高达74%，这表明A省的养老服务供给政策有很大一部分直接来源于中央政府及其部委或者是由中央政府及其部委推动所制定的。当然，A省政府在养老服务供给中的责任定位也得益于中央政府及其部委的责任定位。因为上级政府的责任定位对下级政府制定和执行某一项政策具有重要的推动作用，这是"自上而下"的政策过程，我国其他政策领域也普遍存在这一现象，这在一定程度上佐证了本书选取省级政府来研究政府责任的合理性。当然，也不否认 A 省政府在政策实践上的自主创新，因为"自主制定"的政策也有 19 项，比例达到 26%，高于"参照制定"的比例。

3. 政策类型

从政府层级上看，72 项政策文本涉及国家和省级两个层级的政府部门。在政策类型上，公共政策可以分为元政策、基本政策和具体政策三种类型。此外，还可以从政策操作性的角度将公共政策进一步分为四种类型，即战略型政策、立法型政策、项目型政策和操作型政策。战略型政策是关于发展养老服务业的宗旨和目标的设想，与战略计划相联系，也就是涉及全局层面所制定和达成的总体行动计划、发展纲要以及五年规划，等等。立法型政策包括立法和行政部门所制定的法律、法规及其贯彻实施的条款、规定、准则等。例如，国家制定的《中华人民共和国老年人权益保障法》（以下简称《老年人权益保障法》），以及各地方根据《老年人权益保障法》制定的地方性法律就属于立法型政策。项目型政策包括为达到某一目标而开展的各种针对性项目，如社区老年服务星光计划。操作型政策是关于某一项政策所需要的资金、人力资源和部门权限的具体规定。战略型政策和立法型政策以战略设计为主，比较注重中期和长期效益，二者可以作为出台项目型政策与操作型政策的一种依据。项目型政策与操作型政策一般以应对问题为主，比较注重当前和短期效益。当然，由于本书是以省级政府为例，对公共政策做出以上的划分，也是相对的。例如，省级政府的战略型政策在国家层面可能就是项目型政策，省级政府的操作型政策在市、县和乡镇政府层面，可能就成了项目型政策甚至是战略型政策。在四种政策类型的划分上，本书以省级政府的定位为标准,这是需要交代的地方。在四种公共政策类型的基础上,笔者又对每一种政策类型作了进一步细分。战略型政策包括规划纲要和战略指导型政策;立法型政策包括专项法律和综合性法律;项目型政策主要包括社会项目;操作型政策包括专项政策和综合性政策。因此,A省养老服务供给政策类型的具体分布如表4-3所示。为更形象地反映养老服务供给政策类型之间的比重关系,笔者还绘制了图4-5。

表4-3 养老服务供给政策类型的具体分布

代码	政策类型	频数(项)	百分比(%)	累积百分比(%)
1	规划纲要	5	6.9	6.9
2	战略指导型政策	2	2.8	9.7
3	专项法律	0	0	9.7
4	综合性法律	2	2.8	12.5
5	社会项目	9	12.5	25.0
6	专项政策	47	65.3	90.3
7	综合性政策	7	9.7	100.0
合计		72	100.0	

从表4-3和图4-5可以看到,A省养老服务供给政策主要集中在操作型政策,共有54项,占75%。更具体地看,操作型政策有47项属于专项政策,占政策文本总量的65.3%,所占比重最高,而综合性政策只有7项,仅占9.7%。项目型政策共有9项,所占比例为12.5%,这说明有部分养老服务供给政策是通过社会项目的方式得以实施,像"老年福利服务星光计划"就是一个典型例子。战略型政策有7项,其中规划纲要5项,战略

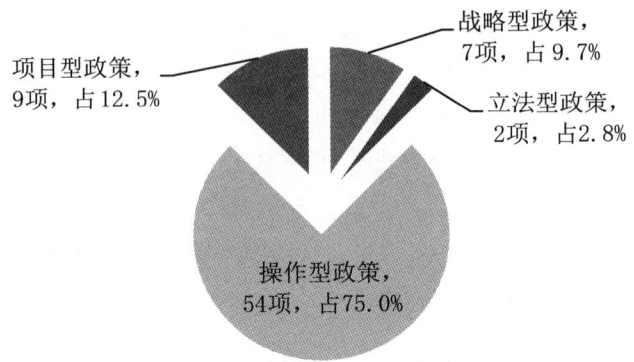

图 4-5 养老服务供给政策的类型

指导型政策 2 项。在所有政策类型当中，立法型政策的数量最少，只有 2 项，所占比例仅为 2.8%，且都是综合性法律。目前，国家和 A 省均没有针对养老服务供给领域出台过专项法律，养老服务供给涉及的法律关系主要通过《宪法》《老年人权益保障法》《婚姻法》《民法通则》《民法总则》等法律加以调节。总体上看，养老服务供给领域缺乏专门的立法，法制化程度不高。另外，尽管 A 省对养老服务供给领域也制定过五年规划之类的战略设计，但政策设计仍以操作型政策和项目型政策为主，这意味着 A 省的养老服务供给政策偏重于操作型，这对下级政府的政策制定与执行具有较强的指导意义。然而，立法型政策偏少，难以为政策的持续执行提供充足的法律依据。一般而言，法制化程度越高，政策得以持续执行的可能性就越大。

4. 制定主体

在 72 项养老服务供给政策文本中，政策制定主体分散在不同的政府部门，主要包括民政、老龄工作、社会保障、财政、税务、教育等众多职能部门，不同政策制定主体形成一个网络系统。不同政府部门的政策在政策效力上呈现出一定的差异性。

那么，如何分清这72项政策文本的政策效力层次？在这里，笔者结合政策制定主体及行政级别，对发布政策的部门署名进行统计分析，将养老服务供给政策的政策效力从低到高分为如下八种情形，即单厅（局），两厅（局）及以上，省委、省政府或其一，省人大（常委会），单部委，两部委及以上，中共中央、[1]国务院或其一，全国人大（常委会）。一般而言，政策制定主体的行政级别越高，其政策效力就越高；在同一层级政府部门中，多部门联合发文比单一部门发文的政策效力高。72项政策文本的制定主体情况如表4-4所示。

表4-4　养老服务供给政策的制定主体

序号	制定主体	频数（项）	百分比（%）	累积百分比（%）
1	单厅（局）	14	19.4	19.4
2	两厅（局）及以上	3	4.2	23.6
3	省委、省政府或其一	19	26.4	50.0
4	省人大（常委会）	1	1.4	51.4
5	单部委	19	26.4	77.8
6	两部委及以上	13	18.1	95.8
7	中共中央、国务院或其一	2	2.8	98.6
8	全国人大（常委会）	1	1.4	100.0
	合计	72	100.0	

［1］因为中国的政治体制与西方国家不同，中国共产党处于领导核心地位，党的大政方针会对政府部门的政策制定产生重大影响，因此，此处将中共中央和A省省委发布的相关政策也纳入其中。

从表4-4可以看到，养老服务供给政策的制定主体主要以单部委、中共省委、省政府或其一，单厅（局），两部委及以上这四种情形为主。其中，"省委、省政府或其一"和"单部委"作为政策制定主体的频数最高，均有19项，"单厅（局）"和"两部委及以上"的频数分别是14项和13项。以"省委、省政府或其一"名义发布的政策文本数量较多，这表明A省比较重视养老服务供给这一政策议题，是政府责任的体现。就国务院各部委发布的政策情况来看，单部委发布的政策占据多数，主要以民政、老龄委等部门为主。与此同时，还有13项政策的制定主体是两部委及以上，这表明养老服务供给政策并非局限于民政、老龄委等部门，还得到财政、人力资源、税务等多个部门的支持和协助。

5. 政策内容

政策内容在很大程度上凸显出政府责任的定位。要判断政府在养老服务供给中承担了哪些责任，就需要对政策内容进行总结与归纳。直观地看，72项政策文本的内容主要涵盖养老服务机构发展、养老服务规范和标准、老人文体活动、社区服务建设、财政税收优惠等多个方面。基于养老服务供给的"十字"模型，从家庭养老服务、社区照顾服务、公共养老服务和商业养老服务四方面对政策内容加以概括和分析，大致考察出A省政府在养老服务供给中的责任定位。因为一项政策文本可能会涉及多项政策内容（即不同类型养老服务的供给问题及其解决方式、各类养老服务的地位关系，等等），所以当某一项政策文本同时出现不同类型养老服务供给的相关表述时，都会在相应的政策内容上进行统计。

表 4-5　四类养老服务在政策文本中的分布

序　号	政策内容	频数（项）	百分比（%）	累积百分比（%）
1	家庭养老服务	4	3.9	3.9
2	社区照顾服务	25	24.2	28.1
3	公共养老服务	38	36.9	65.0
4	商业养老服务	36	35.0	100.0
合　计		103	100.0	

从表4-5可以看到，72项政策文本对家庭养老服务、社区照顾服务、公共养老服务和商业养老服务四方面的内容均有所涉及，但在具体分布上呈现出一定的差异。共有38项内容涉及公共养老服务，36项内容涉及商业养老服务，二者所占的比重合计达到71.9%。在A省，公共养老服务和商业养老服务主要以机构养老服务为主，属于正式社会支持。这表明，A省目前比较重视机构养老服务的建设，养老服务供给的政策方向主要是机构养老服务，也意味着政策资源主要投放在机构养老服务。有25项内容涉及社区照顾服务，这主要受近年社区建设和居家养老服务体系建设的影响，社区照顾服务逐渐受到重视。尽管像"坚持家庭在养老保障中的基础性地位"的表述常常出现在政策文本中，但家庭养老服务的相关内容仅有4项，这表明A省政府并没有把政策的着力点放在家庭养老服务上面。在现实中，家庭养老服务供给就只能依靠个人和家庭成员的伦理道德加以维系。从养老服务供给政策涉及的内容来看，A省的政府责任主要集中在公共养老服务和商业养老服务，社区照顾服务逐步受到关注，而家庭养老服务没能成为政府责任的主要关

注点。

三、农村养老服务供给政策中的政府责任分析

在对政府责任分析路径和养老服务供给政策的基本情况进行介绍后，下面就遵循"政策价值—政策目标—政策工具"的逻辑进路对A省养老服务供给政策文本进行内容分析，以探析A省政府在养老服务供给中的责任定位，并揭示政府责任在"政策价值—政策目标—政策工具"的路径中如何影响了农村养老服务供给状况。

（一）政策价值维度中的政府责任

1. 政策价值的编码说明

在对政策内容分析之前，首先要对政策文本进行开放式编码，提炼出核心类属或者主题词。需要说明的是，虽然大部分政策文本都会对政策价值作出相关表述，但少部分政策文本（如法律、行业标准类文本）不会直接提及政策价值，因而只能通过这些政策文本的相关内容做间接归纳。在政策价值上，本书以养老服务供给的责任导向作为考察点，即供给责任侧重于个人？还是家庭？抑或是政府？这里主要参照社会支持网络理论，并结合我国农村社会的实际情况，将政策价值的责任导向分为个人导向、家庭导向、农村集体导向、市场导向、社会导向和国家导向六种类型。编码的大致步骤如表4-6所示，详细的编码说明请参见附录1和附录2。

表 4-6　养老服务供给政策价值的编码说明

	具体形式与编码	编码说明
政策价值（1）	个人导向（1-1）	坚持老人自身在养老服务供给和照料中的作用和责任，也就是自我照料
	家庭导向（1-2）	强调家庭在照料老人中的责任，一般含有诸如"家庭为基础""坚持家庭养老""发挥家庭重要作用"等表述
	农村集体导向（1-3）	强调农村集体（或社区）作用，一般含有诸如"发挥、强化农村集体作用"等表述
	市场导向（1-4）	强调市场作用，一般含有诸如"发挥市场机制的基础性地位""积极引进市场机制、民间资本""产业化"等表述
	社会导向（1-5）	强调社会相关主体作用，一般含有诸如"社会化道路""广泛动员社会力量""积极推进……社会化""发挥、引导志愿服务或志愿组织作用"等表述
	国家导向（1-6）	强调政府在养老服务供给中的责任，一般含有诸如"政府主导""政府加大……的投入"等表述

2. 政策价值：充分展现出国家责任导向

通过政策文本的内容分析，可以对 2000~2012 年 A 省的养老服务供给政策作出总体性描述，具体从个人、家庭、农村集体、市场、社会和国家这六种政策价值导向进行统计分析，结果如表 4-7 所示，笔者还将这一结果形象地反映在图 4-6 上。

表 4-7 2000~2012 年 A 省养老服务供给政策价值的总体导向

政策价值	频数（次）	百分比（%）
个人导向	10	4.3
家庭导向	14	6.0
农村集体导向	20	8.5
市场导向	37	15.7
社会导向	65	27.7
国家导向	89	37.8
合　　计	235	100.0

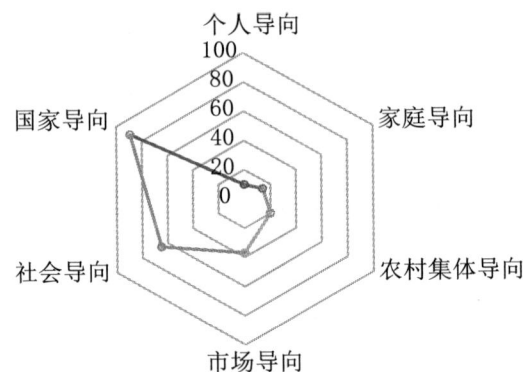

图 4-6 2000~2012 年 A 省养老服务供给政策价值的总体导向

从表 4-7 和图 4-6 的统计结果来看，A 省政府在政策价值表述中强调了个人、家庭、农村集体、社会、市场和国家的责任，最典型的就是政策文本常常出现诸如"居家（家庭）为基础，社区服务为依托""政府为主导"等表述。尽管政策文本对以上多方供给主体的责任都有所强调，但还是可以发现，"国家导向"在政策文本中出现的频数最高，达到 89 次。从政策价值的角度上看，这意味着政府注重自身在养老服务供给中的责任，并没有将养老服务供给的责任完全推给个人和家庭。"社会导向"和"市场导向"在政策文本中出现的频数分别是65次和37次，这说明政府注重引入社会力量和市场主体参与养老服务供给。与此同时，虽然政策文本提及农村集体、家庭和个人在养老服务供给中的责任，但与国家、社会和市场相比，它们并非居于主导地位。为了进一步论证上述观点，下面将对政策价值做出年度分析，即从2000年至2012年这十三年时间里，每一年度的政策价值是如何分布的？每个年度出现哪些变化？具体如表4-8和图4-7所示。

表4-8 养老服务供给政策价值的年度分布（单位：次,%）

年 份	个人导向	家庭导向	农村集体导向	市场导向	社会导向	国家导向	汇 总
2000年	0（0.0）	2（25.0）	1（12.5）	0（0.0）	2（25.0）	3（37.5）	8（100.0）
2001年	1（5.3）	2（10.4）	0（0.0）	4（21.1）	6（31.6）	6（31.6）	19（100.0）
2002年	0（0.0）	0（0.0）	0（0.0）	0（0.0）	2（100.0）	0（0.0）	2（100.0）
2003年	0（0.0）	1（20.0）	1（20.0）	0（0.0）	2（40.0）	1（20.0）	5（100.0）
2004年	0（0.0）	1（5.6）	4（22.2）	5（27.8）	5（27.8）	3（15.6）	18（100.0）
2005年	0（0.0）	0（0.0）	1（4.8）	5（23.8）	7（33.3）	8（38.1）	21（100.0）
2006年	4（6.8）	1（1.7）	6（10.2）	6（10.2）	17（28.8）	25（42.3）	59（100.0）
2007年	1（8.3）	0（0.0）	1（8.3）	2（16.6）	2（16.6）	6（50.2）	12（100.0）
2008年	0（0.0）	0（0.0）	1（16.7）	1（16.7）	2（33.3）	2（33.3）	6（100.0）
2009年	0（0.0）	0（0.0）	0（0.0）	1（12.5）	2（25.0）	5（62.5）	8（100.0）
2010年	2（14.3）	0（0.0）	0（0.0）	2（14.3）	5（35.7）	5（35.7）	14（100.0）
2011年	2（5.5）	5（13.5）	4（10.8）	5（13.5）	8（21.6）	13（35.1）	37（100.0）
2012年	0（0.0）	2（7.7）	1（3.8）	6（23.1）	5（19.2）	12（46.2）	26（100.0）

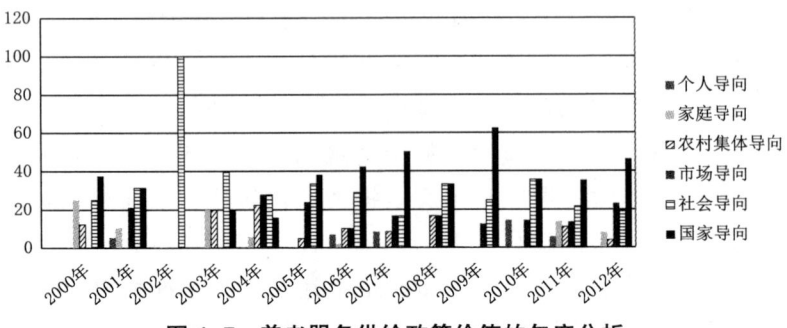

图 4-7 养老服务供给政策价值的年度分析

从表4-8和图4-7的统计结果来看，在2000年、2005年、2006年、2007年、2009年、2011年和2012年这七个年度中，"国家导向"被强调得最多，在2002年、2003年和2004年这三个年度中，"国家导向"的表述相对偏少。自2005年以来，政策价值越来越强调"国家导向"，这暗示着政府逐步意识到自身在养老服务供给中的责任，在政策宣示上愿意承担相应责任。"社会导向"在每一年度的政策文本中都有所强调，而从2004年开始，"市场导向"逐步得到加强，这与前文的结论相一致，即政府注重引入社会力量和市场主体参与养老服务供给。因为在2000年以后，我国开始强化"社会福利社会化"的政策导向，不管是中央政府还是地方政府，它们都倾向于鼓励和支持社会力量与民间资本进入社会福利领域。所以，在这十几年时间里，社会和市场的供给责任在政策文本中得到一定程度的强调，特别是在2002年、2003年和2004年这三年时间里，"社会导向"和"市场导向"在统计频数上超过了"国家导向"（见表4-8）。发挥社会力量和市场主体的作用无疑可以推进养老服务体系建设，但容易诱发过度市场化的倾向，部分地方甚至出现将"社会福利社会化"误解为"社会福利市场化"的现象，这是农村养老服务供给需要警惕的地方。

从政策价值的统计分析来看，不管总体还是年度，政策价值这一维度都较好地体现出国家导向，这意味着政府愿意承担起养老服务供给的相应责任。可以说，在政策价值维度上，A省政府已建立了一个涵盖政府、市场、社会、农村集体、家庭、个人等多元主体的责任框架，充分展现出国家责任导向，注重发挥政府在养老服务供给中的作用，政府没有过分地强调个人导向和家庭导向，更没有将养老服务的供给责任完全推向个人和家庭。

前文提出过"政府应该在养老服务供给中承担起足够的、相应的责任"的观点。从政策价值上看，政府愿意在养老服务供给中承担起相应责任，那是否就可以下结论说，政府在养老服务供给中已经承担了应有责任？笔者认为还需要进一步考察政策目标和政策工具。诚如前文所说的，养老服务包括家庭养老服务、社区照顾服务、公共养老服务和商业养老服务四种类型，政府应该根据政策目标群体的需求偏好，在每一类养老服务供给中承担起相应责任，才能实现养老服务的有效供给。其实，这里隐含着政策价值是否转化为相应政策目标的疑问。下面就对养老服务供给政策文本的政策目标进行分析。

（二）政策目标维度中的政府责任

1. 政策目标的编码说明

同样地，在对政策目标进行统计分析之前，需要对养老服务供给政策文本中的政策目标进行编码。编码的大致步骤如表4-9所示，将政策目标具体分为促进家庭养老服务发展与供给、促进社区照顾服务发展与供给、促进公共养老服务发展与供给和促进商业养老服务发展与供给四大类型，然后对每种政策目标作出界定，详细的编码说明请参见附录1和附录2。

表 4-9　养老服务供给政策目标的编码说明

	具体形式与编码	编码说明
政策目标 (2)	促进家庭养老服务发展与供给 (2-1)	为促进家庭在照料老人中发挥作用,含有诸如"以家庭养老为基础""促进家庭在养老中的基础性作用"等表述
	促进社区照顾服务发展与供给 (2-2)	旨在推动老人照料服务和设施的社区建设,一般含有诸如"社区服务为依托""推进居家服务发展"等表述
	促进公共养老服务发展与供给 (2-3)	旨在强化国家运用社会福利事业机构照顾部分特殊的、处于弱势地位的老年群体,一般含有诸如"国家办养老院""政府办养老院""推进五保供养机构发展"等表述
	促进商业养老服务发展与供给 (2-4)	为推进社会福利社会化改革和应对人口老龄化所带来的照料服务需求,一般含有诸如"市场、社会力量、民间资本等兴办养老院、老年公寓"等表述

2. 政策目标:重点集中在公共养老服务和商业养老服务

政策目标体现出政府对各类养老服务地位关系的认知,也就是政府责任的第一个层面（R_1）。与前面的分析思路一样,先从总体上对 2000~2012 年 A 省养老服务供给政策目标的总体导向进行统计分析,然后在年度分布上做进一步分析。从表 4-10 和图 4-8 的统计结果来看,"促进家庭养老服务发展与供给"在政策文本中出现的频数只有 8 次,仅占政策目标表述的 5.4%,可见,"促进家庭养老服务供给和发展"没被视为主要的政策目标。"促进社区照顾服务发展与供给"在政策文本中出现的频数达到 43 次，占政策目标表述的 29.1%，这说明 A 省政府对社区照顾服务的发展与供给给予一定关注。从实际情况来看，A 省农村地区以志愿性帮扶、集中居住为主要形式的社区照顾服务逐步获得发展，解决了部分留守老人的日常照料问题。"促进公共养老服务发展与供给"在政策文本中出现的频数达到 52 次，"促进商业养老服务发展与供给"的频数也有 45 次，二者在政策目标表述中的比重合计高达 65.5%。可见，A 省政府的政策目标总体偏向于公共养老服务和商业养老服务，把发展公共养老服务和商业养老服务作为政策目标的重点。在政策目标维度上，A 省政府的责任方向主要集中在公共养老服务和商业养老服务，社区照顾服务开始受到一定的关注，而家庭养老服务没能作为政府责任的一个主要方面。A 省政府将公共养老服务和商业养老服务作为养老服务供给的主要目标，自上而下地往基层政府传达，然后辅以必要的考核手段，使得基层政府加大养老服务机构的建设，更导致个别政府片面追求养老服务机构数量以及床位数。这得到了实地访谈的佐证。

J 市民政局社会救助科科长：

上面（省民政厅）提出要求了，（民政厅）下来人到我们这里视察过，专门提到经济发达地区要带头，把养老院搞上去，争创典型。我们跟着上面说的干，他说要看（养老）机构数量和床位数，我们就按他说的干。（访谈资料，编码：JMZJ201205G04）

H 县民政局副局长：

其实，我也知道单纯建养老院和增加床位数这一途径是存在问题的。我在下面跑过很多地方，看过不少养老机构，尤其是私人办的养老机构，他们的入住率不高。如果真想达到预想中的效果，我们也只能在目前的政策范围内作适当幅度的调整，这个幅度就必须要把握好了。(访谈资料，编码：HMZJ20120507G10)

表4-10　2000~2012年A省养老服务供给政策目标的总体偏向

政策目标	频数（次）	百分比（%）
促进家庭养老服务发展与供给	8	5.4
促进社区照顾服务发展与供给	43	29.1
促进公共养老服务发展与供给	52	35.1
促进商业养老服务发展与供给	45	30.4
合　　计	148	100.0

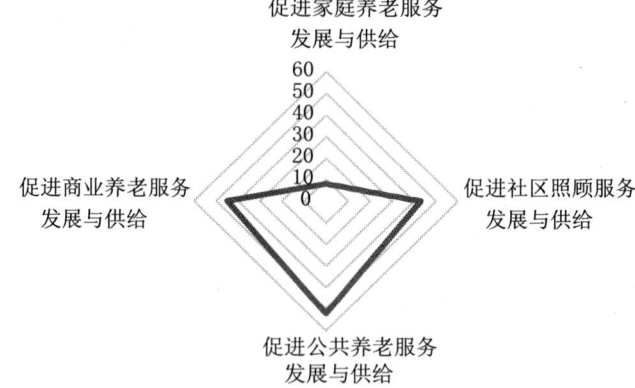

图4-8　2000~2012年A省养老服务供给政策目标的总体偏向

为进一步验证上面的观点，下面将从年度分布的角度对A省养老服务供给政策目标进行统计分析。

第四章 农村养老服务供给结构性困境的政府责任根源

表 4-11 养老服务供给政策目标的年份分布（单位：次，%）

年份	促进家庭养老服务发展与供给	促进社区照顾服务发展与供给	促进公共养老服务发展与供给	促进商业养老服务发展与供给	汇总
2000 年	0（0.0）	1（14.2）	3（42.9）	3（42.9）	7（100.0）
2001 年	1（11.2）	2（22.2）	4（44.4）	2（22.2）	9（100.0）
2002 年	0（0.0）	1（33.3）	1（33.3）	1（33.3）	3（100.0）
2003 年	1（16.7）	2（33.3）	2（33.3）	1（16.7）	6（100.0）
2004 年	1（16.7）	2（33.3）	2（33.3）	1（16.7）	6（100.0）
2005 年	1（7.1）	4（28.6）	4（28.6）	5（35.7）	14（100.0）
2006 年	0（0.0）	8（29.6）	11（40.8）	8（29.6）	27（100.0）
2007 年	0（0.0）	3（30.0）	3（30.0）	4（40.0）	10（100.0）
2008 年	0（0.0）	1（33.3）	1（33.3）	1（33.3）	3（100.0）
2009 年	0（0.0）	5（55.6）	2（22.2）	2（22.2）	9（100.0）
2010 年	0（0.0）	4（40.0）	3（30.0）	3（30.0）	10（100.0）
2011 年	2（8.7）	4（17.4）	9（39.1）	8（34.8）	23（100.0）
2012 年	2（9.5）	6（28.6）	7（33.3）	6（28.6）	21（100.0）

如表 4-11 和图 4-9 所示，在 2000~2012 年的每一个年度里，社区照顾服务、公共养老服务和商业养老服务都在政策目标表述中占据一定比重。在 2001 年、2006 年、2011 年、2012 年这四个年度中，"促进公共养老服务发展与供给"是最受关注的政策目标。另外，在 2000 年、2002 年、2003 年、2004 年和 2008 年这五个年度中，"促进公共养老服务发展与供给"与其他政策目标处于并列地位。"促进商业养老服务发展与供给"在 2005 年和 2007 年这两个年度中是最受关注的政策目标，此外，

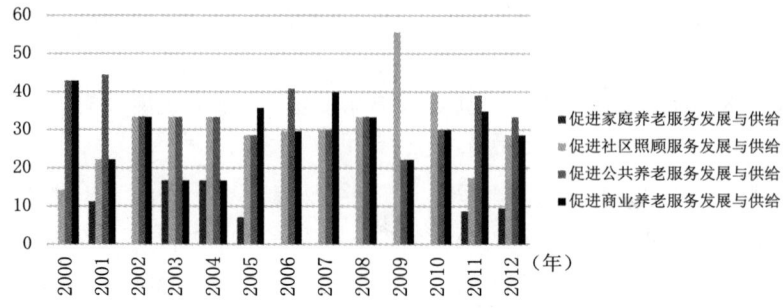

图 4-9 养老服务供给政策目标的时间横向分析

在 2000 年、2002 年、2008 年这三个年度中，它与其他政策目标处于并列地位。"促进社区照顾服务发展与供给"在 2009 年和 2010 年这两个年度中是最受关注的政策目标，此外，在 2002 年、2003 年、2004 年和 2008 年这四个年度中，它与其他政策目标处于并列地位。在每一个年度的政策目标表述中，"促进家庭养老服务发展与供给"所占的比重都很低，而且在 2000 年、2002 年、2006 年、2007 年、2008 年、2009 年和 2010 年这七个年度中，政策目标表述均没有涉及家庭养老服务。

可见，四类养老服务在当前的政策目标表述中存在地位差异，这一差异体现出政府责任的重点和方向，更反映出政府对四类养老服务地位关系的定位，也就是第一个层面的政府责任（R_1），它对政策执行和资源分配产生直接影响。在当前 A 省的养老服务供给中，政策目标序列为：促进公共养老服务发展与供给、促进商业养老服务发展与供给、促进社区照顾服务发展与供给、促进家庭养老服务发展与供给。这反映了 A 省将政府责任的重点集中在公共养老服务和商业养老服务上面，社区照顾服务获得一定的关注，而家庭养老服务没能作为政策目标的重要方面，没有得到政府责任的足够支持。

（三）政策工具维度中的政府责任

1. 政策工具的编码说明

在"政策价值—政策目标—政策工具"的政府责任分析路径中，政策工具是分析政府责任的最后一个环节，政策工具的运用在很大程度上体现出政府干预程度的高低，反映出政府为实现自身责任所做出的制度安排。如果政策工具的强制性程度高，那么政府干预程度就高，政府责任强度也就高。易言之，政策工具是实现政府责任的手段与途径，养老服务供给中的政策工具运用状况反映了政府责任的强度。

在政策工具的具体划分上，豪利特等人的政策工具图谱构成了政策工具分类的重要理论基础，但这并非意味着本书就是对政策工具图谱的生搬硬套：一方面，这不符合学术研究的本质和宗旨；另一方面，西方理论在中国的本土化不足已致使很多研究备受诟病。所以，笔者在借鉴豪利特等人的理论基础上，围绕本书的研究思路，结合农村养老服务供给领域的特点，进一步细分出每种政策工具的具体形式，这样既可以考察出政府责任通过哪些政策工具加以实现，又可以对豪利特等人的政策工具图谱开展中国本土化的尝试。当然，政策工具图谱的中国本土化尝试已受到部分学者的重视，较具代表性的研究如下：朱春奎以城镇医疗保障体制改革为例，结合我国实际情况，对豪利特等人的政策工具图谱进行了操作化和补充；[1] 赵德余以豪利特等人的政策工具图谱为基础，结合政策治理的交易关系的货币化程度，进一步构建了一个关于政策工具的二维分类图

---

[1] 朱春奎等：《政策网络与政策工具：理论基础与中国实践》，复旦大学出版社2011年版，第134~136页。

系。[1] 在本书中，政策工具形式有可能出现更多类型，其类型划分可能更具复杂性，这需要对政策工具形式做出适当扩充。养老服务供给政策工具的编码说明和要求如表4-12所示，详细的编码说明请参见附录1和附录2。

表4-12 养老服务供给政策工具的编码说明

工具类型	工具名称	具体形式与编码	编码说明
自愿性工具（3-1）	家庭与社区（3-1-1）	家庭成员（3-1-1-1）……名称（3-1-1-n）	根据具体情况进行归纳和编码
	第i种工具名称（3-1-i）	名称（3-1-i-1）……名称（3-1-i-n）	根据具体情况进行归纳和编码
混合型工具（3-2）	信息与劝诫（3-2-1）	信息发布与公开（3-2-1-1）……名称（3-2-1-n）	根据具体情况进行归纳和编码
	第j种工具名称（3-2-j）	名称（3-2-j-1）……名称（3-2-j-n）	根据具体情况进行归纳和编码
强制性工具（3-3）	管制（3-3-1）	制定、完善法规和措施（3-3-1-1）……名称（3-3-1-n）	根据具体情况进行归纳和编码
	第k种工具名称（3-3-k）	名称（3-3-k-1）……名称（3-3-k-n）	根据具体情况进行归纳和编码

---

[1] 赵德余：《公共政策：共同体、工具与过程》，上海人民出版社2011年版，第77页。

2. 政策工具：凸现具体的政府责任

政策工具反映出政府在养老服务供给中承担了哪些具体责任，也就是第二个层面的政府责任（R_2）。

（1）家庭养老服务供给中的政策工具。A 省政府在家庭养老服务供给中运用的具体工具，如表 4-13 所示。根据统计分析，自愿性工具的频数为 41 次，强制性工具的频数为 59 次，混合型工具的频数为 71 次。由此可见，A 省政府主要运用混合型工具解决家庭养老服务的供给问题，政府在家庭养老服务供给中的责任主要通过混合型工具表现出来。

表 4-13　2000~2012 年家庭养老服务供给中的政策工具（单位：次）

自愿性工具（41）		强制性工具（59）		混合型工具（71）	
工具类型	具体形式	工具类型	具体形式	工具类型	具体形式
家庭与社区（19）	家庭成员（13）	管制（46）	制定、完善法规和措施（8）	信息与劝诫（57）	信息发布和公开（1）
	亲朋（3）		监督检查（3）		舆论宣传（12）
	邻里关系（3）		指示指导（3）		劝诫和鼓励（23）
自愿性组织（17）	农村集体（4）		计划（8）		教育学习（9）
	老人协会（4）		命令和要求（16）		示范（12）
	慈善、其他社会团体等（9）		禁止（1）	补贴（14）	

续表

自愿性工具（37）		强制性工具（59）		混合型工具（71）	
工具类型	具体形式	工具类型	具体形式	工具类型	具体形式
市场（5）	私营、民办养老服务机构（3）	职责调整（13）	处罚（7）	补贴（14）	财政奖励（7）
	家政服务机构（1）		政府或相关机构设置（2）		
	民间资本（社会力量）等（1）		政府机构能力建构、调整（11）		实物奖励（7）

注：括号内为该类政策工具在政策文本中的频数。

具体地看，在自愿性工具中，"家庭与社区"工具的频数达到 19 次，"自愿性组织"的频数也有 17 次，而"市场"的频数偏少，只有 5 次。不难发现，"家庭与社区"和"自愿性组织"这两种工具在自愿性工具中所占的比重最高。"市场"工具运用得较少，可能是农村养老服务市场不发达的缘故。而且，农村地区的社会组织数量少、能力弱，总体发展态势远不如城市地区。尽管农村集体、老人协会以及其他社会团体能在家庭养老服务供给中发挥一定作用，但这更多地体现在协调家庭内部的老人照料纠纷、孝道观念的倡导与传播等方面，"自愿性组织"在家庭养老服务供给中的作用其实非常有限。从政策文本的统计分析来看，"家庭成员"是最主要的自愿性工具，家庭养老服务供给的主要责任集中在家庭成员。家庭规模小型化、年轻劳动力的乡城转移等因素导致农村家庭养老资源趋于匮乏，农村家庭的赡养能力在很大程度上被弱化，单独依靠家庭来解决农村老人的照料问题已变得有些困难，尤其是空巢老人和留守老人等群体。从自愿性工具的运用上看，政府依然过度依赖家庭与社区、自愿性组织等形式来解决照料老人问题，存在转移责任的倾向。

在混合型工具中，"信息与劝诫"工具的频数达到57次，它在所有政策工具中也是最高的。这意味着政府主要运用"信息与劝诫"工具来履行自身在家庭养老服务供给中的责任，试图在道德层面对家庭成员进行劝诫，鼓励家庭成员承担照料老人的责任，发挥家庭成员在家庭养老服务供给中的作用。例如，我国《宪法》明确规定："成年子女有赡养扶助父母的义务。"诸如"补贴"等强制性程度偏高的混合型工具在政策文本中的频数只有14次，其中"财政奖励"和"实物奖励"各7次，这意味着政府没能在家庭成员履行照料老人职责时给予足够的财政资金支持。与此同时，"教育学习"工具的频数只有9次，这表明政府也没能在家庭成员的养老服务供给能力建设上（如康复护理、心理疏导等技能培训）给予充足支持，履行相应责任。

在强制性工具方面，"管制"工具的频数达到46次，其强制性程度比"信息与劝诫"高，且主要通过"命令和要求"的形式表现出来，如要求社会成员发扬爱老、尊老、敬老等优良传统，不允许侵犯老人的合法权益，等等。混合型工具和强制性工具的指向都是强化家庭成员在照料老人中的作用，这暗示着政府希望家庭成员承担更多的照料老人责任。另外，目前A省和国家有关养老服务供给的政策文本主要采用"以居家养老为基础"的表述，实际上，这样的表述容易存在误读的风险。"居家养老"只强调老人居住在家中养老，并没有明确政府、家庭、社会在养老服务供给中的责任，容易让人误以为居家养老完全就是家庭的责任，导致供给责任错位，即将居家养老的所有责任集中于家庭。其实，家庭、政府、社会、市场都可以是居家养老的责任主体。

从政策工具的设计和运用情况来看，A 省政府主要强调家庭在养老服务供给中的作用，却没有充分认识到农村家庭养老基础已被削弱的事实，更没有运用足够的强制性工具来承担家庭养老服务供给中的应有责任。而且，支持家庭发挥养老功能的援助政策体系还处于缺失状态。在调研过程中，有受访者在老年父母的照料问题上表现出无奈，这是对本书观点的佐证。

F05，42 岁，已婚，与配偶、女儿住在 A 省 XX 市，年老的父母住在农村：

"照顾老人是很累的事情，我也很担心自己的父母以后行动不方便怎么办，因为工作的需要，我和他们分开住，去看他们一趟也很麻烦，工作忙，周末放假就想休息放松下，也很正常。如果都去看他们（父母）的话，在路上花时间，坐车跑个来回也很累。如果专门有个探亲的休假那就好了。你说把他们接过来住，我的房子又不够大，现在房价高，我买不起。"（访谈资料，编号：TX20120722F05）

F06，40 岁，在城里工作，年老的父母住在农村：

"一般来说，子女不会不想照顾（年老）父母，我是在外地打工，平时工作事情多，离家又大老远，除非放假，一般来说一个月能回来（看父母）一两次就不错了。如果工作在家附近，那是可以经常回来啦！在外面工作又买不起房子，即使把父母接过去租房子，也是一笔费用呀。"（访谈资料，编号：J20120722F06）

(2) 社区照顾服务供给中的政策工具。通过政策文本内容的编码，可以得到 A 省政府运用于社区照顾服务供给的具体工具，如表 4-14 所示。根据统计分析结果，自愿性工具的频数为 104 次，强制性工具的频数为 274 次，混合型工具的频数为 169 次。由此可见，A 省政府主要运用强制性工具解决社区照顾服务的供给问题，社区照顾服务供给中的政府责任主要通过强制性工具表现出来。而且，与家庭养老服务供给相比，社区照顾服务供给中的政府干预程度和强制性程度更高，这体现在具体政策工具的类型和数量上面。

表 4-14 2000~2012 年社区照顾服务供给中的政策工具（单位：次）

自愿性工具（104）		强制性工具（274）		混合型工具（169）	
工具类型	具体形式	工具类型	具体形式	工具类型	具体形式
家庭与社区（12）	亲朋（3）	管制（202）	制定、完善法规和措施（25）	信息与劝诫（106）	信息发布和公开（6）
	邻里关系（9）		建设、调整体系（5）		舆论宣传（25）
自愿性组织（46）	农村集体（10）		设定、调整标准（19）		劝诫和鼓励（38）
	老人协会（7）		许可证和执照（7）		教育学习（11）
	慈善、其他社会团体等（29）		监督检查（24）		示范（26）
			考核与评估（13）	补贴（57）	赠款（7）

续表

自愿性工具（104）		强制性工具（274）		混合型工具（169）	
工具类型	具体形式	工具类型	具体形式	工具类型	具体形式
市场（46）	私营、民办养老服务机构（2）	管制（202）	指示指导（10）	补贴（57）	财政奖励（8）
			计划（30）		实物奖励（8）
			命令和要求（56）		生产/运营补贴（21）
			禁止（2）		消费补贴（1）
	家政服务机构（3）		处罚（11）		税收优惠（12）
		职责调整（26）	政府或相关机构设置（3）	公私合作（5）	
			政府机构能力建构、调整（23）		
		公共事业（3）	政府办养老机构/五保供养机构（3）	契约（6）	
	民间资本（社会力量）等（41）	直接提供（43）	政府购买（10）	服务外包（1）	
			转移支付（5）		
			公共财政预算（28）		

注：括号内为该类政策工具在政策文本中的频数。

在自愿性工具中,"自愿性组织"和"市场"这两种工具形式的频数最高,均为 46 次,而"家庭与社区"的频数只有 12 次。可以发现,A 省希望发挥慈善社会团体以及农村集体的作用,借助社区内部的互帮互助行为,解决老人在日常生活中遇到的部分困难,这与前文讲到的 A 省农村地区出现志愿性帮扶、集中居住等互助式养老的现象相吻合。然而,由于农村地区的社会组织和社区建设总体发展滞后,政府在近年开始运用"民间资本(社会力量)"这一工具,积极引导民间资本和社会力量参与社区照顾服务供给,这主要受我国社会福利社会化改革的影响。自愿性工具的运用情况表明,A 省政府在社区照顾服务供给中注重发挥自愿性组织和市场的作用,强调自愿性组织和市场在社区照顾服务供给中的责任。

在强制性工具方面,A 省政府运用最多的工具是"管制",同时,它在所有政策工具类型中也是运用得最多的。该政策工具主要用于规范社区照顾服务的发展,因为社区照顾服务在农村地区还处于起步阶段,政府需要运用"命令和要求"等强制性工具推动社区照顾服务的发展。具体来说,就是政府部门制定、完善相关法规政策,辅以相应的专项计划(如夕阳红项目),设置标准规范,建设部分示范点,再通过相应的监督、检查和考核,保障社区照顾服务体系的建设。与此同时,政府还通过"公共财政预算""政府购买""转移支付"等形式提供社区照顾服务。在 A 省,部分经济发达地区开始将政府购买居家养老服务延伸至农村,将购买所需经费纳入地方政府财政预算,并逐步明确政府在社区照顾服务供给中的职责。这意味着 A 省政府在社区照顾服务供给中运用强制性工具承担起相应责任,政府干预程度较高,是政府责任的直接体现。

在混合型工具方面,"信息与劝诫"工具的频数达到 106

次,"补贴"工具的频数为57次,而"契约"工具的频数仅有6次。更具体地看,"劝诫和鼓励"工具的频数最高,达到38次,该政策工具的指向同样是为引导更多的民间资本和社会力量参与社区照顾服务供给。"示范"这一工具的频数为26次,它主要是指将部分社区打造为社区照顾服务的示范点,并将相关经验推广至其他地区,引导其他地区开展社区照顾服务建设。与此同时,政府还运用"舆论宣传"工具宣传志愿者、社会工作者和义工等群体在社区照顾服务供给中的积极作用和正面形象,引导更多的社会公众参与社区照顾服务供给。此外,"补贴"在这里被视为一种重要的政策工具,它主要为社区养老服务中心的场地、设施、设备和人员队伍建设等方面提供财政补贴,以促进社区照顾服务的发展。"补贴"工具的具体形式上较为多样化,除了"财政奖励"和"实物奖励"之外,还有"赠款""生产/运营补贴""消费补贴"和"税收优惠"等多种形式。值得注意的是,政府已开始运用"公私合作""服务外包"等新型工具创新社区照顾服务供给。

与家庭养老服务供给相比,A省在社区照顾服务供给中运用的政策工具的强制性程度和干预程度稍高一些,在强调家庭、社会、市场等各方主体供给责任的同时,运用了大量的混合型工具和强制性工具,强化了政府责任。然而,政府偏重运用"管制"和"信息与劝诫"这两种工具,在财政补贴、职责调整等方面的实质性支持依然不足,过多地依赖"自愿性组织""市场"等主体自身的主动性和积极性。农村社会组织在资金、人员、技术等方面发展滞后,使得社区照顾服务在农村地区面临可持续发展的困境。

(3)公共养老服务供给中的政策工具。通过政策文本内容的编码,可以得到A省政府运用于公共养老服务供给的具体工具类型，如表 4-15 所示。根据统计分析，自愿性工具的频数为 101 次，强制性工具的频数为 478 次，混合型工具的频数为 306 次。由此可见，A 省政府主要运用强制性工具解决公共养老服务的供给问题，政府在公共养老服务供给中的责任主要通过强制性工具表现出来。与家庭养老服务和社区照顾服务相比，公共养老服务供给中的政府干预程度和强制性程度更高，这直接体现在具体工具的类型和数量上面。

表 4-15　2000~2012 年公共养老服务供给中的政策工具（单位：次）

自愿性工具（101）		强制性工具（478）		混合型工具（306）	
工具类型	具体形式	工具类型	具体形式	工具类型	具体形式
自愿性组织（29）	农村集体（4）	管制（345）	制定、完善法规和措施（42）	信息与劝诫（136）	信息发布和公开（9）
			建设、调整体系（20）		舆论宣传（16）
	老人协会（1）		设定、调整标准（41）		劝诫和鼓励（62）
			许可证和执照（18）		教育学习（20）
			监督检查（37）		示范（29）
	慈善、其他社会团体等（24）		考核与评估（10）	补贴（141）	赠款（9）
			指示指导（7）		财政奖励（17）
			计划（60）		实物奖励（15）

续表

自愿性工具（101）		强制性工具（478）		混合型工具（324）	
工具类型	具体形式	工具类型	具体形式	工具类型	具体形式
市场（72）	私营、民办养老机构（8）		命令和要求（88）	补贴（141）	生产/运营补贴（51）
			禁止（1）		消费补贴（1）
			处罚（21）		税收优惠（40）
		职责调整（41）	政府或相关机构设置（14）		
			政府机构能力建构、调整（27）		
	家政服务机构（4）	公共事业（26）	政府办养老机构/五保供养机构（26）		贷款和利率优惠（8）
		直接提供（66）	政府购买（12）		
			转移支付（11）		
			公共财政预算（40）		
	民间资本（社会力量）等（60）		直接参与和管理（3）	契约（26）	公私合作（24）
					服务外包（2）
				征税和用户收费（3）	使用者收费（3）

备注：括号内为该类政策工具在政策文本中的频数。

从自愿性工具来看，"市场"工具的频数为72次，"自愿性组织"工具的频数为29次。由此来看，A省政府主要采用"市场"这一工具，政府希望能够发挥民间资本和社会力量在公办养老服务机构建设中的作用，为参与公办养老服务机构建设的民间资本和社会力量提供补贴（包括税收优惠、生产/运营补贴等手段），采取公私合作、市场机制等途径吸引更多的民间资本和社会力量参与公共养老服务供给。

在强制性工具方面，"管制"工具的频数达到345次，是运用得最多的政策工具。从政策文本的内容分析来看，强制性工具主要针对公办养老服务机构的建设与发展。政府主要借助"命令和要求""计划""制定、完善法规和措施""设定、调整标准"等工具促进公办养老服务机构的建设与发展，辅以专项措施进行监督、检查、考核和评估，对达不到要求的相关部门给予相应处罚。"直接提供"工具的频数为66次，具体形式包括"公共财政预算""政府购买""转移支付"和"直接参与和管理"。公共养老服务主要是满足老年弱势群体的基本养老服务需求，其所需经费由公共财政予以承担，体现政府对老年弱势群体的基本养老服务供给责任。"职责调整"和"公共事业"这两种工具的频数分别为41次和26次，体现政府为保障公共养老服务供给而承担的相应责任。

混合型工具的具体形式主要有"信息与劝诫""补贴""契约"和"征税和用户收费"，它们的频数分别是136次、141次、26次和3次。具体地看，政府通过"劝诫和鼓励"工具吸引民间资本和社会力量参与公共养老服务供给，并借助"示范"工具，将部分公办养老服务机构打造为示范点，从而成为各地方公办养老服务机构的学习典范。在推动民间资本和社会力量参与公共养老服务供给时，政府依靠多种"补贴"工具，既对供给方进行补贴，又对需求方进行补贴。"契约"与"征税和用户收费"这两种工具的运用,表明政府在尝试运用新型工具来提供公共养老服务,这是我国社会福利社会化的重要表现。

总体上看,与前两类养老服务相比,政府在公共养老服务供给中运用了更多的强制性工具。而且,强制性工具的具体形式更为多样化,这意味着政府在公共养老服务供给中的干预程度更高,所承担的责任也更多。

(4)商业养老服务供给中的政策工具。通过政策文本内容的编码,可以得到 A 省政府运用于商业养老服务供给的具体工具,结果如表 4-16 所示。根据统计分析,自愿性工具的频数为 112 次,强制性工具的频数为 372 次,混合型工具的频数为 311 次。由此可见,A 省政府主要运用强制性工具解决商业养老服务的供给问题,政府在商业养老服务供给中的责任主要通过强制性工具表现出来。商业养老服务供给中的政府干预程度和强制性程度也较高,这主要体现在具体工具的类型和数量上面。总体上看,商业养老服务供给中的政策工具强制性程度要高于家庭养老服务和社区照顾服务,但低于公共养老服务。

表 4-16 2000~2012 年商业养老服务供给中的政策工具(单位:次)

自愿性工具(112)		强制性工具(372)		混合型工具(311)	
工具类型	具体形式	工具类型	具体形式	工具类型	具体形式
自愿性组织(25)	农村集体(2)	管制(301)	制定、完善法规和措施(42)	信息与劝诫(133)	信息发布和公开(8)
			建设、调整体系(22)		舆论宣传(14)
			设定、调整标准(40)		劝诫和鼓励(71)

续表

自愿性工具（112）		强制性工具（372）		混合型工具（311）	
工具类型	具体形式	工具类型	具体形式	工具类型	具体形式
自愿性组织（25）	老人协会（1）	管制（301）	许可证和执照（21）	信息与劝诫（133）	教育学习（15）
			监督检查（30）		示范（25）
	慈善、其他社会团体等（22）		考核与评估（9）	补贴（153）	赠款（17）
			指示指导（5）		财政奖励（11）
			计划（53）		实物奖励（11）
			命令和要求（66）		生产/运营补贴（55）
			禁止（1）		消费补贴（1）
市场（87）	私营、民办养老机构（16）		处罚（12）		税收优惠（48）
		职责调整（35）	政府或相关机构设置（13）		贷款和利率优惠（10）
	家政服务机构（9）		政府机构能力建构、调整（22）	契约（25）	公私合作（24）
	民间资本（社会力量）等（62）	直接提供（36）	政府购买（1）		
			转移支付（5）		服务外包（1）
			公共财政预算（30）		

备注：括号内为该类政策工具在政策文本中的频数。

从自愿性工具来看，"市场"工具的频数为87次，"自愿性组织"工具的频数为25次。由于商业养老服务属于私人物品，其有效供给必须发挥市场自身的调节机制作用，让市场机制决定资源的优化配置。A省政府在商业养老服务供给中运用"市场"工具，是尊重市场经济规律的表现，这也意味着市场是商业养老服务供给的主要主体。当然，各类社会团体也可以和民间资本合作，参与商业养老服务供给，实现优势互补，承担相应的供给责任。

在强制性工具方面，"管制"工具的频数为301次，"职责调整"工具的频数为35次，"直接提供"工具的频数为36次。在"管制"工具中，政府主要通过"命令和要求""计划""制定、完善法规和措施""设定、调整标准"等手段对商业养老服务（尤其是民办养老服务机构）的发展规划、建设标准、服务规范、经营管理等方面进行管制。由于养老服务市场发育不成熟，为促进商业养老服务的发展与供给，政府还对自身相关职责做出调整，安排一定的公共财政经费用于培育养老服务市场。这些工具的运用体现出政府在商业养老服务供给中的强制性和干预程度较高，政府在扶持民办养老服务机构和培育养老服务市场中承担起相应责任。

在混合型工具的运用上，"补贴"和"信息与劝诫"这两种工具被大量运用，频数分别为153次和133次。两种工具的运用是为了调动民间资本和社会力量的积极性，更好地参与商业养老服务供给。政府不仅通过政策鼓励民间资本和社会力量进入养老服务市场，还借助"生产/运营补贴""税收优惠"等多种形式承担起培育养老服务市场的责任。此外，政府还通过"契约"工具与各方市场主体进行合作，如政府向民办养老服务机构购买养老床位或专业化服务、养老服务机构建设的民办公助等具体形式。这都是政府在社会福利社会化背景下的新探索。

从以上分析来看，强制性工具和混合型工具得到大量运用，表明A省政府在商业养老服务供给中的干预程度和强制性程度较高，体现出A省政府在培育养老服务市场中承担了相应责任，为实现"促进商业养老服务发展与供给"这一政策目标提供政策工具保障。

（5）四类养老服务供给中的政策工具与政府责任差异。对四种政策目标所运用的政策工具进行比较分析，具体如表 4-17 所示。可以发现，2000~2012 年，A 省政府在家庭养老服务、社区照顾服务、公共养老服务和商业养老服务供给中运用的政策工具频数分别为 171 次、547 次、885 次和 795 次。这说明 A 省政府对公共养老服务和商业养老服务的干预程度远远高于社区照顾服务和家庭养老服务。更具体地看，政府运用于公共养老服务和商业养老服务供给中的强制性工具频数分别为 478 次和 372 次，社区照顾服务供给中的强制性工具频数为 274 次，而家庭养老服务供给中的强制性工具频数最低，只有 59 次。强制性工具运用得越多，代表着政府干预程度越高，政府所承担的责任也越多。强制性工具更多地被运用于公共养老服务和商业养老服务的供给当中，意味着 A 省政府在这两类养老服务供给中的干预程度更高，承担了更多的责任，而运用于社区照顾服务和家庭养老服务供给中的强制性工具相对较少，意味着 A 省政府对这两类服务的干预程度较低，所承担的责任也相对较少。

表 4-17　2000~2012 年养老服务供给的政策目标与政策工具交互表（单位：次，%）

	自愿性工具	混合型工具	强制性工具	汇总
促进家庭养老服务发展与供给	41（24.0）	71（41.5）	59（34.5）	171（100.0）
促进社区照顾服务发展与供给	104（19.0）	169（30.9）	274（50.1）	547（100.0）

续表

	自愿性工具	混合型工具	强制性工具	汇总
促进公共养老服务发展与供给	101（11.4）	306（34.6）	478（54.0）	885（100.0）
促进商业养老服务发展与供给	112（14.1）	311（39.1）	372（46.8）	795（100.0）

除了政策工具的总体运用情况之外，还可以进一步分析政策工具在四类养老服务供给中的比例关系。A省政府运用于养老服务供给的政策工具比例，如图4-10所示。在公共养老服务、社区照顾服务和商业养老服务的供给中，强制性工具所占的比重都是最高的，而在家庭养老服务供给中，混合型工具所占的比重最高。相比较而言，家庭养老服务供给中的强制性工具在占比上是最低的。此外，在四个政策目标当中，自愿性工具在家庭养老服务供给中的占比最高，社区养老服务和商业照顾服务分别次之，而在公共养老服务供给中的占比最低。在A省农村地区，公共养老服务和商业养老服务主要是机构养老服务，这意味着A省政府在机构养老服务供给中的干预程度高于非机构养老服务，亦即说A省政府在公共养老服务和商业养老服务供给中的干预程度更高，所承担的责任更多，而在社区照顾服务和家庭养老服务供给中的干预程度较低，所承担的责任较少。[1]

总的来看，A省政府在四类养老服务供给中运用的政策工

---

[1] 政府为什么会做出这样的政策安排？这是一个非常复杂的问题，既有政策工具本身的原因，也有政策属性的原因，政策工具的运用既是一个技术过程，也是一个政治过程。政策工具选择是政策工具研究的一个重要领域，但该问题不是本书的主要研究内容，在此不做过多讨论，可作为今后的进一步研究方向。

具存在一定差异，这体现出 A 省政府的责任重点。A 省政府在公共养老服务和商业养老服务供给中运用了更多的政策工具，而且工具的强制性程度也更高，这意味着 A 省在养老服务供给中的政府责任更多地集中在公共养老服务和商业养老服务，社区照顾服务和家庭养老服务供给中的政府责任相对偏少。

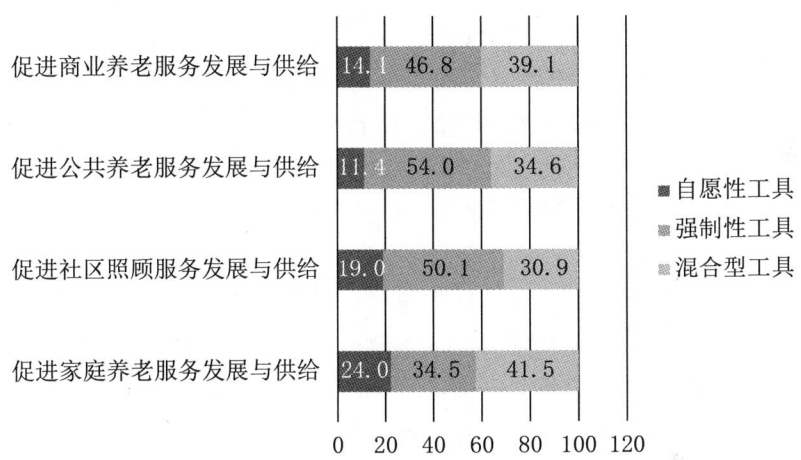

图 4-10　2000~2012 年不同政策目标所运用的政策工具分布（单位：%）

四、农村养老服务供给结构性困境的政府责任根源解析

（一）政府责任在农村养老服务供给中的传导路径

政府应该承担什么样的责任，如何有效承担这些责任，直接关系到政府自身对经济社会发展的"反作用力"是正向的还是负向的。[1] 政府是解决农村养老服务供给问题的关键主体，

---

〔1〕 杨雪冬："改革开放 40 年中国政府责任体制变革：一个总体性评估"，载《中共福建省委党校学报》2018 年第 1 期。

也是问题产生的重要根源，更深入地说，这与政府责任直接相关。政府责任不仅在"政策价值—政策目标—政策工具"的逻辑路径中呈现出来，而且还沿着这一路径进行传导，与政策问题发生耦合，演变为相应的政策结果。

在政策价值上，A省政府已经建立了一个囊括政府、市场、社会、家庭、农村集体、个人等多元主体的责任导向，并注重强调政府自身的供给责任，这对农村老人来说是一个很大的福音。由政策价值引导下的政府责任被进一步分配在相应的政策目标序列当中，在A省，养老服务供给的政策目标序列为公共养老服务、商业养老服务、社区照顾服务和家庭养老服务，相应地，A省政府按照这一政策目标序列承担起农村养老服务的供给责任。在政府责任的具体落实上，政策工具与政策目标序列保持高度一致，即大量的政策工具和强制性工具被运用于优先次序的政策目标。A省政府在公共养老服务、商业养老服务的供给中运用了更多的强制性工具，政府责任更多地表现在公共养老服务和商业养老服务供给当中，而在政策目标序列中没有处于优先次序的社区照顾服务和家庭养老服务没能得到足够的政府干预，政府所承担的责任相对偏少。政府责任经过"政策价值—政策目标—政策工具"的路径进行传导，并输出到政府外部，形成相应的政策结果。可以说，政府责任经过以上的传导路径影响着农村养老服务供给状况，易言之，农村养老服务供给的结构性困境也可以按照这一路径追溯政府责任根源。

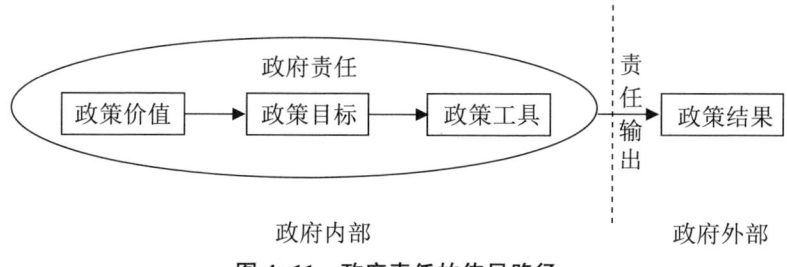

图 4-11　政府责任的传导路径

（二）农村养老服务供给结构性困境的政府责任根源机制

农村养老服务供给中的政府责任通过"政策价值—政策目标—政策工具"的路径进行传导。更具体地看，农村养老服务供给结构性困境的政府责任根源存在一定的内在机制。

1. 政策目标偏离农村老人的养老服务需求

在"政策价值—政策目标—政策工具"的政府责任路径中，政策价值显现出国家责任导向，但政府在养老服务供给中的政策目标序列为：公共养老服务、商业养老服务、社区照顾服务和家庭养老服务，政策目标重点放在促进公共养老服务和商业养老服务的发展与供给上面。在这一政策目标序列的引导下，A省政府将责任重点集中在公共养老服务和商业养老服务上面，作为政策结果，那就是大量的政策资源被投入公共养老服务和商业养老服务供给当中，直接表现为养老服务机构总量和养老床位数量的增加。在人口老龄化加剧、家庭结构变迁以及城市化扩张的背景下，传统的家庭养老模式越来越难以维系农村老人的日常照料，从而使得照料农村老人成为一个社会问题。虽然家庭养老服务属于私人物品，但政府在农村养老服务供给过程中既要提供公共养老服务，又要制定相应的公共政策以支持家庭更好地实现养老功能。然而，家庭养老服务没能成为主要的政策目标，与其他类型养老服务相比，政府在促进家庭养老服务发展方面的投入明显偏少。与此同时，社区照顾服务也缺乏充足的政策资源，面临可持续发展的困境。

农村老人的养老服务需求评估表明，只有22.2%的受访者对机构和社区等社会养老服务存有需求意愿，而77.8%的受访者依然偏向选择家庭养老服务，家庭养老服务仍是农村老人的主流养老意愿。受个人特征和家庭状况等因素的影响，农村老人的养老服务需求结构为家庭养老服务、机构养老服务、居家养老服务和社区养老服务。农村老人对家庭养老服务的需求量最大，公共养老服务、商业养老服务和社区照顾服务分别次之。可见，当前的养老服务供给政策目标在一定程度上偏离了农村老人的需求结构，更显示出政策设计者似乎想用公共养老服务和商业养老服务解决农村老人的养老问题，存在用机构养老服务替代家庭养老服务的倾向，诱发家庭养老服务供给中政府责任缺位的后果。实际上，这是A省政府没有正确认识不同类型养老服务之间的地位关系所致。养老服务机构不能替代家庭，机构养老服务同样不能替代家庭养老服务，政府应该通过公共政策更好地援助家庭实现养老功能。从政策目标维度来看，政府责任定位与农村老人的需求存在结构性偏差，政府在不同类型的养老服务供给中存在一定的责任错位。

2. 政策工具固化政策目标的偏差

在偏离农村老人需求结构的政策目标引导下，政策工具进一步固化了政策目标的偏差。从政策工具频数上看，公共养老服务和商业养老服务最受政府重视，其次为社区照顾服务，最后是家庭养老服务。政策工具的运用总量在很大程度上反映出政府干预程度和政府责任重点。在表4-17当中，公共养老服务和商业养老服务所运用的政策工具频数最多，分别为885次和

795次,社区养老服务和家庭养老服务所运用的政策工具频数分别为547次和171次。政策工具的频数由高到低排序为公共养老服务、商业养老服务、社区照顾服务和家庭养老服务,与政策目标序列一致(可参见表4-10)。强制性工具的运用情况与政策目标序列也基本保持一致,即公共养老服务和商业养老服务供给中运用的强制性工具最多,社区照顾服务次之,家庭养老服务供给所运用的强制性工具最少。这意味着政府在公共养老服务和商业养老服务供给中的干预程度较高,而在社区照顾服务和家庭养老服务供给中的干预程度相对较低。强制性工具所表现出来的政府干预程度在很大程度上显示出政府责任的多少。在政策目标序列中处于优先次序的公共养老服务和商业养老服务得到了更多的政府干预,政府责任得到充分体现;没能在政策目标序列中处于优先次序的社区照顾服务和家庭养老服务则没有得到太多的政府干预,政府责任没能得到太多的体现。可见,政策工具运用情况与政策目标序列在结构上保持一致,即更多的政策工具尤其是强制性工具被运用到优先政策目标当中,政策工具的运用固化了政策目标偏差,导致政府责任定位在一定程度上偏离农村老人的需求结构。

3. 政府责任根源机制的解析

综合以上分析,农村养老服务供给结构性困境的政府责任根源机制如图4-12所示。政策价值、政策目标和政策工具这三个维度呈现了农村养老服务供给的政府责任。政府责任通过"政策价值—政策目标—政策工具"的路径进行传导,对农村养老服务供给结构产生影响。尽管政策价值展现出国家责任导向,但政府责任在政策目标和政策工具这两个维度发生了偏离,这首先表现为政策目标偏离农村老人的养老服务需求,政策工具固化了政策目标的偏差,致使政府责任发生错位,诱发农村养老服务在供给结构和需求结构上的矛盾,导致供给结构性困境的发生。这也是农村地区出现机构养老服务供给过剩这一"政策悖论"的主要原因。作为政策结果就是,农村地区出现家庭养老服务供给不足、社区照顾服务面临人员和资金困难、公办养老服务机构存在空床率、民办养老服务机构发展较难等现象。

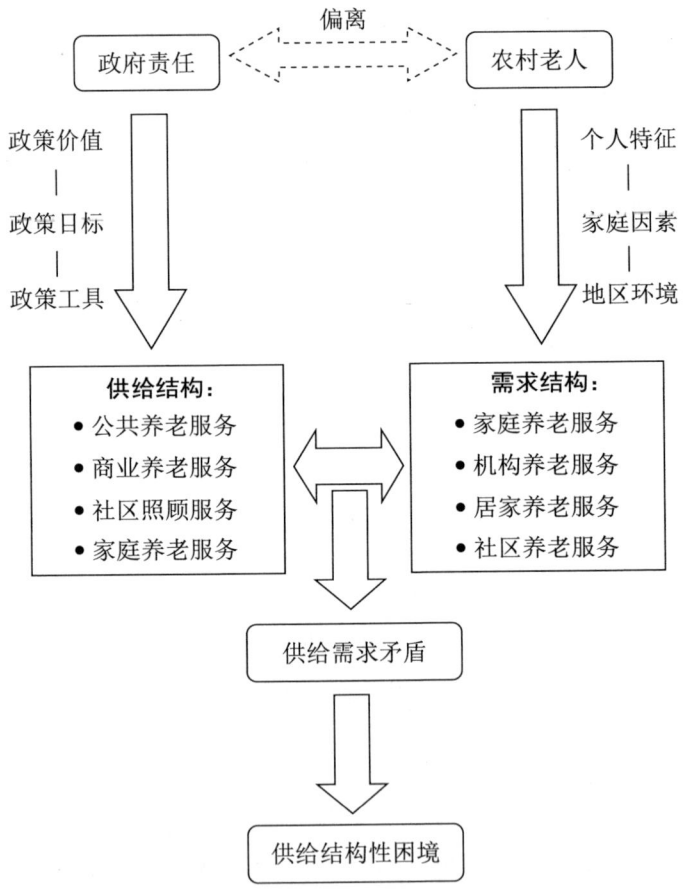

图 4-12　农村养老服务供给结构性困境的政府责任根源机制

因此，农村养老服务供给结构性困境存在政府责任根源，该结构性困境在于政府没能充分认识不同类型养老服务在整个养老服务体系中的地位关系，政府责任定位在一定程度上偏离了农村老人的养老服务需求结构。需要在"政策价值—政策目标—政策工具"的逻辑路径中重塑政府责任的定位和重点，在发展公共养老服务和商业养老服务的同时，又为社区照顾服务和家庭养老服务的发展提供良好的制度环境和政策支持，确保供给结构与需求结构的匹配，从而提升农村养老服务供给的有效性。

五、本章小结

本章运用公共政策内容分析法，在"政策价值—政策目标—政策工具"的分析路径中对政府责任进行了剖析，揭示了农村养老服务供给结构性困境的政府责任根源。具体思路如下：首先，对 A 省养老服务供给政策文本进行全面收集和总体梳理，从年度分布、政策属性、政策类型、制定主体和政策内容五个方面总结养老服务供给政策文本的基本特征。其次，依照"政策价值—政策目标—政策工具"的逻辑进路，从政策价值、政策目标和政策工具三大维度对 A 省养老服务供给中的政府责任加以分析。最后，结合政策文本内容分析，在"政策价值—政策目标—政策工具"的分析路径中，揭示农村养老服务供给结构性困境的政府责任根源，解答农村地区出现机构养老服务供给过剩的"政策悖论"。

研究发现：其一，在政策价值上，A 省政府已建立了涵盖政府、市场、社会、农村集体、家庭、个人等多元供给主体的责任框架，充分展现出国家责任导向，并强调政府的供给责任。其二，在政策目标上，不同类型养老服务在政策目标序列中存在地位差异，政府责任主要集中在公共养老服务和商业养老服务供给当中，社区照顾服务和家庭养老服务的供给存在政府责任缺位，而且养老服务供给政策的目标序列在一定程度上偏离了农村老人的需求结构，政府责任定位与农村老人的服务需求存在结构性偏差。其三，在政策工具上，A省政府在公共养老服务和商业养老服务供给中的干预程度较高，但在社区照顾服务和家庭养老服务供给中的干预程度较低，进一步凸显出政府责任的重心集中在公共养老服务和商业养老服务供给当中。农村养老服务供给中的政府责任通过"政策价值—政策目标—政策工具"的路径进行传导。当前的政策目标偏离农村老人的养老服务需求，而且政策工具固化了政策目标的偏差，这也是农村地区出现机构养老服务供给过剩这一"政策悖论"的主要原因。作为政策结果就是，家庭养老服务供给不足、社区照顾服务较难持续发展、公办养老服务机构持续多年存在空床率、民办养老服务机构发展较难等现象在农村地区同时出现。因此，农村养老服务供给结构性困境的产生具有政府责任根源，这一根源集中反映在政策目标和政策工具这两个环节，需要重构政府责任定位，以提升农村养老服务供给的有效性。

第五章
农村养老服务供给有效性的提升路径

前面几章从理论和现实两方面论述了农村养老服务供给的相关内容:不同类型养老服务的划分、养老服务供给与政府责任的相互关系、养老服务供给需求状况、养老服务供给结构性困境的政府责任根源,等等。本书希望在解答以上问题的基础上对农村养老服务供给研究有所推进,并对当下的政策实践有所帮助。从本书的研究结论来看,农村养老服务供给政策应该是一项政策体系,它涵盖家庭养老服务、社区照顾服务、公共养老服务和商业养老服务四大部分。政府应该根据农村老人的需求结构重塑自身的责任重点与方向,通过政策目标的设计和政策工具的运用,实现养老服务供给结构与需求结构的匹配,提升农村养老服务供给的有效性。本章将从总体发展理念、政府责任重塑、基本政策建议三方面,指出农村养老服务供给有效性的提升路径。

一、总体发展理念

积极老龄化是世界卫生组织在20世纪90年代为应对人口老龄化挑战而提出的一项战略框架,它是指"老年群体和老人在整个生命周期中不仅要在身体、心理、社会等方面尽可能地保持良好状态,而且要积极地面对晚年生活"。[1] 具体来说,积极老龄化从"健康""参与"和"保障"三大支柱改善老人的生活质量。养老服务作为人的一种需要,其有效供给也涵盖积极老龄化的"健康""参与"和"保障"三大方面。在积极老龄化的理念下,政府要用积极的老龄观代替消极的老龄观,通过更加积极的政府责任,主动回应人口老龄化所带来的养老服务需求。在农村养老服务供给政策设计中,以积极老龄化作为总体发展理念,结合农村地区的生产生活实际,构建一个以需求为导向的养老服务供给体系,实现积极老龄化理念所倡导的"参与""健康"和"保障",即提升农村老人的身心健康,保障农村老人的基本生活,促进农村老人的社会参与。

二、政府责任重塑

本书在"政策价值—政策目标—政策工具"的分析路径中发现,当前的养老服务供给政策在政策价值维度建立了一个涵盖政府、市场、社会、农村集体、家庭、个人等多元主体的责任框架,当中充分展现出国家责任导向,但政府责任在政策目标和政策工具这两个环节中部分偏离了农村老人的养老服务需求,造成农村养老服务供给结构与需求结构不够匹配,导致供给结构性困境的发生。因此,重塑政府责任是优化农村养老服务供给政策的第一要务。

农村养老服务供给的政府责任重塑包括两个层面:第一个层面的政府责任是指政府如何定位四类养老服务的地位关系

---

[1] 杨春:"对推进江苏省健康老龄化和积极老龄化的思考",载《人口学刊》2009年第3期。

(R_1)，第二个层面的政府责任是政府在四类养老服务供给中的具体责任（R_2）。政府应该瞄准农村老人的需求意愿和偏好，从R_1和R_2两个层面重塑政府责任，即在政策目标维度合理定位四类养老服务的地位关系，在政策工具维度调整自身在各类养老服务供给中的具体责任，如下所述。

（一）在政策目标维度合理定位四类养老服务的地位关系

习近平总书记在2018年新年贺词中说道："各级党委、政府和干部要把老百姓的安危冷暖时刻放在心上，以造福人民为最大政绩，想群众之所想，急群众之所急，让人民生活更加幸福美满。"具体到农村养老服务供给的政府责任，就是要满足农村老人的养老服务需求，实现老有所养、老有所医、老有所为、老有所学、老有所教和老有所乐的目标。在当前家庭小型化和少子化相叠加的社会背景下，家庭养老功能日趋弱化，但家庭养老服务依然是农村老人的主流需求意愿，如何有效地支持家庭更好地实现养老服务供给功能理应是政府责任的一个重要方面。尽管不同类型的养老服务都是为了满足农村老人的养老需求，但它们的功能作用是不一样的，应充分认识家庭养老服务在整个养老服务供给体系中的基础性地位，不能简单地用其他类型养老服务替代家庭养老服务，也不能用机构养老服务替代非机构养老服务。在政府责任的政策目标维度中，政府应将促进家庭养老服务发展与供给作为主要政策目标之一，并承担起相应责任，以更好地援助、支持家庭实现养老服务供给功能。

总之政府应该在辨析各类养老服务的物品属性和供给主体的基础上，进一步契合农村老人的需求，合理定位不同类型养老服务的地位关系。不同类型养老服务之间是互补关系，而非替代关系，不能用某一类养老服务取代其他类型的养老服务。在整个养老服务供给体系中，家庭养老服务居于基础性地位，社区照顾服务提供支撑功能，公共养老服务发挥兜底作用，商业养老服务发挥补充作用。结合农村地区的生产生活实际，在四类养老服务的基础上发展出多种养老服务形态，综合发挥不同养老服务形态在照料农村老人中的作用，即构建"家庭养老服务为基础，社区照顾服务作支撑，公共养老服务作兜底，商业养老服务为补充"的多层次养老服务供给体系。

(二) 在政策工具维度调整各类养老服务供给中的政府责任

对于政策目标上的调整，政府还要借助政策工具承担相应责任，分别在家庭养老服务、社区照顾服务、公共养老服务和商业养老服务供给中作出相应的责任调整，因地制宜地运用多种政策工具，发挥政策工具组合效应，满足农村老人的养老服务需求。尤其是家庭养老服务和社区照顾服务，政府应该运用更多的混合型工具和强制性工具，以提升服务供给的有效性。

三、基本政策建议

(一) 建立健全"发展型"家庭政策体系，援助家庭更好地实现养老功能

我国目前还缺乏为照料老人的家庭成员提供支持的系统化政策体系。现行法律和政策仅仅强调赡养父母是子女的义务，缺乏为家庭成员提供实质性的支持与援助。在农村人口老龄化加剧、家庭养老功能弱化和社会转型加快的叠加效应下，家庭及其成员在照料老人上面临着重大挑战。秦晖教授认为："实行了三十多年的独生子女政策已经把中国传统的家庭养老体制破坏殆尽。"[1] 然而，家庭养老服务依然是农村老人的主流需求

---

[1] "网易经济学家年会论坛四：谁的养老金"，载 http://money.163.com/special/2013naec_forum4/，最后访问日期：2018-11-26。

意愿。所以，我国应当在倡导孝道文化、强化家庭成员照料责任的同时，把家庭问题由道德层面提升到政策层面，将家庭问题从国家视野的边缘向视野的中心推进，[1] 实施积极的家庭政策，提升农村家庭的养老服务供给能力。也就是说，要从过去主要强调孝道教育转向援助家庭成员更好地履行照料责任，建构符合我国国情的发展型家庭政策[2]体系，为家庭赋权增能，建立一套"家庭友善"（family friendly）政策。[3] 在人口老龄化形势严峻、农村家庭空巢化加剧的宏观背景下，援助、支持家庭成员更好地实现养老服务供给功能很具现实意义。基本思路是先充分认识家庭养老服务在整个养老服务体系中的基础性地位，然后以强化家庭的照料功能为根本，完善家庭养老的政策支持体系，运用更多的混合型工具和强制性工具，为家庭发展提供必要的政策支持、发展空间和配套措施，给予家庭更多的支持和援助，提升家庭的养老服务供给能力，最后帮助家庭成员更好地履行养老责任。主要政策建议包括以下方面：

第一，出台鼓励子女与父母同住或就近居住的政策。日本

---

[1] 孟宪范："家庭：百年来的三次冲击及我们的选择"，载《清华大学学报（哲学社会科学版）》2008年第3期。

[2] 发展型家庭政策属于发展型社会政策的一个重要方面。发展型家庭政策主张政府不能简单地将责任转移给家庭，而是从战略发展的角度积极地支持家庭，帮助社会成员实现工作和家庭生活的平衡，重视预防和早期干预，而不是被动、应急地解决问题。有关发展型家庭政策的具体论述可以参见张秀兰、徐月宾："建构中国的发展型家庭政策"，载《中国社会科学》2003年第6期。

[3] 其实，这一做法在国外已有很多值得借鉴的经验。例如，英国在1988年以"支援家庭"（supporting families）为题目发布了家庭政策咨询书，当中的核心内容就是要建立一套"家庭友善"（family friendly）政策，从加强社区对家庭生活的支持作用、帮助家庭实现工作与家庭生活的平衡、巩固婚姻生活等方面对家庭实施有效支持。详细请参见张秀兰、徐月宾、梅志里编：《中国发展型社会政策论纲》，中国劳动社会保障出版社2007年版，第93~94页。

政府在 1985 年就通过相关政策规定，对与父母同住者和赡养父母者给予住房上的补贴。我国可以借鉴该做法，出台相关政策引导家庭成员的居住方式，通过混合型工具和强制性工具，鼓励子女与父母同住或就近居住：一方面，鼓励在农村地区居住的年轻子女与老年父母同住或就近居住，由年轻子女为老年父母提供照料服务。另一方面，推进有能力在城镇稳定就业和生活的农业转移人口举家进城落户，完善就业、社会保障、户籍等相关制度政策，让有搬迁意愿的农村老人迁至城镇与子女共同居住，在一定程度上解决农村留守老人的养老服务问题。这样，就可以通过居住方式维系、强化家庭的养老功能，增加家庭成员照料老人的可能性，逐步提升家庭养老服务的供给能力与水平。

第二，探索实施有助于年轻子女履行赡养责任的劳动福利政策。通过劳动福利政策改革，引导用人单位支持家庭成员履行赡养义务和承担照料责任，减少工作与照料老人之间的冲突，帮助家庭成员实现工作与家庭生活的平衡。国外的一些政策举措值得我国参考。韩国对公务员实行"行孝休假日"，凡公务员的父母、岳父母或公婆的生日，可准假为老人过生日，如不与老人居住在同一城市，还可以放宽休假日用于探望。[1] 在英国，政府的政策是鼓励雇主制定有利于员工履行家庭责任的工作安排，如家庭休假制度和弹性工作时间，等等。这样既有利于员工腾出时间参与家庭照顾工作，又有利于减轻家庭照顾者的压力。OECD（经济合作和发展组织）成员国家在近年实施了一系列致力于让子女实现工作和家庭责任平衡的社会政策，为

---

[1] 尹银："关于促进家庭养老的政策导向问题——立足于道德、制度层面的思考"，载《南京人口管理干部学院学报》2008 年第 3 期。

在职员工设立某种特殊假期,这是所有欧盟国家长期以来都普遍采用的家庭友好政策之一。[1] 我国可以参考国外的家庭政策,结合我国国情分步骤、试验性地提供照料津贴、制定带薪照料重病老人的休假制度以及实行弹性工作制,缓解家庭成员赡养老人的压力,尽量减少工作与照料老人之间的冲突。2015年,联合国明确将无酬照料和家庭照料工作列入"2030年可持续发展议程"(2030 Agenda for Sustainable Development),这无疑为照料问题进入劳动福利政策议程创造了有利条件。

第三,为家庭成员提供老人照料技能培训。围绕老人的生理心理特点,给照料老人者提供医疗保健、康复护理、心理疏导、应急处理等照料技能培训,减少家庭成员在照料老人中的技能障碍,支持家庭成员在照料老人中更好地发挥作用。这类培训服务带有公共物品属性,应由政府直接提供或向社会组织购买服务进行提供。

第四,探索开展针对失能、失智、残疾老人照料者的喘息服务。结合各地区农村的实际情况,尝试为失能、失智、残疾老人照料者提供日间照料服务,为照料老人者提供喘息服务,舒缓照料者的消极情绪,适当分担照料者的压力,让他们在有需要的时候能够获得短暂的休息。鉴于农村地区留守群体规模庞大而人力、物资和技术相对短缺的实际,可依托农村集体,由基层政府和农村集体共同提供经费,组成"留守妇女、留守老人为主,农村医疗卫生人员为辅"的服务队伍,充分利用农村老人活动中心或居家养老服务中心的场地、设施和设备,建立日间照料中心或托老所,探索为失能、失智、残疾老人照料

---

〔1〕 吕亚军、刘欣:"浅析欧盟成员国'家庭友好政策'",载《中华女子学院学报》2009年第1期。

者提供喘息服务。这既能让照料老人者获得休整的机会,也能解决农村留守妇女的就业问题。如果是经济发达的农村地区,也可以探索采取政府购买服务的方式为失能、失智、残疾老人照料者提供喘息服务。

第五,对高龄、残疾的居家老人的住所进行适老化改造。由于身体机能衰退的原因,高龄、残疾的居家老人在日常生活中高度依赖于家庭照料者。为减少高龄、残疾的居家老人对家庭照料者的日常生活依赖,可对高龄、残疾的居家老人的住所进行适老化改造,如改造居家环境、设施以及配备器具,增强老人居家环境的安全性和便利性。对于高度依赖家人照料的居家老人来说,如果他们在日常生活中实现自立,也在很大程度上解放家庭照料者,间接地援助家庭成员承担老人照料责任。

(二)整合农村社区力量,发展切合农村实际的社区照顾服务

从未来一段时期来看,农村留守老人和空巢老人的规模将呈持续扩大之势。目前大部分农村老人仍倾向于住在家中由家人照料,但计划生育政策、年轻劳动力乡城转移等因素已在一定程度上引发家庭养老功能弱化、农村留守老人生活满意度总体较低等问题。从四类养老服务的相互关系来看,社区照顾服务可以在一定程度上补充家庭养老服务供给的不足。农村社区照顾服务的建设方向应该是立足农村的生产生活实际,强化政府的政策性引导,整合村组、社区卫生服务中心、留守老人、留守妇女等力量,以社区为平台连接农村内部和外部的资金、人力、场地、设施、设备等资源,构建一个有效的社会支持网络,实现社区照顾服务的可持续发展,为农村居家老人提供生活照料、精神慰藉、文化娱乐等方面的社会支持,以支撑和辅助家庭养老。在当前农村养老服务机构还不发达的形势下,该做法有助于提高农村老人的生活满意度,也有助于减少老人对

机构养老服务的依赖。具体来说，可以从以下方面加以努力：

第一，强化政府财政资金的引导作用，探索多种形态的社区照顾服务。资金缺乏是农村社区照顾服务的主要问题之一。政府可以通过"补贴""奖励""转移支付"等政策工具为农村地区提供资金支持，各地农村集体还可以根据自身实际给予一定的经费支持，保障社区照顾服务的资金稳定。在此基础上，政府应该引导农村地区积极探索适合当地发展的社区照顾服务形态，例如集中居住、志愿者服务、社区服务中心，等等。调研表明，依托农村集体、发挥老人互帮互助的集中居住方式可以成为农村社区照顾服务供给的主要形态，它尤其适合留守老人居多的农村地区。政府可通过"示范""劝诫和鼓励"等政策工具对集中居住方式进行适当推广，甚至将社区照顾服务作为基层社区建设的一项重要内容，把社区照顾服务纳入农村社区建设的整体规划当中，通过资金和规划的双重引导，解决农村社区照顾服务在建设和运营中遇到的资金短缺问题。值得注意的是，农村地区的社区照顾服务建设必须切合农村当地的生产生活实际。与城市地区相比，农村地区有很多特殊之处，包括地域广阔、居住分散、观念传统、经济发展滞后、居民收入低，等等。因此，社区照顾服务形态的探索必须切合农村实际。

第二，立足农村地区实际，整合农村内部的人力资源。挖掘和整合农村社区内的场地、设施、人员等资源，发挥农村老人协会等社区社会组织在自我组织、自我服务方面的作用，引导农村老人、妇女等留守群体参与社区照顾服务供给。整合当地养老服务机构和社区医疗卫生服务中心的护理人员，为其提供老人照料、康复医疗等方面的技术培训，形成"留守群体+医疗人员"的社区照顾服务队伍，定期为农村老人提供心理慰藉、文化娱乐、医疗护理等关爱服务。另外，可以尝试借鉴国外社区服务的经验，建立"时间储蓄银行"。例如，德国就实施一种叫"储存时间"的政策，鼓励成年人利用节假日和个人休息时间义务为部分老年机构的老人提供护理服务，实行劳动时间储蓄，当其年老需要护理照顾时，可按其以前参与照料服务所储存的时间接受相应的免费服务。

第三，加强社区平台建设，实现各类养老服务的良性互动。稳步推进农村地区的社区养老服务中心或日间照顾中心的建设。有条件的农村地区，可以独自建立本村的社区养老服务中心或日间照顾中心；不具备条件的农村地区，可以与相邻的农村社区联合建立社区养老服务中心或日间照顾中心。以农村社区为平台，一方面依托社区照顾服务，为照料老人者的喘息服务提供必要的硬件支撑，实现社区照顾服务和家庭养老服务的良性互动；另一方面，积极探索社区照顾服务与公共养老服务、商业养老服务的合作形式，将公共养老服务和商业养老服务在技术、人员、设备等方面的优势嵌入农村社区，支持各类养老服务机构运营社区养老服务设施，实现正式支持网络与非正式支持网络、机构化照顾与非机构化照顾的良性互动。

（三）创新公共养老服务供给机制，满足老年弱势群体的基本需求

公共养老服务是政府为确保农村老年弱势群体获得基本生存权利而提供的基本养老服务。应该根据农村老人尤其是孤寡、独居、残疾、贫困等老年弱势群体的需求，合理定位公共养老服务的发展，摆脱目前过分追求养老服务机构数量以及床位数量的发展路径，避免公办养老服务机构与民办养老服务机构的不合理竞争。公共养老服务尤其是公办养老服务机构理应回归到老年弱势群体的兜底保障上来，按照"保基本、全覆盖、均等化"的原则，运用更多的强制性工具和混合型工具，创新公

共养老服务供给机制,实现公共养老服务的有效供给。

第一,建立中央政府对农村公共养老服务供给的财政投入机制。公共养老服务作为兜底性的公共物品,以留守、孤寡、独居、贫困、残疾等老年弱势群体为重点保障对象,应按照"保基本、全覆盖、均等化"的原则,保障全国各地农村老年弱势群体都能够获得均等的、基本的公共养老服务,改革当前过分依赖地方财政的投入机制,强化中央政府对农村公共养老服务供给的财政转移支付责任,并在国家层面建立财政投入与经济发展水平、保障对象规模相适应的投入机制,保障农村公共养老服务供给。

第二,探索公共养老服务供给的公私合作治理机制。尽管公共养老服务是公共物品,但并不意味着政府部门包办公共养老服务供给。可以采用合作治理的思路,让政府与市场、社会建立公私伙伴关系(Public-Private Partnerships,简称PPP),探索诸如BOT、BOO、TOT等多种治理机制。像广东省云浮市郁南县的敬老院已开展公建民营的社会化改革,实现政府和社会资本的优势互补,很好地满足了当地农村老人的公共养老服务需求。创新公私合作治理机制的核心是在养老服务供给中实现政府与市场、社会的利益共享和风险共担。各地农村地区可依据自身的特点,进一步探索公共养老服务供给的公私合作治理机制。

第三,将政府购买养老服务制度延伸至农村地区。政府购买养老服务作为公共养老服务的一种重要形态,它在城市地区已基本普及,但在农村地区还发展滞后,这在一定程度上加大了城乡公共养老服务的非均等化程度。由于大多数农村老人偏向于住在家中,因此应将政府购买养老服务制度延伸至农村地区,让符合条件的农村老人在家中享受到政府所购买的生活照料、心理慰藉、精神关爱、医疗护理、应急服务等养老服务。政府购买养老服务的承接主体既可以是当地的老人协会等社区社会组织，也可以是民办养老服务机构。这样，就可以借助政府购买养老服务制度推动农村地区的社区社会组织和民办养老服务机构的发展，培育出更多的养老服务供给主体，提高公共养老服务供给的可及性和均等化。

第四，提升公办养老服务机构的专业化水平，为其他类型养老服务提供技术支持。改变当前重视养老服务机构数量和床位数量的做法，通过运用政府财政资金或引入民营资本的形式，将农村地区的公办养老服务机构（农村敬老院、福利院等）改建、扩建为集生活照料、医疗护理、心理慰藉、文化娱乐等多种功能的医养结合型养老服务机构，提升农村公办养老服务机构的服务质量水平。根据农村老人尤其是孤寡、残疾、独居、贫困等老年弱势群体的实际需求来提供相应服务项目，一方面可以让农村老人到医养结合型养老服务机构获得基本养老服务，另一方面则可以为农村居家老人提供上门服务或为社区照顾服务提供必要的技术支持，强化公共养老服务对社区照顾服务和家庭养老服务的技术支持。

（四）完善相关扶持政策，合理引导民办养老服务机构的发展定位

尽管促进商业养老服务的发展与供给是政府当前的一个重要政策目标，而且政府为民办养老服务机构提供了资金、用电、用水、土地等方面的优惠政策，但民办养老服务机构的竞争力略有不足。需要从以下方面加以改善：

第一，进一步加大对民办养老服务机构的扶持力度。在财政、用电、用水、土地、融资等方面进一步加大对民办养老服务机构的扶持力度。由于经济欠发达地区的民办养老服务机构

往往难以获得足够的资金支持。因此，需要强化省级政府在民办养老服务机构建设和运营中的财政责任，通过省级财政转移支付，为经济欠发达地区的民办养老服务机构提供更多的财政资金支持。

第二，通过养老服务体系建设规划，合理引导民办养老服务机构的功能定位。前文已表明，年龄、收入水平、身体健康状况和儿子数量等因素对机构养老服务需求意愿存在显著影响，而且农村老年群体内部存在较大差异。政府应该对不同规模、不同层次的民办养老服务机构给予政策性引导，扶持不同规模、不同层次养老服务机构的发展。与此同时，身体较差的农村老人更倾向于入住养老服务机构，养老服务机构应该在提供基本生活照料的基础上，提供更多专业化的医疗护理和保健服务，即养老服务机构应该建设更多的护理型床位。建立健全医疗卫生机构与养老服务机构的合作机制，鼓励二者探索多种形式的签约服务和协议合作。引导、支持有条件的养老服务机构按照政策规定申请开办康复医院、护理院、中医医院、护理站等场所，重点为失能、失智老人提供医疗康复和照护服务。另外，在农村留守老人规模逐渐扩大的背景下，对老人的精神关爱逐步成为养老服务的一项重要内容，但农村养老服务机构普遍缺乏精神关爱、情绪缓解、精神慰藉等专业化服务。因此，民办养老服务机构可以将自身功能定位于医疗护理、保健服务、精神关爱等专业化的医养结合服务。

第三，通过公私合作治理机制，推动商业养老服务与其他类型养老服务的相互合作。建立政府与市场的公私伙伴关系，探索民办养老服务机构与公办养老服务机构的合作治理，并以社区综合服务设施为平台，鼓励民办养老服务机构与社区综合服务中心开展合作，将商业养老服务嵌入社区照顾服务和家庭养老服务当中。引导民办养老服务机构往专业化居家社区养老服务机构（如社区养老驿站、社区照料中心等形态）的方向发展，从而实现商业养老服务与公共养老服务、社区照顾服务甚至家庭养老服务的相互合作，逐步建立健全"居家-社区-专业机构"的养老服务供给链条。

第四，发挥市场在养老服务资源配置中的决定性作用。公共养老服务是发挥兜底作用的公共物品，而商业养老服务是定位于提升生活品质的私人物品。在区分公共养老服务和商业养老服务的功能定位和发展空间之后，减少政府在养老服务市场中的直接干预，避免公共养老服务与商业养老服务、公办养老服务机构和民办养老服务机构的不合理竞争。进一步放宽养老服务市场的准入条件，给予民办养老服务机构平等的市场地位和充足的发展空间，更好地发挥市场在养老服务资源配置中的决定性作用。

四、本章小结

本章根据前文的分析结果，从政府责任的视角指出农村养老服务供给有效性的提升路径。在总体发展理念上，政府需以积极老龄化为发展理念，用积极的老龄观代替消极的老龄观，通过更加积极的政府责任，主动回应人口老龄化所带来的养老服务需求，实现积极老龄化理念所倡导的"参与""健康"和"保障"。为此，重塑政府责任是优化农村养老服务供给政策的第一要务，具体从政策目标和政策工具这两个维度着手。在政策目标维度上，政府应该认识到不同类型养老服务是互补关系，而非替代关系，不能用某一类养老服务替代其他类型的养老服务，构建"家庭养老服务为基础，社区照顾服务作支撑，公共养老服务作兜底，商业养老服务为补充"的多层次养老服务供给体系。在政策工具维度上，政府还要分别在家庭养老服务、社区照顾服务、公共养老服务和商业养老服务供给中作出相应的责任调整，因地制宜地运用多种政策工具，发挥政策工具组合效应，提升养老服务供给的有效性。基本政策建议包括：建立健全"发展型"家庭政策体系，援助家庭更好地实现养老功能；整合农村社区力量，发展切合农村实际的社区照顾服务；创新公共养老服务供给机制，满足老年弱势群体的基本需求；完善相关扶持政策，合理引导民办养老服务机构的发展定位。

第六章 结 语

一、主要结论

（一）养老服务的四种类型

本书构建了"十字"模型，将养老服务分为家庭养老服务、社区照顾服务、公共养老服务和商业养老服务四种类型。四类养老服务在物品属性、供给主体、功能地位和具体形态上有显著差异。而且，四类养老服务存在相互影响、互为补充的关系，而非相互替代的关系。我国应构建"家庭养老服务为基础，社区照顾服务作支撑，公共养老服务作兜底，商业养老服务为补充"的多层次养老服务供给体系。

（二）养老服务供给与政府责任存在相互影响关系

一方面，养老服务供给需要相应的政府责任，养老服务的"物品组合"特性要求政府责任的合理定位。政府责任会随着养老服务的需求变迁而适时调整。在"十字"模型中，农村养老服务供给的政府责任体现在两个层面：第一个层面是政府合理定位四类养老服务的地位关系，第二个层面是政府在四类养老服务供给中的具体责任。

另一方面，政府责任反过来会影响养老服务的供给状况。当政府责任定位合理时，会促进养老服务的供给，提升供给的有效性；当政府责任定位不够合理时，会阻碍养老服务的供给，降低供给的有效性。养老服务供给与政府责任相辅相成、相互作用，诚如一枚铜板的正反两面。

（三）农村老人养老的需求意愿

农村老人养老的主流需求意愿是家庭养老服务，但农村老人也对社会养老服务存有部分需求。需求评估结果显示，77.8%的农村老人倾向于选择家庭养老服务（即居住家中由家人照料），22.2%的农村老人对社会养老服务（包含社区养老服务、居家养老服务和机构养老服务）存有需求意愿。农村老人的社会养老服务支付水平不高，服务需求内容主要集中在生活照料、精神慰藉、文化娱乐和医疗护理等方面。社会养老服务的需求意愿主要受年龄、个人年收入、身体状况和儿子数量四个变量的影响。其中，年龄、个人年收入对社会养老服务需求意愿具有显著的正向影响，即农村老人的年龄越大，其对社会养老服务的需求意愿越高；农村老人的个人年收入越高，其对社会养老服务的需求意愿越高。身体状况和儿子数量对社会养老服务的需求意愿具有显著的负向影响，即农村老人的身体状况越差，其对社会养老服务的需求意愿越高；农村老人拥有的儿子数量越多，其对社会养老服务的需求意愿越低。

（四）农村养老服务供给存在结构性困境

通过农村养老服务供给现状与农村老人需求评估的比较分析发现，农村养老服务的供给结构与需求结构并不匹配，养老服务供给存在结构性困境。它在现实中表现为家庭养老服务供给不足、社区照顾服务难以持续发展、公办养老服务机构空床率持续多年以及民办养老服务机构发展较困难。

(五) 农村养老服务供给结构性困境存在政府责任根源

农村养老服务供给的政府责任通过"政策价值—政策目标—政策工具"的路径进行传导。在政策价值维度上，养老服务供给政策已建立起一个涵盖政府、市场、社会、农村集体、家庭、个人等多元主体的责任框架，当中充分展现出国家责任导向，并强调政府的供给责任。然而，政府责任在政策目标和政策工具这两个维度偏离了农村老人需求。政策目标定位与农村老人的服务需求存在结构性偏差，而且政策工具固化了政策目标的偏差，这是农村地区出现机构养老服务供给过剩这一"政策悖论"的主要原因。因此，农村养老服务供给结构性困境的产生具有政府责任根源，这一责任根源集中反映在政策目标和政策工具这两个维度，需要重塑政府责任以提升农村养老服务供给的有效性。

(六) 重塑政府责任以提升农村养老服务供给的有效性

政府要用积极的老龄观替代消极的老龄观，通过更加积极的政府责任，构建"家庭养老服务为基础，社区照顾服务作支撑，公共养老服务作兜底，商业养老服务为补充"的多层次养老服务供给体系，分别在家庭养老服务、社区照顾服务、公共养老服务和商业养老服务供给中作出相应的责任调整。具体而言，政策建议包括：建立健全"发展型"家庭政策体系，援助家庭更好地实现养老功能；整合农村社区力量，发展切合农村实际的社区照顾服务；创新公共养老服务供给机制，满足老年弱势群体的基本需求；完善相关扶持政策，合理引导民办养老服务机构的发展定位。

二、可能的创新

本书从政府责任的视角解答了农村养老服务供给结构性困

境这一问题,对养老服务类型、养老服务供给与政府责任、养老服务供给需求状况等相关议题展开了学术性探讨,并在该过程中获得一些"积累性知识"。具体而言,本书的主要创新体现在以下方面:

(一) 理论分析

在理论分析上,将原来分属于两个不同学科的两种理论进行了整合,构建养老服务供给与政府责任的分析模型。整合公共管理学的公共物品理论和社会学的社会支持网络理论,构建一个系统的分析模型,即"十字"模型,将养老服务划分为家庭养老服务、社区照顾服务、公共养老服务和商业养老服务四种类型。在这一理论模型中讨论了养老服务供给与政府责任的相互影响关系,即养老服务供给需要政府根据政策目标群体的现实需求作出相应的责任定位,而现实中的政府责任反过来会影响养老服务的供给状况。同时,本书还指出,农村养老服务供给的政府责任包括两个层面:第一个层面是政府如何定位四类养老服务的地位关系,第二个层面是政府在四类养老服务供给中的具体责任。本书为提升养老服务供给的有效性提供一个理论分析框架,更为今后从事养老服务供给的研究提供分析视角,同时也可以尝试将这一分析模型扩展到社会政策的其他领域。

(二) 研究内容

在研究内容上,揭示农村养老服务供给结构性困境的政府责任根源,深化了农村养老服务供给这一主题研究。本书认为农村养老服务供给结构性困境具有政府责任根源,责任根源主要体现在政策目标和政策工具这两个维度。虽然社会保障、福利改革等领域的政府责任研究成果较为丰硕,但目前国内少有文献对农村养老服务供给中的政府责任开展过专门研究。本书从政府责任的视角分析农村养老服务供给的相关问题，揭示了政府责任对养老服务供给的重要影响，深化了农村养老服务供给这一主题研究。

（三）研究方法

在研究方法上，运用公共政策内容分析法，在"政策价值—政策目标—政策工具"的分析路径中将养老服务供给的政府责任呈现出来。在国内公共政策领域，公共政策内容分析法还没有得到广泛应用。本书运用公共政策内容分析法，按照"政策价值—政策目标—政策工具"的逻辑进路对现实中的政府责任进行概括和归纳，将农村养老服务供给的政府责任展现出来，有助于推动公共政策内容分析法的应用。

三、存在的不足

（一）数据的局限性

本书的数据资料有两个主要来源：一是实地调研获取的数据和资料。这来源于 A 省农村老人及其家人、政府官员和村委会干部等群体的问卷调查和实地访谈。由于人力、物力和时间等因素的制约，问卷调查只能以 A 省为例，难免存在样本代表性问题。本书的部分观点是通过访谈资料提炼出来的，尽管笔者在调研之前做了大量准备工作以确保研究的效度和信度，但还是难以排除数据测量不精确、受访者隐瞒真实想法等情况。二是查阅政策文本所收集的数据。笔者查阅国家和 A 省的相关统计年鉴，登陆相关政府部门的官方网站，并向相关政府部门获取部分政策文本。然而，部分政策文本涉及国家机密或因其他原因无法查阅，加之部分政府部门没有主动在其网站上公开发布相关政策文本，数据来源难免会存在一定的局限性。

（二）研究视角的不足

农村养老服务供给涉及政府、社会、市场、家庭等多方主体的责任共担关系，是一项十分庞大的、系统性的研究工程。本书以政府责任为视角，侧重于讨论政府责任对农村养老服务供给的影响作用，揭示农村养老服务供给结构性困境的政府责任根源。尽管该视角具备一定的启发性和学理性，但其他主体的供给责任也值得研究，而不能仅仅局限于政府责任这一视角。另外，政策执行也是引发农村养老服务供给结构性困境的一个重要因素。换言之，农村养老服务供给的结构性困境有可能是政策执行所导致，也可能是受其他因素影响的结果，这是今后进一步研究的空间。

（三）"十字"模型的理论阐述还不够充分

本书的一个创新之处就是构建"十字"模型对养老服务进行类型划分，并借助该模型对各种养老服务形态进行分析，系统阐述了养老服务供给与政府责任的相互影响。但随着理论和实践的发展，养老服务的类型划分可能会变得更加复杂。同时，由于笔者的学术能力有限，"十字"模型的理论阐述，尤其是不同类型养老服务的地位关系、相互作用等方面的论述还存在一些不足之处。

四、进一步的研究方向

（一）"十字"模型的充分性和适用性

本书整合公共物品理论和社会支持网络理论，构建"十字"模型对养老服务及其具体形态进行有效分类，并在该模型中讨论养老服务供给与政府责任的相互关系。尽管"十字"模型在本书中具备一定的解释力，但由于笔者学术能力和客观条件的限制，"十字"模型论证的充分性仍需进一步加强，尤其是随着理论和实践的发展,"十字"模型有可能会遇到新的挑战。同时,"十字"模型是否可以应用于其他服务领域?该问题关系到本书和"十字"模型的学术贡献以及知识推进,这可以作为今后继续深入研究的方向。

(二) 政策执行对农村养老服务供给的影响

政策执行是农村养老服务有效供给的一个重要影响因素。本书主要从政策文本而非政策执行的角度出发,采用公共政策内容分析法探讨政府责任对养老服务供给的影响。然而,政策文本规定的政府责任并不代表政府责任在政策执行过程中就可以得到很好地履行,公共政策的基层执行者可能会偏离上级政府的责任定位,从而对养老服务供给造成影响。今后可以从政策执行的角度对本书作出补充、修正甚至是批判。

(三) 不同层级政府之间的责任划分和权力结构问题

本书主要以省级政府为切入点,侧重于讨论养老服务供给的政府责任问题,没有讨论不同层级政府之间的责任划分和权力结构问题。不可否认的是,不同层级政府之间的责任划分和权力结构是影响农村养老服务有效供给的一个重要变量。在其他的政策领域中,有学者讨论过不同层级政府的责任划分和权力结构对公共政策的影响。农村养老服务供给同样可以从这一角度作出进一步的讨论。

(四) 个人、家庭、社区和市场等主体在农村养老服务供给中的责任和角色

个人、家庭、社区、市场都是养老服务的供给主体,它们应该承担哪些责任?不同供给主体之间的责任边界在哪里?如何充分发挥这些主体在养老服务供给中的作用?这是提升农村养老服务供给有效性的重要议题,更是今后可以深入探讨的研究方向。

第六章 结　语

社会学家墨顿（Robert King Merton）曾经说过："研究者应该对于生活中不期而遇、异乎寻常而又有关全局的社会事实给予充分关注，因为这些异常现象往往有可能成为新的理论研究的起点。"[1] 每一个阶段的研究只是分析了当下的某一个问题甚至是问题的某一方面，伴随经济、政治、社会、人口等宏观环境的变化，养老服务供给的新问题会接踵而来。总而言之，问题无穷尽，研究不停止！

---

[1] ［美］赖特·米尔斯等：《社会学与社会组织》，何维凌等译，浙江人民出版社1986年版，第35页。

参考文献

一、英文文献

1. Ahn, Y. H. and Kim, M. J., "Health Care Needs of Elderly in a Rural Community in Korea", *Public Health Nursing*, 2004, 21 (2).
2. Anne L. Schneider and Helen Ingram, "The Behavioral Assumptions of Policy Tools", *The Journal of Politics*, 1990, 52 (2).
3. Aspalter, C. ed., *Discovering the Welfare State in East Asia*, Chicago: Chicago University Press, 2002.
4. Berkman, L. F. and Syme, S. L., "Social Networks, Host Resistance, and Mortality: Anine-year Follow-up Studay of Alameda County Residents", *American Journal of Epidemiology*, 1979, 10 (9).
5. Berkman, L. F. and Oxman, T., et al., "Social Networks and Social Support among the Elderly: Assessment Issues", in Wallace, R. B. and Woolson, R. F. eds., *The Epidemiologic Study of the Elderly*, New York: Oxford University Press, 1992.
6. Ann Bookman and Delia Kimbrel, "Families and Elder Care in the Twenty-First Century", *Future of Children*, 2011, 21 (2).
7. Cantor, M. and Little, V., Aging and Social Care", in Binstock, R. H. and Shanas, E., *Handbook of Aging and Social Sciences*, 2nd ed., New York:

Van Nostrand Reinbood Company, 1985.
8. Chappell, N. L. and Havens, B. , "Who Helps the Elderly Person: A Discussion of Informal and Formal Care", in W. A. Peterson & J. S. Quadagno eds. , *Social Bonds in Later Life: Aging and Interdependence*, Beverly Hills, CA: Sage, 1985.
9. Chappell, N. L. , "Social Support and the Receipt of Home Care Services", *The Gerontologist*, 1985, 25 (4).
10. Clarke, L. , "Family Care and Changing Family Structure: Bad News for the Elderly?", in Allen, I. and Perkins, E. , *The Future of Family Care for Older People*, London: HMSO, 1995.
11. Tan Poo Chang, "Implications of Changing Family Structures on Old–age Support in the Escap Region", *Asia–pacific Population Journal*, 1992, 7 (2).
12. Crimmins, E. M. and Ingegneri, D. G. , "Interaction and Living Arrangements of Older Parents and Their Children: Past Trends, Present Determinants, Future Implications", *Research on Aging*, 1990, 12 (1).
13. Vincent P. De Santis, *The Shaping of Modern America: 1877–1920*, Wheeling, IL: Harlan Davidson, Inc. , 2000.
14. Dean Alfred, et al. , "Effects of Social Support from Various Sources on Depression in Elderly Persons", *Journal of Health and Social Behavior*, 1990, 72 (6).
15. Donald T. Rowland, "Global Population Aging: History and Prospects", in P. Uhlenberg ed. , *International Handbook of Population Aging*, Springer Netherlands, 2009.
16. Doty, P. , "Family Care of the Elderly: The Role of Public Policy", *The Millbank Quarterly*, 1986, 64 (2).
17. D. Jolliffe, "The Impact of Education in Rural Ghana: Examining Household Labor Allocation and Returns on and off the Farm", *Journal of Agricultural Economics*, 2003, 12 (9).

18. Evandrou, M., "Great Expectations: Social Policy and the New Millennium Elders", in Bernard, M. and Phillips, J. eds., *The Social Policy of Old Age*, London, 1998.
19. Kirschen, E. S., et al., *Economic Policy in Our Time*, Chicago: Rand McNally, 1964.
20. Finch, J., "Responsibilities, Obligations and Commitments", in Allen, I. and Perkins, E., *The Future of Family Care for Older People*, London: HMSO, 1995.
21. Franca van Hooren and Uwe Becker, "One Welfare State, Two Care Regimes: Understanding Developments in Child and Elderly Care Policies in the Netherlands", *Social Policy & Administration*, 2012, 46 (1).
22. Froland, C., "Formal and Informal Care: Discontinuities in a Continuum", *Social Service Review*, 1980, 46 (12).
23. Gallo, J. J., et al, *Handbook of Geriatric Assessment*, Maryland: Aspen Publishers, 1988.
24. Glendinning, C., et al., *Funding Long-term Care for Older People: Lessons from Other Countries*, York: Joseph Rowntree Foundation, 2004.
25. Grundy, E., "Demographic influences on the Future of Family Care", in Allen, I. and Perkins, E., *The Future of Family Care for Older People*, London: HMSO, 1995.
26. Goode, W. J., *World Revolution and Family Patterns*, New York: Free Press, 1963.
27. Groves, R. M., *Survey Errors and Survey Costs*, New York: John Wiley, 1989.
28. Treasa Hayes, *Management, Control and Accountability in Nonprofit/Voluntary Organizations*, Aldershot: Ashgate Publishing Lirnitede, 2010.
29. Hendy, S., et al., "Critical Shortfalls in the Supply of Residential Care: A Western Metropolitan Region Perspective", *Health Issues*, 2004, 8 (4).
30. Henglien Lisa Chen, "Welfare and Long-term Care in the East and West: Cross-national Inequalities", *International Journal of Sociology and Social Policy*,

2010, 30 (3).
31. Hemalin, A. I. , *The Well-being of the Elderly in Asia: A Four Country Comparative Study*, Ann Arbor: University of Michigan Press, 2002.
32. Hogan, W. , "Review of Pricing Arrangements in Residential Aged Care", *Australasian of Ageing*, 2004, 23 (1).
33. Michael Howlett and M. Ramesh, *Studying Public Policy: Policy Cycles and Policy Subsystems*, Oxford: Oxford Press, 1995.
34. Horvitz, D. and Lessler, J. , *Discussion of Total Survey Design. Health Survey Methods: Second Biennial Conference. Hyattsville*, MD: National Center for Health Services Research, 1978.
35. Ian Holliday, "Productivist Welfare Capitalism: Social Policy in East Asia", *Political Studies*, 2000, (48).
36. Jennifer Bowerman, "Home Care for Aging Populations: A Comparative Analysis of Domiciliary Care in Denmark, the United States and Germany", *Leadership in Health Services*, 2009, 22 (1).
37. Johansson Lennarth, et al. , "Informal Caregiving for Elders in Sweden: An Analysis of Current Policy Developments", *Journal of Aging & Social Policy*, 2011, 23 (4).
38. John Giles and Ren Mu, "Elderly Parent Health and the Migration Decisions of Adult Children: Evidencefrom Rural China", *Demography*, 2007, 44 (2).
39. Joseph, A. E. and Chalmers, A. I. , "Restructuring Long-term Care and the Geography of Aging: A View from Rural New Zealand", *Social Science & Medicine*, 1996, 42 (6).
40. Kaye, L. W. , *Home Care Services for Old People: An Organizational Analysis of Provider Experience*, Dissertation: Columbia University, 1982.
41. Kaplan, A. , *Conduct of Inquiry*, San Francisco: Chandler, 1964.
42. Katherine Swartz, et al. , "Long-Term Care: Common Issues and Unknowns", *Journal of Policy Analysis and Management*, 2012, 31 (1).

43. Kaufman, G. G., "The Role of Economists in Public Policy", *Quarterly Review of Economics and Finance*, 1995, 35 (2).
44. Kirwin, P. M., "Intergenerational Continuity and Reciprocity through the Use of Community-based Services: Theory and Practice", *Home Health Care Services Quarterly*, 1991, 12 (2).
45. Lasswell, H. D. and Kaplan, A., *Power and Society: A Framework for Political Inquiry*, New Haven: Yale University Press, 1950.
46. Lasswell, H. D., et al., *The Comparative Study of Symbols*, Stanford, CA: Stanford University Press, 1952.
47. Lester M. Salamon, "Rethinking Public Management: Third-Party Government and the Changing Forms of Government Action", *Public Policy*, 1981, 29 (3).
48. Lewis Froman, "The Categorization of Policy Contents", in *Austin Ranney eds. Political Science and Public Policy*, Chicago: Markham, 1968.
49. Lowit, J., "Four Systems of Policy, Politics, and Choice", *Public Administration Review*, 1972, 32 (4).
50. Linda Pickard, et al., "Relying on Informal Care in the New Century? Informal Care for Elderly People in England to 2031", *Ageing and Society*, 2000, (20).
51. Litwak, E. and Meyer, H. J., "A Balance Theory of Coordination between Bureacractic Organizations and Community Primary Groups", *Administrative Science Quarterly*, 1974, 11 (6).
52. Litwak, E. and Spilerman, S., *Nursing Home Administration, Organization Theory and Social Policy*, New York: Elsevier Biomedical, 1982.
53. Litwak, E., *Helping the Elderly: Complementary Roles of Informal Networks and Formal Systems*, New York: The Guilford Press, 1985.
54. Lorraine M. McDonnell and Richard F. Elmore, *Alternative Policy Instruments*, Santa Monica: Center for Policy Research in Education, 1987.
55. Maureen A. Flanagan, *America Reformed: Progressives and Progressivisms*

1890s–1920s, New York: Oxford University Press, 2007.
56. Mancur Olson, *The Logic of Collective Action*, Cambridge, MA: Harvard University Press, 1965.
57. Maria C. Stuifbergen and Johannes J. M. van Delden, "Filial Obligations to Elderly Parents: A Duty to Care?", *Med Health Care and Philos*, 2011, 14 (4).
58. MacRae, D. and Whittington, D., *Expert Advice for Policy Choice*, Washington, DC: Georgetown University Press, 1997.
59. Mark W. Skinner and Alun E. Joseph, "Placing Voluntarism within Evolving Spaces of Care in Aging Rural Communities", *GeoJournal*, 2011, 76 (4).
60. McCloskey, D. N., *The Rhetoric of Economics*, Madison: University of Wisconsin Press, 1985.
61. Meliyanni Johar and Shiko Maruyama, "Intergenerational Cohabitation in Modern Indonesia: Filial Support and Dependence", *Health Economics*, 2011, 20 (1).
62. Michael Howlett and M. Ramesh, *Studying Public Policy: Policy Cycles and Policy Subsystems*, Boston: Oxford University Press, 2003.
63. Milligan, C. and Conradson, D., "Contemporary Land-scapes of Welfare: The Voluntary Turn?", in *Landscapes of Voluntarism: New Spaces of Health, Welfare and Governmence*, Bristol: Policy Press, 2006.
64. Mok, B. H., "Community Care for Delinquent Youth: The Chinese Approach of Rehabilitating the Young Offenders", *Journal of Offenders Counselling Services Rehabilitation*, 1990, 15 (2).
65. Munday, E., "Definitons and Comparisons in Euripean Social Care", in Brain Munday and Peter Ely eds., *Social Care in Europe*, London: Harvester Wheatshaf, 1996.
66. Newman, S. J., *Worlds Apart: Long-term Care in Australian and the United States*, New York: The Haworth Press, 1987.
67. Nina Glasgow, "Older Rural Families", in David L. Brown and Louis E.

Swanson eds. , *Challenges for Rural America in the Twenty-First Century*, Pennsylvania: Penn State Press, 2003.
68. OECD, *The OECD Health Project: Long-term Care for Older People*, Paris: OECD 2005.
69. Parsons, T. , "The Social Structure of the Family", in Anshen, R. N. eds. , *Function and Destiny*, New York: Harper and Brothers, 1949.
70. Paul, A. S. , "The Pure Theory of Public Expenditure", *Review of Economics and Statistics*, 1954, 36 (11).
71. Peters, G. , *American Public Policy: Promise and Performance*, New York: Seven Bridges Press, 1999.
72. Phillipson, C. , "Challenging the 'Spectre of Old Age': Community Care for Older People in the 1990s", *Social Policy Review*, 1992, 26 (4).
73. Pickard, L, et al. , "Relying on Informal Care in the New Century? Informal Care for Elderly People in England to 2031", *Ageing Soc*, 2000, 20 (6).
74. Robert Wuthnow, "The Voluntary Sector: Legacy of the Past, Hope for the Future", in Robert Wuthnow, *Between States and Markets: The Voluntary Sector in Comparative Perspective*, Princeton: Princeton Unversity Press, 1991.
75. Robert A. Dahl and Charles E. Lindblom, *Politics, Economic and Welfare: Planning and Politico-economic Systems Resolved into Basic Social Processes*, New York: Harper and Row, 1953.
76. Theodore J. Lowi, "Four Systems of Policy: Policy and Choice", *Public Administration Review*, 1972, 32 (4).
77. Saeed Knalid, "Slicing A Complex Problem for System Dynamics Modeling", *System Dynamics Review*, 1992, 8 (3).
78. Lester M. Salamon and Michael S. Lund, *Beyond Privatization: The Tools of Government Action.* , Washington, DC: Urban Institute Press, 1989.
79. Shafritz, J. , et al. , *Classics of Public Policy*, Pearson Publisher, Inc. , 2005.
80. Storer, N. W. , *The Social System of Science*, New York: Holt, Rinehart & Winston, 1966.

81. Sussman, M., "Family, Bureaucracy, and the Elderly Individual: An Organizational Linkage Perspective", in Ethel Shans and Marvin B. Sussman eds., *Family, Bureaucracy, and the Elderly*, Durham, N. C.: Duke University Press, 1977.
82. Thumé Elaine, et al., "The Utilization of Home Care by the Elderly in Brazil's Primary Health Care System", *American Journal of Public Health*, 2011, 101 (5).
83. Ungerson, C., "Whose Empowerment and Independence? A Cross-national Perspective on 'Cash for Care' Schemes", *Aging and Society*, 2004, 24 (6).
84. Vullnetari, J. and King, R., "Does your Granny Eat Grass? Mass Migration, Care Drain and the Fate of Older People in Rural Albania", *Global Networks*, 2008, 8 (2).
85. Walker, A. and Wong, C. K., *East Asian Welfare Regimes in Transition: from Confucianism to Globalisation*, Bristol: Policy Press, 2005.
86. Weber, M., *The Theory of Social Economic Organizations*, New York: Oxford University Press, 1965.
87. West, P., et al., "Public Preferences for the Care of Dependency Groups", *Social Science and Medicine*, 1984, 18 (4).
88. William N. Dunn, *Public Policy Analysis: An Introduction*, Prentice-Hall International, Inc, 1994.
89. Yang, H. Q., "The Distributive Norm of Monetary Support to Older Parents: A Look at a Township in China", *Journal of Marriage and the Family*, 1996, 58 (2).
90. Zimmer, Z., et al., "A Comparative Study of Migrant Interactions with Elderly Parents in Rural Cambodia and Thailand", Presented at the 2007 Population Association of America Annual Meetings in New York, March 29, 2007.

二、中文文献

1. ［美］阿瑟·奥肯:《平等与效率》，王奔洲等译，华夏出版社 1999

年版。
2. [美] 埃莉诺·奥斯特罗姆：《公共事务的治理之道》，余逊达、陈旭东译，上海三联书店 2000 年版。
3. [美] 彼得斯：《政府未来的治理模式》，吴爱明、夏宏图译，中国人民大学出版社 2001 年版。
4. [美] 布拉德伯恩、萨德曼、万辛克：《问卷设计手册：市场研究、民意调查、社会调查、健康调查指南》，赵锋译，重庆大学出版社 2011 年版。
5. 陈振明："政府治理工具研究与政府管理方式改进——论作为公共管理学新分支的政府工具研究的兴起、主题和意义"，载《中国行政管理》2004 年第 6 期。
6. 陈振明：《公共管理学》，中国人民大学出版社 2005 年版。
7. 陈振明、和经纬："政府工具研究的新进展"，载《东南学术》2006 年第 6 期。
8. 陈振明等：《政府工具导论》，北京大学出版社 2009 年版。
9. 陈振明、李德国："基本公共服务的均等化与有效供给——基于福建省的思考"，载《中国行政管理》2011 年第 1 期。
10. 陈友华、徐愫："中国老年人口的健康状况、福利需求与前景"，载《人口学刊》2011 年第 2 期。
11. 陈友华："居家养老及其相关的几个问题"，载《人口学刊》2012 年第 4 期。
12. 陈友华："中国养老制度设计问题与认识反思"，载《江苏行政学院学报》2012 年第 3 期。
13. 陈友华、吴凯："社区养老服务的规划与设计——以南京市为例"，载《人口学刊》2008 年第 1 期。
14. 陈德君："人口老龄化与养老服务保障体系"，载《人口研究》2001 年第 6 期。
15. 陈成文、肖卫宏："农民养老意识变迁的影响因素研究——以对 288 位农民的调研为例"，载《西北人口》2007 年第 4 期。

16. 陈军:"居家养老:城市养老模式的选择",载《社会》2001 年第 9 期。
17. 陈赛权:"中国养老模式研究综述",载《人口学刊》2000 年第 3 期。
18. 陈建兰:"空巢老人的养老意愿及其影响因素——基于苏州的实证研究",载《人口与发展》2010 年第 2 期。
19. 陈桂兰:"城市农民工的权益保障与政府责任",载《前沿》2004 年第 3 期。
20. 陈福祥:"公共性职业教育培训的有效供给——基于制度分析的视角",西南大学 2011 年博士学位论文。
21. 蔡放波:"论政府责任体系的构建",载《中国行政管理》2004 年第 4 期。
22. [美]戴伊:《理解公共政策》,孙彩红译,北京大学出版社 2008 年版。
23. [美]德博拉·斯通:《政策悖论:政治决策中的艺术》,顾建光译,中国人民大学出版社 2006 年版。
24. 杜鹏、李强:"1994~2004 年中国老年人的生活自理预期寿命及其变化",载《人口研究》2006 年第 5 期。
25. 杜鹏、武超:"中国老年人的生活自理能力状况与变化",载《人口研究》2006 年第 1 期。
26. 杜鹏、张文娟:"我国东、中、西部老年生理健康比较分析",载曾毅等:《老年人口家庭、健康与照料需求成本研究》,科学出版社 2010 年版。
27. 杜萌:"'社会养老'如何跑赢'人口老龄化'",载《法制日报》2012 年 4 月 7 日。
28. 董红亚:"农村养老,家庭不可缺位",载《中国社会报》2009 年 3 月 2 日。
29. 董红亚:"'共担·互补·协调'的新型养老保障体系研究——以浙江省为例",载《中共浙江省委党校学报》2010 年第 3 期。
30. 董红亚:"养老服务亟需'优先发展'",载《社会福利》2011 年第

3 期。

31. 董红亚:《中国社会养老服务体系建设研究》,中国社会科学出版社 2011 年版。
32. 董红亚:"我国社会养老服务体系的解析和重构",载《社会科学》2012 年第 3 期。
33. 董春晓:"福利多元视角下的中国居家养老服务",载《中共中央党校学报》2011 年第 4 期。
34. 丁志宏、王莉莉:"我国社区居家养老服务均等化研究",载《人口学刊》2011 年第 5 期。
35. 丁志宏:"我国高龄老人照料资源分布及照料满足感研究",载《人口研究》2011 年第 5 期。
36. [美] 福勒:《调查研究方法》,孙振东、龙黎、陈荟译,重庆大学出版社 2009 年版。
37. [美] 福勒:《调查问卷的设计与评估》,蒋逸民等译,重庆大学出版社 2010 年版。
38. [美] 弗兰克·费希尔:《公共政策评估》,吴爱明、李平等译,中国人民大学出版社 2003 年版。
39. 高鸿业等编著:《现代西方经济理论与学派》,中国经济出版社 1988 年版。
40. 高胜恩:"浅议转型社会中的农村养老问题——山西永济市孙李村养老情况调查",载《经济问题》2000 年第 12 期。
41. 高和荣:"文化转型下中国农村家庭养老探析",载《思想战线》2003 年第 4 期。
42. 高文:"情境学习与情境认知",载《教育发展研究》2001 年第 8 期。
43. 郭平、陈刚编著:《2006 年中国城乡老年人状况追踪调查数据分析》,中国社会出版社 2009 年版。
44. 贺寨平:《社会网络与生存状态——农村老年人社会支持网研究》,中国社会科学出版社 2004 年版。
45. 贺寨平、曹丽莉、张凯:《城市贫困人口的社会支持网研究》,中国社会出版社 2011 年版。

46. 贺寨平、孔驰："城市贫困人口社会支持的多水平分析"，载《江苏社会科学》2011 年第 5 期。
47. 贺寨平："社会支持网络对城市贫困人口身心状况的影响"，载《心理科学》2011 年第 5 期。
48. 贺聪志、叶敬忠："农村劳动力外出务工对留守老人生活照料的影响研究"，载《农业经济问题》2010 年第 3 期。
49. ［美］豪利特等：《公共政策研究：政策循环与政策子系统》，庞诗等译，生活·读书·新知三联书店 2006 年版。
50. 胡湛、彭希哲："老龄社会与公共政策转变"，载《社会科学研究》2012 年第 3 期。
51. 黄黎若莲、张时飞、唐钧："中国人口老龄化进程与老年服务需求"，载《学习与实践》2006 年第 12 期。
52. 黄建钢、骆勋：《新公共政策学》，北京大学出版社 2010 年版。
53. 黄庆杰："城乡统筹的农村社会养老保障：制度选择与政府责任"，中国社会科学院研究生院 2009 年博士学位论文。
54. 黄萃、苏竣、施丽萍、程啸天："政策工具视角的中国风能政策文本量化研究"，载《科学学研究》2011 年第 6 期。
55. 黄俊辉、李放："农村养老保障政策取向——基于情境认知的视角"，载《中国农业大学学报（社会科学版）》2011 年第 3 期。
56. 黄俊辉、李放："生活满意度与养老院需求意愿的影响研究——江苏农村老年人的调查"，载《南方人口》2013 年第 1 期。
57. 黄俊辉、李放、赵光："需求评估：构建社会养老服务体系的关键环节"，载《老龄科学研究》2014 年第 8 期。
58. 行红芳、顾江霞："社会支持系统的断裂与弥合——基于脆弱儿童实际生活状况的分析"，载《青年研究》2006 年第 8 期。
59. 胡琳琳、胡鞍钢："中国如何构建老年健康保障体系"，载《南京大学学报（哲学·人文科学·社会科学版）》2008 年第 6 期。
60. 胡宏伟、时媛媛、肖伊雪："公共服务均等化视角下中国养老保障方式与路径选择——居家养老服务保障的优势与发展路径",载《华东经济管理》2012年第1期。

61. 胡宏伟、时媛媛、张薇娜:"需求与制度安排:城市化战略下的居家养老服务保障定位与发展",载《人口与发展》2011年第6期。
62. 贾云竹:"老年人日常生活照料资源与社区助老服务的发展",载《社会学研究》2002年第5期。
63. 蒋虹:"我国长期护理保险的发展模式选择",载《西南金融》2007年第1期。
64. 金碧华:"支持的'过程':社区矫正假释犯的社会支持网络研究",上海大学2007年博士学位论文。
65. 金海和、李利:"社会保障与政府责任——以中国农村社会保障体系建设为例",载《中国行政管理》2010年第3期。
66. [德]卡尔·曼海姆:《意识形态与乌托邦》,艾彦译,华夏出版社2001年版。
67. 卢泰宏:《信息分析》,中山大学出版社1998年版。
68. [奥]凯尔森:《法与国家的一般理论》,沈宗灵译,中国大百科全书出版社1996年版。
69. 吕炜、王伟同:"发展失衡、公共服务与政府责任——基于政府偏好和政府效率视角的分析",载《中国社会科学》2008年第4期。
70. 吕亚军、刘欣:"浅析欧盟成员国'家庭友好政策'",载《中华女子学院学报》2009年第1期。
71. 陆解芬:"论政府在农村养老社会保险体系建构中的作用",载《理论探讨》2004年第3期。
72. 梁漱溟:《中国文化要义》,上海人民出版社1949年版。
73. [加]梁鹤年:《政策规划与评估方法》,丁进锋译,中国人民大学出版社2009年版。
74. [美]罗杰·J.沃恩、特里·E.巴斯:《科学决策方法:从社会科学研究到政策分析》,沈崇麟译,重庆大学出版社2006年版。
75. 罗观翠、雷杰:"'社会福利社会化'的陷阱——以广州老人院舍为例",载《华东理工大学学报(社会科学版)》2008年第1期。
76. [美]赖特·米尔斯等:《社会学与社会组织》,何维凌等译,浙江人民出版社1986年版。
77. [英]莱恩·多亚尔、伊恩·高夫:《人的需要理论》,汪淳波、张宝莹译,商务印书馆2008年版。
78. 梁鸿、赵德余等:《人口老龄化与中国养老保障制度》,上海人民出版社2008年版。
79. 刘小年:《中国农民工政策研究》,湖南人民出版社2007年版。
80. 李瑞昌:"基于'中国问题'的比较公共政策研究",载《公共行政评论》2012年第3期。
81. 李景鹏:"政府的责任与责任政府",载《国家行政学院学报》2003年第5期。
82. 李本公主编:《中国人口老龄化发展趋势百年预测》,华龄出版社2006年版。
83. 李迎生:"论政府在农村社会保障制度建设中的角色",载《社会科学研究》2005年第4期。
84. 李树茁等:"中国农民工的社会融合及其影响因素研究——基于社会支持网络的分析",载《人口与经济》2008年第2期。
85. 李强:"社会支持与个体心理健康",载《天津社会科学》1998年第1期。
86. 李昺伟等:《中国城市老人社区照顾综合服务模式的探索》,社会科学文献出版社2011年版。
87. 李钢等编著:《公共政策内容分析方法:理论与应用》,重庆大学出版社2007年版。
88. 李钢:《话语、文本、国家教育政策分析》,社会科学文献出版社2009年版。
89. 李建新、于学军、王广州、刘鸿雁:"中国农村养老意愿和养老方式的研究",载《人口与经济》2004年第5期。
90. 李德明、陈天勇、李海峰:"中国社区为老服务及其对老年人生活满意度的影响",载《中国老年学杂志》2009年第19期。
91. 李春艳、贺聪志:"农村留守老人的政府支持研究",载《中国农业大学学报(社会科学版)》2010年第1期。
92. 李芳凡、曾南权:"建立不发达地区农村养老保障制度的构想",载《江西社会科学》2005年第2期。
93. [新加坡]李光耀:《李光耀40年政论选》,现代出版社1994年版。
94. 李银河:"家庭结构与家庭关系的变迁——基于兰州的调查分析",载《甘肃社会科学》2011年第1期。
95. 刘燕舞:"农村家庭养老之殇——农村老年人自杀的视角",载《武汉大学学报(人文科学版)》2016年第4期。
96. 刘燕舞、王晓慧:"农村老年人风险管理调查与分析——基于全国八省十一村的实地调研",载《老龄科学研究》2014年第1期。
97. 刘灵芝:《中国公民养老权论》,吉林大学出版社2007年版。
98. 刘祖云、杨华锋:"政府的'三种能力':情境认知、组织调适与社会治理",载《上海行政学院学报》2009年第1期。
99. 林娟芬:《妇女晚年丧偶后的适应——一个以台湾地区为例的叙说分析》,上海人民出版社2007年版。
100. 林闽钢、吴小芳:"代际分化视角下的东亚福利体制",载《中国社会科学》2010年第5期。
101. 林闽钢:"我国城乡社会养老服务体系的发展探讨",载《中国社会保障》2012年第6期。
102. 《马克思恩格斯全集》(第3卷),人民出版社1982年版。
103. 《马克思恩格斯全集》(第19卷),人民出版社1982年版。
104. [美]马斯洛:《人性能达的境界》,林方译,云南人民出版社1987年版。
105. 马骏、刘亚平主编:《美国进步时代的政府改革及其对中国的启示》,格致出版社2010年版。
106. 马骏:"中国公共行政学研究:反思与展望",载《公共行政评论》2012年第1期。

107. [美]曼昆:《经济学原理》（上册），梁小民译，北京大学出版社 1999 年版。
108. 孟宪范:"家庭：百年来的三次冲击及我们的选择"，载《清华大学学报（哲学社会科学版）》2008 年第 3 期。
109. 乜堪雄、何小洲:"人口老龄化背景下的经济对策与产业选择"，载《中国人口·资源与环境》2007 年第 1 期。
110. 穆光宗、张团:"我国人口老龄化的发展趋势及其战略应对"，载《华中师范大学学报（人文社会科学版）》2011 年第 5 期。
111. [英]诺曼·巴里:《福利》，储建国译，吉林人民出版社 2005 年版。
112. [澳]欧文·E. 休斯，《公共管理导论》，张成福、王学栋等译，中国人民大学出版社 2007 年版。
113. 彭华民等:《西方社会福利理论前沿：论国家、社会、体制与政策》，中国社会出版社 2009 年版。
114. 彭希哲:"制度创新和政策整合是关键"，载《人民日报》2013 年 4 月 14 日。
115. 朴贞子、金炯烈:《政策形成论》，山东人民出版社 2005 年版。
116. 潘金洪:"江苏省机构养老床位总量不足和供需结构失衡问题分析"，载《南京人口管理干部学院学报》2010 年第 1 期。
117. 潘金洪、王晓风、应启龙:"江苏省社区老龄服务需求调查分析"，载《市场与人口分析》2000 年第 3 期。
118. 蒋岳祥、斯雯:"老年人对社会照顾方式偏好的影响因素分析——以浙江省为例"，载《人口与经济》2006 年第 3 期。
119. 焦亚波:"社会福利社会化背景下的上海养老机构发展研究"，华东师范大学 2009 年博士学位论文。
120. [美]乔·B. 斯蒂文斯:《集体选择经济学》，杨晓维等译，上海人民出版社、三联书店 1999 年版。
121. 钱亚仙:"加快推进社会养老服务体系建设的实践与探索——以宁波市为例"，载《中共宁波市委党校学报》2011 年第 6 期。
122. 沈苏燕:"农民养老保障的政策优化研究——以人的需要为视角"，南京农业大学 2011 年博士学位论文。

123. ［美］斯图尔特等：《公共政策导论》，韩红译，中国人民大学出版社 2011 年版。

124. ［美］沙夫里茨等编：《公共政策经典》，彭云望译，北京大学出版社 2008 年版。

125. ［美］萨瓦斯：《民营化与公私部门的伙伴关系》，周志忍等译，中国人民大学出版社 2002 年版。

126. ［美］斯蒂格利茨：《经济学》，中国人民大学出版社 1997 年版。

127. 世界银行：《1997 年世界银行发展报告：变革世界中的政府》，中国财政经济出版社 1997 年版。

128. 世界卫生组织编：《积极老龄化政策框架》，中国老龄协会译，华龄出版社 2003 年版。

129. 石人炳："我国农村老年照料问题及对策建议——兼论老年照料的基本类型"，载《人口学刊》2012 年第 1 期。

130. 宋宝安、杨铁光："观念与需求：社会养老制度设计的重要依据——东北老工业基地养老方式与需求意愿的调查与分析"，载《吉林大学社会科学学报》2003 年第 3 期。

131. 宋宝安："老年人口养老意愿的社会学分析"，载《吉林大学社会科学学报》2006 年第 4 期。

132. 苏保忠、张正河："农村基本养老保障制度建设中的政府责任及其定位"，载《中国行政管理》2007 年第 12 期。

133. ［美］W. 理查德·斯科特：《制度与组织——思想观念与物质利益》，姚伟、王黎芳译，中国人民大学出版社 2010 年版。

134. ［美］文森特·奥斯特罗姆、埃莉诺·奥斯特罗姆："公益物品与供给选择"，载［美］迈克尔·麦金尼斯主编：《多中心体制与地方公共经济》，毛寿龙译，上海三联书店 2000 年版。

135. 王绍光："中国公共政策议程设置的模式"，载《中国社会科学》2006 年第 5 期。

136. 王家峰："后福利国家：走向积极多元的福利再生产"，载《兰州学刊》2009 年第 9 期。

137. 王成栋：《政府责任论》，中国政法大学出版社 1999 年版。
138. 王毅杰、童星："流动农民社会支持网探析"，载《社会学研究》2004 年第 2 期。
139. 王涤、张旭升："农村老年人精神文化需求调查"，载《人口学刊》2008 年第 5 期。
140. 王洪娜："山东农村老人入住社会养老机构的意愿与需求分析"，载《东岳论丛》2011 年第 9 期。
141. 吴建南：《公共管理研究方法导论》，科学出版社 2006 年版。
142. 吴帆："治理出生性别比失调公共政策的困境与'帕累托改进'路径"，载《人口研究》2010 年第 5 期。
143. 吴合文：《高等教育政策工具分析》，北京师范大学出版社 2011 年版。
144. 吴婵君："浙江老龄服务产业市场化融资模式创新研究"，载《浙江学刊》2011 年第 4 期。
145. 吴敏：《基于需求与供给视角的机构养老服务发展现状研究》，经济科学出版社 2011 年版。
146. 邬沧萍："创建一个健康的老龄社会——中国迎接 21 世纪老龄化的正确选择"，载《人口研究》1997 年第 1 期。
147. 伍小兰："中国农村老年人口照料现状分析"，载《人口学刊》2009 年第 6 期。
148. ［美］威廉·N. 邓恩：《公共政策分析导论》，谢明等译，中国人民大学出版社 2002 年版。
149. 魏彦彦主编：《中国特色养老模式研究》，中国社会出版社 2010 年版。
150. 席恒：《利益、权力与责任：公共物品供给机制研究》，中国社会科学出版社 2006 年版。
151. 谢明：《政策透视：政策分析的理论与实践》，中国人民大学出版社 2004 年版。
152. 熊跃根、邓广良：《需要、互惠和责任分担：中国城市老人照顾的政策与实践》，格致出版社 2008 年版。

153. 熊必俊：《人口老龄化与可持续发展》，中国大百科全书出版社 2003 年版。
154. 许佃兵、孙其昂："完善我国社会养老服务体系的深层思考——基于江苏养老服务现状的考察分析"，载《学海》2011 年第 6 期。
155. 许义平、何晓玲：《现代社区制度实证研究》，中国社会出版社 2008 年版。
156. 夏鸣、魏一："解决老年照料问题的思路及对策"，载《西北人口》2003 年第 1 期。
157. 俞可平：《权利政治与公益政治》，社会科学文献出版社 2005 年版。
158. 杨团："公办民营与民办公助——加速老年人服务机构建设的政策分析"，载《人文杂志》2011 年第 6 期。
159. 杨春："对推进江苏省健康老龄化和积极老龄化的思考"，载《人口学刊》2009 年第 3 期。
160. 杨成虎：《政策过程研究》，知识产权出版社 2012 年版。
161. 杨方方："中国转型期社会保障中的政府责任"，载《中国软科学》2004 年第 8 期。
162. 杨翠迎、冯广刚、任丹凤："人口'双龄化'背景下对我国养老保障制度建设方向调整的思考"，载《西北人口》2010 年第 3 期。
163. 杨宜勇、杨亚哲："论我国居家养老服务体系的发展"，载《中共中央党校学报》2011 年第 5 期。
164. 杨雪冬："改革开放 40 年中国政府责任体制变革：一个总体性评估"，载《中共福建省委党校学报》2018 年第 1 期。
165. 杨雪冬："责任政府：一个分析框架"，载《公共管理学报》2005 年第 1 期。
166. 杨雪燕、李树茁："出生性别比偏高治理中的公共政策失效原因分析"，载《公共管理学报》2008 年第 4 期。
167. 杨翠迎主编：《国际社会保障动态：社会养老服务体系建设》，上海人民出版社 2014 年版。
168. 俞卫主编：《国际社会保障动态——全民医疗保障体系建设》，上海人民出版社 2013 年版。

169. 于戈、刘晓梅："论我国养老服务业发展研究"，载《甘肃社会科学》2011 年第 5 期。

170. ［英］亚当·斯密：《国民财富的性质和原因的研究》（下册），郭大力、王亚南译，商务印书馆 1972 年版。

171. ［美］伊斯顿：《政治生活的系统分析》，王浦劬等译，华夏出版社 1999 年版。

172. 阳义南："家庭资助计划：完善农村家庭养老功能的政策创新"，载《人口与经济》2005 年第 1 期。

173. 尹银："关于促进家庭养老的政策导向问题——立足于道德、制度层面的思考"，载《南京人口管理干部学院学报》2008 年第 3 期。

174. 岳经纶：《中国劳动政策：市场化与全球化的视野》，社会科学文献出版社 2007 年版。

175. 岳经纶、温卓毅："专项资金与农村义务教育：政策工具的视角"，载《深圳大学学报（人文社会科学版）》2008 年第 4 期。

176. 岳经纶、刘洪、黄锦文主编：《社会服务：从经济保障到服务保障》，中国社会出版社 2011 年版。

177. 叶敬忠、贺聪志："社会变迁侵蚀家文化"，载《人民论坛》2011 年第 7 期。

178. 袁缉辉："养老问题浅议"，载《社会科学》1996 年第 6 期。

179. 张康之主编：《公共行政学》（第 2 版），经济科学出版社 2010 年版。

180. 张国庆主编：《行政管理学概论》，北京大学出版社 2000 年版。

181. 张丽萍："老年人口居住安排与居住意愿研究"，载《人口学刊》2012 年第 6 期。

182. 张恺悌主编：《中国农村老龄政策研究》，中国社会出版社 2009 年版。

183. 张友琴："老年人社会支持网络的城乡比较研究——厦门市个案研究"，载《社会学研究》2001 年第 4 期。

184. 张秀兰、徐月宾、梅志里编：《中国发展型社会政策论纲》，中国劳动社会保障出版社 2007 年版。

185. 张秀兰、徐月宾:"建构中国的发展型家庭政策",载《中国社会科学》2003年第6期。
186. 张成福:"责任政府论",载《中国人民大学学报》2000年第2期。
187. 张旭升、吴中宇:"农村家庭养老的实证分析",载《社会》2003年第3期。
188. 张贤明:"官员问责的政治逻辑、制度建构与路径选择",载《学习与探索》2005年第2期。
189. 张奇林、赵青:"我国社区居家养老模式发展探析",载《东北大学学报(社会科学版)》,2011年第5期。
190. 朱光磊、张志红:"'职责同构'批判",载《北京大学学报(哲学社会科学版)》2005年第1期。
191. 朱春奎等:《政策网络与政策工具:理论基础与中国实践》,复旦大学出版社2011年版。
192. 朱旭峰:《政策变迁中的专家参与》,中国人民大学出版社2012年版。
193. 赵德余:《公共政策:共同体、工具与过程》,上海人民出版社2011年版。
194. 左冬梅、李树茁、宋璐:"中国农村老年人养老院居住意愿的影响因素研究",载《人口学刊》2011年第1期。
195. 左冬梅、李树茁:"基于社会性别的劳动力迁移与农村留守老人的生活福利——基于劳动力流入地和流出地的调查",载《公共管理学报》2011年第2期。
196. 周雪光:《组织社会学十讲》,社会科学文献出版社2003年版。
197. 周沛、管向梅:"普惠型福利视角下城市高龄者养老社会化服务体系研究",载《东北大学学报(社会科学版)》2011年第4期。
198. 周湘莲:"居家养老服务中的政府责任",载《学海》2011年第6期。
199. 曾昱:"社区养老服务——中国城市养老服务保障的新选择",载《天府新论》2006年第4期。
200. 赵小艳:"老龄化背景下养老服务多元供给主体研究",西北大学2008年硕士学位论文。

201. 郅玉玲："江南三镇农村老人的养老状况及意愿比较"，载《西北人口》2002年第2期。
202. 中国经济增长与宏观稳定课题组等："增长失衡与政府责任——基于社会性支出角度的分析"，载《经济研究》2006年第10期。

三、电子资源

1. "加快实现城乡居民社会养老保险制度全覆盖"，载http://www.jsllw.gov.cn/info/2012/10/31/info_2_20723.html.
2. 戈丽娜："2009年度中国老龄事业发展统计公报"，载http://www.cncaprc.gov.cn/contents/20/12019.html.
3. 官志雄："中国到2020年独居和空巢老人将增至1.18亿人左右"，载http://www.chinanews.com/sh/2017/03-06/8166841.shtml.
4. 柯旺："2020年空巢老人1.18亿哪个省养'老'负担更重"，载http://news.china.com/domestic/945/20161029/23827723_all.html.
5. 宁一："生娃上升到国事：大国空巢的背后，有多惨烈？"，载https://view.inews.qq.com/a/FIN2018081003382807?uid=.
6. 潘子璇："《中国流动人口发展报告2017》：我国流动人口规模为2.45亿人 总量连续两年下降"，载http://shanghai.xinmin.cn/xmsq/2017/11/10/31332612.html.
7. 王晓易："2015家庭发展报告：空巢老人占老年人总数一半"，载http://news.163.com/15/0514/14/APJ6BT8000014Q4P.html.
8. "网易经济学家年会论坛四：谁的养老金"，载http://money.163.com/special/2013naec_forum4/.
9. "2030年老年人占比将达到25% 未来15年2亿人从农村移居城镇"，载http://zj.house.qq.com/a/20170128/000462.htm.
10. 黄祺："我国养老行业面临政策模糊床位紧张等难题"，载http://news.sina.com.cn/c/sd/2012-05-16/115524425155.shtml.
11. "养老服务资源需回归公益公立"，载http://finance.qq.com/a/20121105/001921.htm.

12. "全国老龄办:全国 60 岁以上老年人口已达 2.4 亿",载 http://news.sina.com.cn/c/2018-06-04/doc-ihcmurvh3998693.shtml.
13. 张兴文:"数据解读老龄中国(一):老龄化程度重庆最高",载 http://pension.hexun.com/2012-08-28/145215130.html.
14. 张希敏:"调查显示,中国失能、半失能老年人已达4063万人",载 http://www.chinanews.com/gn/2016/10-09/8025644.shtml.
15. 仲崇山:"A 省人口老龄化进程全国居前,已进入迁移老龄化阶段",载 http://www.ce.cn/macro/more/201204/18/t20120418_23253569.shtml.
16. "全国老年心理健康与精神疾病预防高峰论坛在宁举行",载 http://www.jsllw.gov.cn/newsfiles/1/2012-09/20564.shtml.
17. "2017 年中国养老产业市场前景、规模及发展趋势预测",载 http://www.chyxx.com/industry/201708/555494.html.

附 录

附录1：养老服务供给政策文本编码表（单一个案）

V1. 文本类型：
1=规划纲要　　　　2=战略指导型文件　　　3=专项法律
4=综合性法律　　　5=社会项目　　　　　　6=专项政策
7=综合性政策

V2. 不同类型文本数目（略，多个案编码表中统计）：

V3. 发文年份：

V4. 发文当年不同类型文本数目（略，多个案编码表中统计）：

V5. 制定主体：

单厅（局）=1　　　　　　　　两厅（局）及以上=2
省委、省政府或其一=3　　　　省人大（常委会）=4
单部委=5　　　　　　　　　　两部委级以上=6
中共中央、国务院或其一=7　　全国人大（常委会）=8

V6. 发文当年各类政策制定主体所制定的文本数目（略，多个案编码表中统计）：

V7. 政策价值类型：
1＝个人导向 1-1　　2＝家庭导向 1-2　　3＝农村集体导向 1-3
4＝市场导向 1-4　　5＝社会导向 1-5　　6＝国家导向 1-6
各类政策价值在该项文本个案中出现的频次（分号隔开）
V8. 政策价值的数目变化（略，多个案编码表中统计）：
V9. 政策目标类型：
1＝促进家庭养老服务发展与供给 2-1
2＝促进社区照顾服务发展与供给 2-2
3＝促进公共养老服务发展与供给 2-3
4＝促进商业养老服务发展与供给 2-4
各类目标在该项文本个案中出现的频次（分号隔开）
V10. 政策目标的数目变化（略，多个案编码表中统计）：
V11. 政策工具类型：
　　1＝自愿性工具 3-1（包括家庭与社区、自愿性组织、市场等，如出现新类型另外标注与编码；同时出现同时标注）
　　2＝混合型工具 3-2（包括信息与劝诫、补贴、产权拍卖、征税和用户收费等，如出现新类型另外标注与编码；同时出现同时标注）
　　3＝强制性工具 3-3（包括管制、公共企业直接提供等，如出现新类型另外标注与编码；同时出现同时标注）
各类工具在该项文本个案中出现的频次（分号隔开）
　　V12. 政策工具的数目变化（略，多个案编码表中统计）：

附录2：政策内容分析之编码协议

养老服务供给政策的编码协议

引　言

此协议旨在对政府部门（中央和A省）制定的养老服务供给政策文本（2000~2012年）所涉及的政策价值、政策目标和政策工具进行编码。以下几个定义和概念对文本内容分析来说是很重要的。

政府部门的政策文本集合

由政府部门（中央和A省）制定的养老服务供给政策文本集合。政策文本集合主要包括两个层面：中央政策文本和A省政策文本。两类政策文本分别由相应类型的政策文本构成（如下图所示）。

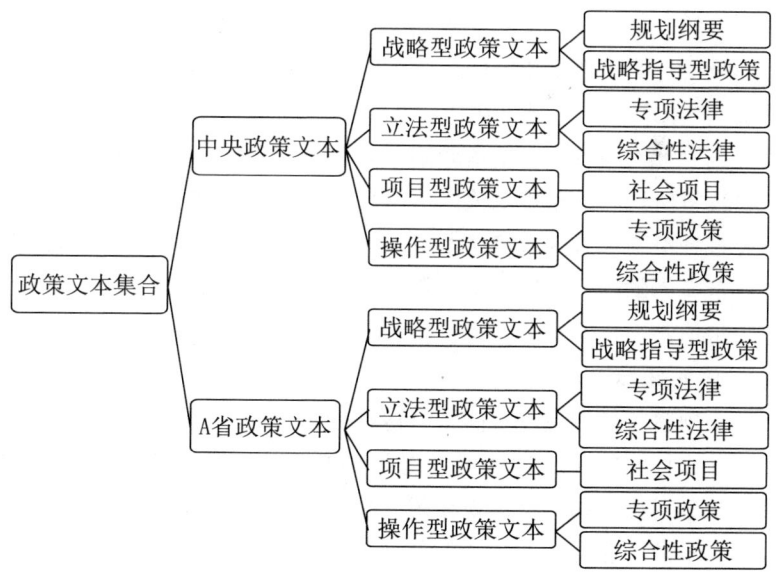

政策文本类目

制定主体

制定主体在政策文本中一般就是发文单位。发文单位的具体称谓，有的署在文本的标题，有的署在文本的末尾或者文本的第一自然段，例如，"国务院转发""民政部""A省政府""民政厅"等均为该项政策文本的发文单位。若出现"国务院办公厅"及"国务院或国务院办公厅转发"语词时编码为国务院，出现"省政府办公厅或省政府转发"语词时编码为省政府，出现"B部C厅或司"时编码为"B部"，出现"省D厅E司"时编码为"D厅"，"全国老龄委"和"全国老龄委办公室"编码为"全国老龄委"，"A省老龄委"和"A省老龄委办公室"编码为"A省老龄委"。

政策价值

一般来说，政策文本很少使用"政策价值"的表述，一般在政策文本的开头部分或者是"指导思想""总体思路""基本原则"等部分会有关于政策价值的表述，"指导思想""总体思路""总体要求""基本原则"是反映"政策价值"的重要部分，但"政策价值"与"指导思想""基本原则"还是有区别的，需要从中概括出该项政策所持有的基本价值。由于所选择的政策文本包括法律、条例等多种类型，有的政策文本可能不会明确交代政策价值，可以根据政策文本的语句进行语义分析和总结。如果政策文本无法总结出政策价值甚至没有有关政策价值的表述，就不作标注。

政策目标

一项政策要解决什么问题、达到什么目的，政策制定主体希望达到什么样的效果，这些问题是评估政府责任定位的一个重要方面。政策目标原则上会出现在每一个文本的前几个段落，一般位于政策文本的"指导思想""基本原则"等内容之后，如运用"目标任务""主要任务""总体要求"等词语。而有的政策文本则没有使用以上词语,如果出现"为促进……的发展""为了实现……的目标"等语句,均为表示政策目标的话语。与政策价值相似,由于所选择的政策文本包括法律、条例等多种类型,有的政策文本可能不会明确交代政策目标,可以根据政策文本的语句进行语义分析和总结。如果政策文本无法总结出政策目标甚至没有有关政策目标的表述,就不作标注。

政策工具

政策工具是为解决政策问题所采取的具体手段或方式,以政府干预强度为标准,可划分为自愿性工具、混合型工具和强制性工具三大类型,每一种类型的政策工具中又包含具体的工具类型。自愿性工具包括家庭与社区、自愿性组织、市场等类型;混合型工具包括信息与劝诫、补贴、产权拍卖、征税和用户收费等类型;强制性工具包括管制、公共事业、直接提供等类型。当然,政策文本还可能会出现其他具体的工具类型,这需要根据实际情况进行补充;同时出现同时标注。

政策工具和政策目标在文本中的表述常常是"粘揉"在一起的,例如,"支持和引导民间资本进入养老服务市场"属于政策目标话语表达,而"民间资本"则属于政策工具的话语表达。政策工具的表述一般集中在政策文本的"保障措施""推进措施"等部分,而在部分法律、条例等政策文本中,政策工具的表述可能会贯穿于全文,需进行全文检索。

包括文本类型、发文单位、政策价值、政策目标和政策工具在内的所有类目均需两名编码员在阅读编码协议和接受编码培训之后进行编码。

程 序

下面描述的是在内容分析编码中应该采取的步骤(V代表变

量）：①所有政策文本都被阅读过，以确认文本类型和发文单位；②所有文本中涉及政策价值、政策目标和政策工具的类目由一名编码员做出标记，并由另一名编码员复核；③对于政策价值、政策目标和政策工具的编码代码按照 n-1；n-1-1；n-1-1-1 的基本序列进行；④对每个文本进行分析，每个文本的特征如下所述。

V1. 文本类型：

规划纲要＝1　　　　战略指导型政策＝2　　　　专项法律＝3

综合性法律＝4　　　社会项目＝5　　　　　　　专项政策＝6

综合性政策＝7

V2. 不同类型文本的数目：

V3. 发文年份（××××年）：

V4. 发文当年不同类型文本的数目：

V5. 政策文本的制定主体：

单厅（局）＝1　　　　　　两厅（局）及以上＝2

省委、省政府或其一＝3　　省人大（常委会）＝4

单部委＝5　　　　　　　　两部委级以上＝6

中共中央、国务院或其一＝7　全国人大（常委会）＝8

V6. 发文当年各类政策制定主体所制定的文本数目：

V7. 政策价值类型：

按照时间的变化确定每个文本所描述的政策价值，按照责任导向编码为个人导向、家庭导向、农村集体导向、市场导向、社会导向和国家导向。其中，坚持个体自身在养老服务供给中的作用和责任，标注为"个人导向"；含有诸如"家庭为基础""坚持家庭养老""发挥家庭重要作用"等表述，表示强调家庭在照料老人中的责任，编码为"家庭导向"；含有诸如"社会化道路""鼓励社会力量……""广泛动员社会力量""积极推进……社会化""社会参与""发挥、引导志愿服务或志愿组织作用"等表述，强调社会相关主体作用，编码为"社会导向"；含有诸如"发挥、强化农村集体作用"等表述，表示强调农村集体作用，编码为"农村集体导向"；含有诸如"发挥市场机制的基础性地位""积极引进市场机制、民间资本""产业化"等表述，表示强调市场作用，编码为"市场导向"；"政府主导""政府加大……的投入"等表述，表示强调政府的责任，编码为"国家导向"；若同时出现就同时标注。

V8. 政策价值的数目变化（略，多个案编码表中统计）：

V9. 政策目标类型：

按照时间的变化确定每个文本描述的政策目标，并将关于政策目标话语的表述编码为"促进家庭养老服务发展与供给""促进社区养老服务发展与供给""促进公共养老服务发展与供给"和"促进商业养老服务发展与供给"四种类型。其中，含有诸如"以家庭养老为基础""促进家庭在养老中的基础性作用"等表述，编码为"促进家庭养老服务发展与供给"；含有诸如"社区服务为依托""推进居家服务发展"等表述，编码为"促进社区照顾服务发展与供给"；含有诸如"养老服务机构为示范、为骨干""养老服务机构床位数达到……""机构数量和收养人员数量达到或增长……"等表述，视情况编码为"促进公共养老服务发展与供给"和"促进商业养老服务发展与供给"。如果出现"国家办养老院""政府办养老院""推进五保供养机构发展"等表述，编码为"促进公共养老服务发展与供给"；而出现"市场、社会力量、民间资本等兴办养老院、老年公寓"等表述，编码为"促进商业养老服务发展与供给"。同时出现同时标注。

V10. 政策目标的数目变化（略，多个案编码表中统计）：

逐年分别统计"促进家庭养老服务发展与供给""促进社区照顾服务发展与供给""促进公共养老服务发展与供给"和"促进商业养老服务发展与供给"出现的频次并汇总。所有政策目标类型按照语义和词频相结合的方式进行频次的标注和统计。

V11. 政策工具类型：

按照时间的变化确定每个文本所描述的政策工具，并将关于政策工具话语的表述编码为自愿性工具、混合型工具和强制性工具。具体的政策工具类型编码按照如下进行，含有"家庭与社区""自愿性组织""市场"等相关表述，标注为"自愿性工具"，如出现新类型就另外标注与编码，同时出现同时标注；含有"信息与劝诫""补贴""产权拍卖""税收和用户收费"等相关表述，标注为"混合型工具"，如出现新类型就另外标注与编码，同时出现同时标注；含有"管制""公共事业""直接提供"等表述，标注为"强制性工具"，如出现新类型就另外标注与编码，同时出现就同时标注；以上政策工具同时出现就同时标注。政策文本还可能会出现其他具体的工具类型，这需要根据实际情况进行补充和编码。

V12. 政策工具的数目变化（略，多个案编码表中统计）：

逐年分别统计自愿性工具、混合型工具和强制性工具出现的频次并汇总。所有政策工具类型按照语义和词频相结合的方式进行频次的标注和统计。

备　注

需要特别注意的是，一般情况下，诸如政策价值、政策目标和政策工具这三大类目的具体表述可能会在同一项政策文本中出现多次，每出现一次编码员需标注一次，并在个案编码表中分别标注各自出现的总频次，再汇总至多个案编码表中。

附录 3：访谈提纲

（一）相关政府部门的访谈大纲

1. 省级相关部门或上级政府部门有下发过有关养老服务体系建设的文件吗？

2. 您所在的部门如何看待上级部门出台的养老服务体系建设？

3. 请您介绍下（农村）养老服务体系建设的相关工作状况和进展。

4. 您觉得上级政府部门对养老服务体系建设的支持力度如何？当地政府部门有进一步出台相关政策吗？

5. 农村养老服务体系建设存在哪些方面的问题？最关键的障碍是什么？

6. 您对养老服务体系建设有哪些建议？

（二）农村村委会访谈大纲

1. 村里的经济和人口的总体发展情况如何？

2. 村里老人数量大概多少？他们的总体生活状况如何？

3. 近年村里在养老服务供给方面采取过哪些举措？为什么采用这种举措？

4. 村里的社区照顾服务（列举幸福养老院、老人集中居住、互助养老、社区居家养老服务等常见形态）是否开展起来？进展如何？

5. 村里社区照顾服务最需要解决什么问题？

6. 村委会如何解决养老服务供给的资金问题？得到过政府的政策或者是财政上的支持吗？

7. 您对社区照顾服务有哪些建议？

（三）养老服务机构负责人访谈大纲

1. 养老服务机构什么时候开始运营？投资资金主要来源于哪些渠道？

2. 养老服务机构的规模多大？（侧重于建设投入、床位数、工作人员数量、设备状况、收养老人数量等方面）

3. 运营状况如何？得到过哪些政府补贴？是否会进一步扩大规模？

4. 提供哪些方面的服务？收费情况如何？

5. 从政府部门获得哪些支持？存在哪些方面的困难？还需要政府部门给予哪些方面的支持？

（四）农村老人及其家人访谈大纲

1. 个人和家庭基本信息。

2. 老人平时都做些什么事情？有什么兴趣爱好？

3. 与家人关系如何？家人照料得如何？

4. 村里为老人提供活动场所或活动设施吗？

5. 您是否听说过养老服务机构和社区照顾服务？（可以列举养老院、幸福养老院、老人集中居住、互助养老、社区居家养老服务中心等常见形态）如果听说过，您对它有什么了解？

6. 请谈谈您对养老服务供给政策的认知与期望。

7. 您觉得老人在平时生活有哪些方面的困难？

附录 4：访谈人物的基本情况

序号	姓名编码	性别	年龄	职务（身份）	访谈编号
1	ZJL	男	40	A省人力资源社会保障厅法规处副处长	RBT20130120G01；RBT20121211G01
2	YDQ	男	38	A省民政厅负责法规政策的科长	MZT20120506G02
3	XJ	男	36	A省财政厅科员	CZT20130108G03
4	XZG	男	36	J市民政局社会救助科科长	JMZJ201205G04
5	BXJ	女	44	A省民政厅副处长	MZT20120507G05
6	LCG	男	52	TZH市民政局社会福利与慈善事业促进科科长，同时兼老龄工作科科长	TZHMZJ20120507G06
7	CGX	男	50	H县民政局副局长，党组成员	HMZJ20120507G07
8	QGM	男	35	J市民政局社会救助科职员	JMZJ201205G08
9	XD	男	44	J市民政局老龄办公室主任	JMZJ201205G09
10	GS	男	41	H县民政局老龄办公室主任	HMZJ20120507G10
11	ZZR	男	35	TZH市民政局老龄办公室职员	HMZJ20120507G11
12	SRZ	男	38	Y市民政局老龄办公室主任	HMZJ20120507G12

续表

序号	姓名编码	性别	年龄	职务（身份）	访谈编号
13	HCL	男	52	Y市L村行政助理，负责民政和养老服务工作	Y20120507G13
14	YQL	男	56	A省老龄委办公室副主任	LLW20120610G14
15	DC	女	58	TX市一家敬老院负责人	TX20120508Y01
16	SSY	女	49	J市一家民办养老服务机构负责人	J20120506Y02
17	GWF	男	56	J市一家示范性养老服务机构负责人	J20120506Y03
18	LLS	男	59	Y市L村老龄工作人员	Y20120507S01
19	LSL	男	38	Y市XC村村干部	Y20120508W01
20	FL	女	65	农村老人	TX20120720L01
21	YZL	男	63	农村老人	TX20120720L02
22	YSF	女	70	农村老人	NT20120507L03
23	XZQ	男	68	农村老人	TX20120722L04
24	ZGH	男	65	农村老人	TX20120722L05
25	GJX	女	60	农村老人	TZH20120722L06
26	CJ	男	72	农村老人	Y20120508L07
27	ZHN	男	33	在外地工作的农民	TX20120722F01
28	YZY	女	31	农村留守妇女	TZ20120722F02
29	ZQQ	男	59	农民	H20120506F03
30	XQN	女	58	农民	J20120722F04

续表

序号	姓名编码	性别	年龄	职务（身份）	访谈编号
31	LZP	男	42	农民	TX20120722F05
32	XPN	男	40	在外地工作的农民	J20120722F06
33	LJX	女	49	农民	TZH20120722F07

附录5：农村养老服务需求问卷调查

问卷编号：☐

农村养老服务需求调查问卷

地点：＿＿＿市＿＿＿＿县（区）＿＿＿＿＿镇＿＿＿＿村

注：除了"可多选和限选"标示外，以下选择题均为单选题

1. 老人基本情况

1.1 性别：（1）男 （2）女

1.2 年龄（周岁）＿＿＿＿＿＿

1.3 婚姻状况：（1）未婚 （2）已婚 （3）离婚 （4）丧偶

1.4 您有＿＿＿个孩子，其中男孩＿＿＿个，女孩＿＿＿个

1.5 户籍性质：（1）农业户口 （2）非农业户口

1.6 文化程度：（1）没上过学 （2）小学 （3）初中
　　　　　　　（4）高中　　（5）中专 （6）大专及以上

1.7 您个人年收入是＿＿＿＿＿＿＿元

1.8 您的收入来源主要是：（可多选）
（1）农业收入　（2）经营工商业　　（3）土地、房屋租赁
（4）打工　　　（5）养老金/养老补贴　（6）低保
（7）家庭成员　（8）亲友资助　　　　（9）储蓄或遗产
（10）其他（请注明）：＿＿＿＿＿＿

1.9 总的来说，您目前的健康状况：
（1）非常差　（2）差　（3）一般　（4）好　（5）非常好

1.10 您目前是否患有慢性病：（1）否　（2）是：（疾病名

称）：_____

1.11 您的生活自理情况：（1）失能 （2）半失能 （3）生活能自理

1.12 您是否参加了农村养老保险：（1）否 （2）是，每月养老金是____元

1.13 您是否参加了农村医疗保险：（1）否 （2）是

1.14 您家2011年全年的家庭总收入为：____元，家庭总支出为：____元。

2. 老人的养老状况

2.1 目前您与谁住在一起？（可多选）

（1）老伴 （2）儿子 （3）儿媳 （4）女儿
（5）女婿 （6）（外）孙子、女 （7）独居
（8）其他（请注明）：_____

2.2 您的子女多长时间回来看您一次？（仅当老人不与子女同居时才回答此题）

（1）每天都来 （2）隔三岔五 （3）半个月左右
（4）一两个月 （5）大半年 （6）逢年过节
（7）一两年或更长

2.3 您与家人的关系如何？

（1）很差 （2）较差 （3）一般 （4）较好 （5）很好

2.4 您日常生活中自己干不了的事情，最主要由谁帮助解决？（选三项）

（1）家庭成员 （2）亲戚 （3）朋友 （4）邻居
（5）村干部 （6）家政服务或钟点工
（7）其他（请注明）：_____

2.5 您有心事时，会向谁倾诉？（可多选）

（1）配偶 （2）儿子 （3）女儿 （4）儿媳

(5) 女婿　　(6) 亲戚　　(7) 朋友　　(8) 邻居

(9) 村干部　(10) 其他（请注明）：_____

2.6　当您身体不适需要照料时，家人是否给予照料？

(1) 否

(2) 是

2.7　您对家人照顾的满意度是：

(1) 很不满意　(2) 较不满意　(3) 一般

(4) 较满意　　(5) 很满意

2.8　除了家人，您平时最经常交往的人有____个。

2.9　您的亲戚给予您生活上的帮助和关心吗？

(1) 没有　(2) 偶尔　(3) 经常

2.10　您的朋友给予您生活上的帮助和关心吗？

(1) 没有　(2) 偶尔　(3) 经常

2.11　邻居到您家串门或给予生活上的帮助、关心吗？

(1) 没有　(2) 偶尔　(3) 经常

2.12　村委会或村干部到您家给予生活上的支持吗？

(1) 没有　(2) 偶尔　(3) 经常

2.13　本村有老年人活动场所（老年活动中心或社区养老服务中心）吗？

(1) 没有（跳至2.17）　(2) 有　(3) 不清楚（跳至2.17）

2.14　老年人活动场所里有哪些设施？（可多选）

(1) 棋牌室　(2) 图书室　(3) 健身室　(4) 聊天室

(5) 日间照料室　　　　(6) 其他（请注明）：_____

(7) 不清楚

2.15　您经常使用老年活动中心（室）的设施吗？

(1) 从来没有　(2) 偶尔（跳至2.17）　(3) 经常（跳至2.17）

2.16 您为什么没去使用这些设施？（可多选）
(1) 自己行动不方便　　　　　(2) 料理家务和农活
(3) 照料（外）孙子女　　　　(4) 活动中心（室）条件差
(5) 活动中心（室）距离太远　(6) 活动中心（室）不开放
(7) 其他（请注明）：_____

2.17 本村或社区为老人提供下列服务吗？（可多选）
(1) 生活照料　　(2) 医疗护理　　(3) 精神慰藉
(4) 文化娱乐　　(5) 法律援助
(6) 其他（请注明）：_____
(7) 以上均无　　(8) 不清楚

2.18 您对村里的社区照顾服务满意度如何？（若选择"否"，满意度不填）

服务内容	是否使用过		满意度				
	否	是	很不满意	较不满意	一般	较满意	很满意
生活照料							
医疗护理							
精神慰藉							
文化娱乐							
法律援助							
其他（请注明）:							

2.19 您对目前老年生活的总体满意度是：
(1) 很不满意　(2) 较不满意　(3) 一般
(4) 较满意　　(5) 很满意

3. 养老服务需求和意愿

3.1 您了解养老院、老年公寓等养老机构吗？

（1）不了解　（2）一般　（3）了解

3.2 您了解社区照顾服务（列举幸福养老院、老人集中居住、互助养老、社区居家养老服务等常见形态）吗？

（1）不了解　（2）一般　（3）了解

3.3 您对养老院、老年公寓等养老机构的总体印象如何？

（1）很差　（2）较差　（3）一般　（4）较好　（5）很好

3.4 "当父母年老时，孩子应该和他们住在一起"您同意该说法吗？（1）同意　（2）不同意

3.5 "儿女是父母年老时最好的依靠"您同意该说法吗？

（1）同意　（2）不同意

3.6 "把父母送到老人院去是一种不孝的行为"您同意该说法吗？

（1）同意　（2）不同意

3.7 "入住养老院是一种没面子的事情"您同意该说法吗？

（1）同意　（2）不同意

3.8 结合您自己目前的身体、家庭等情况，您最希望选择哪一种养老方式？

（1）住到养老院或康复中心。（您一个月最多能够承担_____元，选择三项最希望的服务：①生活照料②医疗护理③精神慰藉④文化娱乐⑤法律援助⑥其他（请注明）：_____）（跳答 3.10 题）

（2）社区照顾服务。（您一个月最多能够承担_____元，选择三项最希望的服务：①生活照料②医疗护理③精神慰藉④文化娱乐⑤法律援助⑥其他（请注明）：_____）

（3）住在家里，花钱雇人照顾。您一个月最多能够承担_____

元。

(4) 住在家里，家人照顾

3.9 您不愿意入住养老院的原因是（可多选）

(1) 自己能照顾好自己　　(2) 儿女孝顺，能照顾我

(3) 怕养老院条件不好　　(4) 经济条件不好

(5) 怕被人笑话　　　　　(6) 要照顾孙子和家务

(7) 其他（请注明）：_____

3.10 您所在的村（社区）目前在老人照顾和服务方面所起的作用如何？

(1) 一点作用也没有　(2) 有些作用　(3) 非常大的作用

3.11 您是否希望村（社区）在老人照顾和服务方面多做点事情？

(1) 不希望　(2) 无所谓　(3) 希望

3.12 您认为目前农村老人在生活和照顾中存在哪些问题和困难？应该如何解决？

调查到此结束，感谢您对我们工作的支持和帮助！祝您和家人身体健康，万事如意！

（请调查员再次核对问卷确保无漏填、错填）

调查对象姓名：_____ 家庭住址：_____ 联系电话：_____

调查员姓名：_____ 调查时间：_____

附录6：G县D村社区照顾服务（集中居住）

××村居家养老服务中心
合同书

甲方：××村民居委会

乙方：（入居老人）

丙方：（入居老人子女）

为了让我村老年人分享经济发展成果，安度晚年，亲身感受党的关怀，社会大家庭的温暖，共同构建和谐新局面，经村两委会研究，就老年人入居老年公寓的相关事宜，经甲、乙、丙叁方协商，签订合同如下：

一、老年公寓由甲方承建，基本概况：老年公寓按一户一院，建筑面积50.3平方米，占地面积约84平方米，室内配有客厅、卧室、厨房、卫生间等基本生活设施，具体情况，以叁方交接时的现状为准。

二、入居条件：

1. 年满××周岁以上（含周岁）
2. 入居时，必须生活起居能够自理，无重大传染病。
3. 子女必须已全部结婚成家，子女有住房（含离异）。
4. 子女有赡养监护能力。
5. 子女不欠村集体账款（包括社会抚养费等）。
6. 入居前交保证金1.2万元。

三、乙、丙方应认真遵守甲方居家养老服务中心的各项制度，保持公寓及院内卫生整洁，及时将垃圾清理堆放在甲方指定地方，爱护公寓的各项设施，如有损坏，应照价赔偿。

四、为保证老年公寓整洁、卫生、美观，乙、丙双方应根据甲方要求，自行购置老年人生活必需品，未经甲方同意，乙、丙双方不得擅自改变公寓结构，不得私自搭建乱建诸如土灶等建筑物。

五、乙方入居公寓后，除甲方提供的设施外，乙方的所有生活及其他费用，均乙、丙双方承担，且丙方必须保证乙方的生活需要，并不得干扰影响乙方的正常生活（包括丙方的子女）。

六、甲方在乙方入居后，有权定期或不定期对老年公寓进行检查，征求或听取老年人对居家养老服务中心供养情况的意见，并根据乙方的意见，有义务对老年公寓的自然损耗及时进行处理，对丙方的供养情况及时通知丙方，履行相关义务。

七、乙方在入居期间病危时，丙方应根据乙方的病情或根据甲方通知要求，及时将乙方搬回家，不得将乙方滞留在公寓内，更不得病死在公寓内。

八、居住在同一公寓的老人（夫妻），至最后一位老人死亡之日起五日内，丙方（含丙方成年子女）应将老人的财产及遗物及时清理完毕，将老人原居住的公寓（含院内）清扫干净，并将遗弃物按甲方的要求堆放指定地点后，通知甲方，甲方接丙方通知，应及时派人与丙方共同清点公寓内属于甲方财产的损坏情况。

九、乙方在居住期间，应与丙方（子女）保护好公寓内的各项设施，如发现公寓内的设施（甲方交接时设施）出现问题，应及时通知甲方，甲方在接到乙、丙方通知后，应及时派人维修公寓内设施，除自然损耗的维修费用由甲方承担外，其他费用由乙、丙方承担。

十、乙方在使用公寓期间，水、电、气等为生活所需费用，均应按甲方通知要求，由乙、丙方及时交给甲方。

十一、乙方使用的公寓，属甲方的集体财产，乙方仅享有使用权，乙方在使用期间如遇本合同第七、第八条情况后，按甲、乙、丙叁方交接时的现状，经叁方清点后，由丙方交接给甲方，并由甲方退还乙方入住时交纳的保证金，如乙方在使用期间，人为造成公寓及公寓内设施损坏的，乙、丙方应照价赔偿甲方。

十二、本合同自叁方签字（盖章）之日起生效，叁方应认真遵守，不得违约，如违约，违约方应承担壹万元违约金。

十三、本合同遇有下列情况时，本合同自行终止：

1. 经叁方协商。
2. 居住本公寓老人均已死亡。
3. 任何一方违约，致使本合同无法履行的。
4. 乙、丙方对公寓及设施损坏严重的，经甲方通知后，仍不予维修的。
5. 本合同签订之日起一个月内，乙方未入住的。
6. 因自然灾害及其他不可预见的原因，致使合同无法履行的。
7. 其他原因必须终止履行的。

遇有以上情况，乙、丙方应及时通知甲方，经甲、乙、丙叁方处理完乙方入居期间的相关事宜，由甲方退还乙、丙方的保证金后，该公寓由甲方另行安排。

十四、本合同在履行期间发生争议，可通过协商解决，协商不成，应提交市仲裁委员会仲裁。

十五、本合同一式肆份，甲、乙、丙方叁方各执一份，另一份留存。

甲方：××村民委员会
乙方：（入住老人签字）
丙方：（入住老人子女签字）

附录7：Y市L村社区照顾服务（志愿者服务）

L村居家养老协议书

甲方：村委会　　乙方：志愿者　　丙方：服务对象

一、甲方承诺：

1. 主动关心长者的需求，向丙方选择合适的志愿者，并定期上门听取意见。

2. 负责对志愿者进行专业和职业道德教育，合理安排志愿者的工作时间和劳动强度。

3. 根据实际情况调整居家养老服务对象，对不能按时服务的志愿者有权终止协议。

4. 保护乙方和丙方的合法权益。

二、乙方承诺：

1. 自觉遵守国家的法律法规和职业道德，具有志愿者无私奉献精神，全心全意为人民服务。

2. 视长者为亲人，服务做到耐心、细致、周到，不怕脏、累、苦。

3. 按照约定的服务内容、服务时间和服务方式接受长者的服务需求，准时到位。乙方若有特殊情况，请假两天以上需向甲方说明，以便服务工作正常开展。

4. 自觉接受甲方的管理，积极参与村内的各项活动。

5. 不得索要丙方的额外钱物。

三、丙方承诺：

1. 正确理解居家养老工作的性质，对乙方要以礼相待，按时支付有偿服务的相关费用。

2. 积极配合乙方做好服务工作，提高工作效率。实事求是地进行考勤和工作评定。

3. 如乙方不满意或其他事由要求换人，应提前与甲方联系，说明原因。

甲方负责人签字（盖章）：　　　　　乙方（签字）：
丙方（签字）：

服务内容	需求	服务内容	需求
代购物品		康复护理	
洗衣、做饭		精神慰藉	
打扫卫生		心理沟通	
洗澡、理发			
水电维修			
请医送药			

后 记

本书是在我的博士论文基础上修改而成的。养老服务供给是目前政学两界关注的一个热点话题。与城市相比，农村养老服务供给问题更为突出。尽管国内学界对农村养老服务供给和需求等方面开展过相关研究，但没有对农村养老服务供给需求的结构性问题开展过系统研究。本书从政府责任的视角对农村养老服务供给问题进行了研究，整合公共管理学的公共物品理论和社会学的社会支持网络理论，构建养老服务供给与政府责任的分析模型，并在这一框架中分析政府责任对养老服务供给状况的影响。本书期望能将这一分析模型扩展到社会政策的其他领域。在此，姑且将这一分析框架称为本书的创新之一。

本书的出版，权当是对自己博士毕业七年的一个总结吧。毕业后，我回到家乡——广东东莞参加工作，从一名博士生转变为一名大学教师。历经七载，身上的青涩、轻浮之气逐渐褪去，多了些沉稳和成熟。虽然生活和家庭的各种琐碎事务时常让人感到烦心，但我仍未忘记自己心中的学术追求，并为之孜孜不倦的努力。从2010年博士论文选题至今，我一直从事养老服务供给的相关研究。最近几年,我逐步扩大自己的研究视野,从原来的农村养老服务供给问题进一步扩展到养老服务质量、政府购买服务、政策绩效评估等相关议题。近年来,我有幸获得教育部人文社会科学基金青年项目"居家养老服务满意度的比较研究:基于政府购买模式差异的视角"(项目编号:17YJC810005)、广东省自然科学基金项目"居家养老服务质量评估:模型构建及其应用"(项目编号:2015A030310335)等多个课题的资助,继续对养老服务供给这一议题进行持续的思考和研究。在近年的调研中,我对养老服务的功能作用、政府购买居家养老服务、养老服务满意度测量等方面有了更多、更深入的认识,这些认识都被融入本书当中。

感谢上苍似乎不经意的安排,让我能在南京农业大学度过了宝贵的九年光阴。在"诚、朴、勤、仁"的校训和"团结、勤奋、求实、创新"的校风熏陶下,我可以安稳地提升学术研究能力。回首南农九载,幸得恩师的谆谆教导。

衷心感谢我的博士生导师李放教授。读博期间,李老师言传身教,纠正我原来在论文写作中的错误认识,指导我如何做实证研究,更教会我如何思考学术问题。博士论文从选题、开题、初稿到成文,都倾注了恩师大量的心血和时间。李老师平易近人、宽宏大量、治学严谨、淡泊明志的风范,深深地影响着我。不管是为人,还是为学,李老师都是我学习的楷模。

衷心感谢我的硕士生导师刘祖云教授。在刘老师的引领下,我开始大量阅读学术著作,夯实根基。治学上,刘老师想象力丰富、洞察力敏锐、判断力精准;为人上,刘老师平易近人、宽宏大量。在读博期间,刘老师同样给予我很多的支持、指导和鼓励。

在硕士研究生和博士研究生两个阶段能够分别师从两位老师，我深感幸运。

感谢父母多年来的养育之恩，父母已入花甲之年，我深明父母养老的需求，作为儿子，必定会陪伴左右，好好地承担赡养之责。感谢姐姐和哥哥多年来在生活上给予的照顾、支持和帮助。

感谢爱妻夏婷女士这些年来的理解、鼓励和支持。从同学到恋人，再到夫妻，夏婷女士都为我默默付出。难能可贵的是，爱妻为我放弃了企业高管职位，离开自己生活近三十年的家乡——南京，与我屈居东莞。有妻如此，夫复何求！更感谢岳父、岳母的深明大义，尤其是岳母在生活上的细心照顾。

由于工作和生活的各种繁琐事务，本书的交稿时间一而再，再而三地推迟。非常感谢中国政法大学出版社编辑对本书出版所付出的努力和提供的帮助。

感谢所有在我工作、生活上给予过支持、鼓励和帮助的领导、同事和朋友。

无奈自己生性愚钝、才疏学浅，书中难免存在纰漏甚至错误之处，恳请同仁提出宝贵意见或建议，以指导我今后更好地开展研究。

黄俊辉
2020 年 5 月
于广东东莞松山湖畔